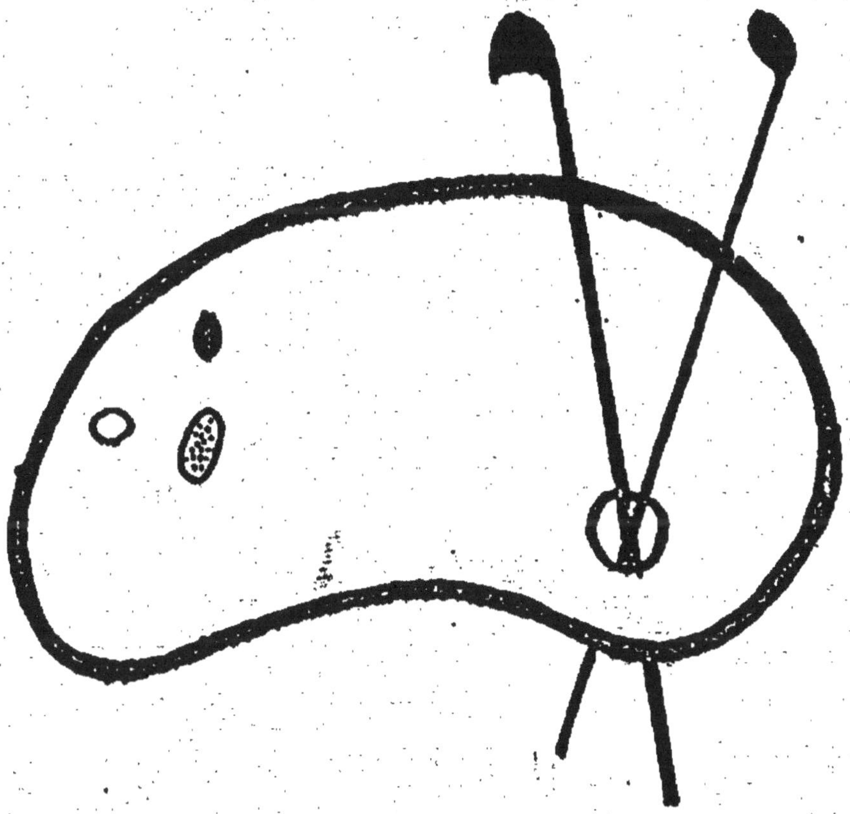

COUVERTURE SUPERIEURE ET INFERIEURE
EN COULEUR

Vᵀᴱ OSCAR DE POLI

VAUDOUAN

(CHRONIQUES DU BAS-BERRY)

PRÉCÉDÉ D'UNE LETTRE

DE SA GRANDEUR MGR LE PRINCE DE LA TOUR-D'AUVERGNE

Archevêque de Bourges

PARIS
LIBRAIRIE PARISIENNE
DUPRAY DE LA MAHÉRIE, ÉDITEUR
6, RUE DE MÉDICIS

1865

EN VENTE
A LA LIBRAIRIE PARISIENNE
6, rue de Médicis

DES ORIGINES DE LA CHARITÉ CATHOLIQUE, par l'abbé A. Tollemer. — 1 fort vol. in-8°............ 6 fr.

AVENTURES DES OS D'UN GÉANT, par Henry Berthoud. — 1 vol. in-18 jésus, orné de nombreuses gravures.. 2 fr.

LES FÊTES DE NOS PÈRES, par Alfred des Essarts. — 1 vol. in-18 jésus.................. 2 fr.

LE DERNIER DES RABASTEINS, par Al. Mazas, Quatrième édition. — 1862. 1 fort vol. in-12............ 2 fr.

HISTOIRE DE PIERRE TERRAIL, seigneur de BAYART, dit le *Chevalier sans peur et sans reproche*, par Henri d'Audigier. — 1 vol. in-18 jésus............... 2 fr.

L'ENFANT DE LA MAISON NOIRE, Contes et Nouvelles, par le vicomte O. de Poli. — 1 vol. in-18 jésus... 2 fr.

LES RÉCITS LÉGENDAIRES, par Alfred des Essarts. — 1 vol. in-18 jésus................. 2 fr.

LE PORTEFEUILLE D'UN CONTEUR, par B.-H. Révoil. — 1 vol. in-18 jésus................ 2 fr.

SOUFFRIR C'EST VAINCRE, par Alfred des Essarts. — 1 vol. in-18 jésus.................. 2 fr.

SOUVENIRS DU BATAILLON DES ZOUAVES PONTIFICAUX, par le vicomte Oscar de Poli. 1 vol. in-18 jésus. 2 fr.

EXAMEN CRITIQUE DE LA VERSIFICATION FRANÇAISE, par A. Ducondut. — 1 vol. in-18 jésus...... 2 fr.

VOYAGE AU ROYAUME DE NAPLES, par le vicomte O. de Poli. — 1 vol. in-18 jésus............ 3 fr. 50 c.

LA VRAIE MARIE-ANTOINETTE, étude historique, politique et morale, par M. de Lescure. — 1 beau vol. in-8°, avec une magnifique gravure sur acier......... 3 fr. 50 c.

DE NAPLES A PALERME, par le vicomte Oscar de Poli. — 1 vol. in-18................... 2 fr.

LES VEILLÉES DE L'ATELIER, par H. Mareuge. — 1 vol. in-18..................... 2 fr.

Paris. — Typ. Dupray de la Mahérie, impasse des Filles-Dieu, 5. — 109

VAUDOUAN

(CHRONIQUES DU BAS-BERRY)

PARIS. — IMPRIMERIE PARISIENNE. — DUPRAY DE LA MAHÉRIE
Boulevard Bonne-Nouvelle, 20 (Impasse des Filles-Dieu, 8).

Vᵗᵉ OSCAR DE POLI

VAUDOUAN

CHRONIQUES DU BAS-BERRY

PRÉCÉDÉ D'UNE LETTRE

DE SA GRANDEUR MGR LE PRINCE DE LA TOUR-D'AUVERGNE

Archevêque de Bourges.

PARIS

À LA LIBRAIRIE PARISIENNE

DUPRAY DE LA MAHÉRIE, LIBRAIRE-ÉDITEUR

6, Rue de Médicis, près le Palais du Luxembourg.

1865

ARCHEVÊCHÉ
de
BOURGES

Bourges, le 21 février 1865.

A M. LE VICOMTE OSCAR DE POLI

Monsieur le Vicomte,

Je viens de parcourir avec intérêt et émotion vos pages sur Notre-Dame de Vaudouan. Il y a du talent, et, ce que j'aime mieux encore, du cœur et de la foi. Des recherches laborieuses vous ont mis à même d'éclairer quelques points douteux, de rectifier certaines erreurs, de produire des faits nouveaux et intéressants. Il y aura peut-être là, pour de plus habiles que moi, matière à controverse; mais ce que personne ne pourra contester, c'est le soin avec lequel vous avez étudié votre sujet, c'est le charme avec lequel vous le présentez, c'est la fraîcheur du style, c'est la verve de la plume : on sent que vous aimez Notre-Dame de Vaudouan, et avec elle ce vieux Berri, si peu connu et pourtant si digne de l'être ! Merci donc de votre livre; je vous en félicite comme d'une œuvre de patience, de recherches curieuses, et surtout comme d'une œuvre de foi, venant du cœur encore plus que de l'esprit, et qui, je n'en doute pas, rencontrera parmi nous le plus sympathique accueil.

Agréez, Monsieur le vicomte, l'assurance de mon affectueux dévouement en notre Seigneur.

† C. A.

Archevêque de Bourges.

INTRODUCTION

I

Voici un livre sans prétention, une monographie tracée au courant de la plume, une causerie du soir au coin du foyer. Je ne reprends pas, pour l'amplifier encore, quelque grand sujet historique; je ne reconstruis pas, en faveur de nos archéologues et de nos antiquaires, quelque précieux monument national; non, j'écris ce que je sais d'une humble chapelle perdue dans les brandes du Bas-Berri, pèlerinage huit fois séculaire, consacré à Marie et sanctifié par d'incontestables miracles.

En d'autres temps, je n'eusse peut-être osé, je l'avoue, aborder d'aussi pieux sujets, car ils me semblent de préférence l'apanage des écrivains ecclésiastiques, et, grâces à Dieu! jamais plus que de nos jours le clergé de France n'a produit d'hommes de science et de courage. — Mais, en présence de ce redoublement des luttes antichrétiennes, de ces manifestations navrantes dont la *Vie de Jésus* apparaît comme le prototype et le dernier mot, en regard de tant d'écrits qui ramènent la pensée contristée aux plus mauvais jours de la soi-disant philosophie, tout catholique n'éprouve-t-il pas l'invincible besoin d'affirmer ses croyances, et qui ne deviendrait écrivain pour défendre sa foi outragée, la foi de sa patrie et de ses pères ? — La plume a remplacé l'épée : la plume est l'épée de notre temps, et les écrivains sont les conquérants de nos jours; écrire, c'est donc combattre, et le vrai chrétien ne combat que pour Dieu, car Dieu résume toutes les nobles affections et toutes les saintes aspirations. — Tel qui, à des époques moins tourmentées, sans être indifférent, eût été négligent peut-être, et se fût adonné, presque exclusivement, à l'histoire, à la science, au roman, à la poésie, se sent tout à coup réveillé par l'outrage, retrempé dans sa foi native et porté naturellement aux œuvres religieuses. — C'est ainsi qu'échouent les infâmes desseins des ennemis du Christ, et que leur redoublement de haine n'amène qu'un redoublement d'amour. — Quand la patrie est menacée, tout citoyen est soldat : tout catholique est soldat quand est menacée sa foi !

J'apporte donc une modeste pierre à Notre-Dame de France, et j'en ai trouvé ma première récompense dans le charme de l'œuvre même. Vaudouan, ce pèlerinage presque ignoré en dehors du centre de la France, m'a d'abord fait connaître le Berri, cette autre Bretagne, et le connaître, c'est l'aimer; puis il a fait revivre à mes yeux, sous les arceaux ruinés de sa chapelle, de grandes figures des temps passés. J'ai vu ses joies et ses douleurs se relier intimement aux joies et aux douleurs du royaume, depuis Robert le Pieux jusqu'à Louis XVI, depuis les luttes de la Réforme jusqu'aux bouleversements de la Révolution; j'ai trouvé à chaque pas, dans la poussière de Vaudouan, l'histoire et la poésie.

Est-il, en effet, rien de plus poétique que le culte de la Vierge-Mère ? Est-il rien qui séduise plus suavement l'âme, et surtout l'âme française ? « Aimer et honorer Marie, c'est renouer le présent au passé, c'est continuer nos pères, c'est conserver le dépôt que nous tenons d'eux et cultiver l'héritage qu'ils nous ont légué; comme, au contraire, être hostile ou seulement indifférent au culte de Marie, c'est renier nos pères, c'est être mauvais Français (1). » Il semble que notre patrie ait de tout temps été la fille de prédilection de Marie. *Regnum Galliæ, regnum Mariæ!* Les Carnutes avaient les premiers, parmi les peuples de la Gaule, la notion de la Vierge-Mère (2) et lui dressaient des autels : *Virgini pariturœ!* aussi bien que les pâles druidesses de l'île de Sen. Et quand Louis le Juste plaçait son royaume sous la protection de Marie, il ne faisait que payer la dette du vainqueur de Bouvines (3) et remplir le vœu national : *Vox regis, vox populi!*

II

« Le nom de Marie, dit saint Antoine de Padoue, est plus doux aux lèvres qu'un rayon de miel, plus flatteur à l'oreille qu'un chant suave, plus délicieux au cœur que la joie la plus pure. »

Saint Bernard compare la Vierge à l'étoile et à la violette. Alcuin l'appelle la Reine des cieux, la fleur des champs, le lis du monde. L'Église, enfin, lui a consacré particulière-

(1) HAMON, *Notre-Dame de France ou Histoire du culte de la Sainte Vierge en France depuis l'origine du Christianisme jusqu'à nos jours.* Paris, 1861. — Introduction, p. 1. — Consultez également *le Culte de Marie*, par J.-B. GERGERÈS, ancien magistrat. Paris, 1857, in-18.

(2) *Histoire de l'auguste et vénérable église de Chartres, dédiée par les anciens druides à une vierge qui devait être mère.* — Chartres, 1682. — Voir l'avis de l'imprimeur au lecteur.

(3) Philippe-Auguste attribuait hautement sa victoire à la toute-puissante intercession de la Sainte Vierge.

ment le doux mois des fleurs, comme pour offrir à la mère de Jésus l'encens le plus poétique de la terre.

S'il est un coin du monde où ce « culte qui va au cœur, qui repose l'âme fatiguée, qui console le cœur affligé, qui rassérène l'esprit désolé (1), » — le culte de Marie, ait été en honneur, où son nom ait été suave aux lèvres comme au cœur, où le peuple lui ait prodigué les autels et les prières, c'est assurément ce noble et vieux Berri, dont le nom seul rappelle tant de pieux et glorieux souvenirs. On trouve partout l'image de Marie, auprès des croix, dans les forêts, au bord des sources (2), partout où il y a un danger ou un bienfait ; et cette douce dévotion ne date pas d'hier seulement, car elle fut prêchée par saint Ursin, l'apôtre du Berri (3); et, depuis nos premiers âges, elle s'est perpétuée dans le cœur du peuple à travers tous les orages et toutes les séductions. Faut-il citer tant de sanctuaires privilégiés, tant de pèlerinages populaires qui proclament sous le soleil l'amour du Berri pour la mère de l'Homme-Dieu ? Notre-Dame de Gargilesse, Notre-Dame des Bancs (4), Notre-Dame de Pitié (5), la Bonne Dame du Chêne (6), Notre-Dame de Bonne-Nouvelle (7), Notre-Dame de Cluis (8), Notre-Dame de Déols (9)..... Mais comment les nommer tous ? (10).

L'auteur d'une monographie a trop souvent le défaut

---

(1) Hamon, *Notre-Dame de France.* Introd. p. 9.
(2) *Esquisses pittoresques sur le département de l'Indre*, par MM. de la Villegille et de la Tremblais, 1852, p. 97.
(3) Hamon, t. II, p. 2.
(4) A Argenton.
(5) Aux portes de Saint-Amand.
(6) Dans la forêt de Châteauroux.
(7) A une demi-lieue de Palluau.
(8) C. d'Aigurande, *Cluis et ses souvenirs*, 1855.
(9) Le P. Possoz, *Le saint pèlerinage de Notre-Dame de Déols*, 1853.
(10) Caillaud, *Histoire de Notre-Dame de Vaudouant*, 1858, p. 2 a 15 de la préface.

d'exagérer l'importance de son sujet; — on voit en beau tout ce qu'on aime; — mais l'historien de Vaudouan peut, sans crainte d'être taxé d'exagération, lui assigner la première place parmi les pèlerinages berruyers, sur la foi même du concile provincial de Clermont (1850). J'y ai vu jusqu'à vingt mille pèlerins dans un seul jour, et ce chiffre parle assez haut en faveur de Vaudouan. — Sa renommée, il est vrai, n'a guère franchi les limites de la province; mais il ne faut pas oublier que « le Berri, sans communication, comme un cul-de-sac au milieu du royaume (1), » ne voyait pas accourir à ses solennités les foules étrangères, et d'ailleurs, comme dans la Bretagne même, on tenait trop au sol natal pour les y attirer.

Les pèlerinages sont aussi anciens que les sociétés, et se retrouvent dans toutes les religions. Ils tiennent intimement au sentiment religieux, mais surtout à un sentiment naturel. Quel homme n'aime à revoir le berceau de sa famille? Quel chrétien ne voudrait aller s'agenouiller au berceau du christianisme? — Suivant les rabbins, les enfants d'Adam revinrent plus d'une fois contempler de loin l'enceinte du paradis terrestre (2). Les Gaulois occidentaux allaient visiter la grotte de Bélénus (3), comme de nos jours les mahométans vont à la Mecque. — Mais en aucun temps les pèlerinages n'ont été plus en honneur que dans notre divine religion. Sans parler de la Terre-Sainte ou de Saint-Pierre de Rome, au moyen âge, tous les pays chrétiens avaient des lieux de pèlerinage, et les pèlerins, aux yeux du peuple et des gens de guerre, avaient comme un caractère sacré; ils marchaient en sûreté jusque dans les contrées livrées aux fureurs de la soldatesque. Devant eux, les chau-

---

(1) MARCANDIER, *Réflexions pour la prospérité du Berri*. — *Journal économique*, septembre 1768.

(2) ORSINI, *la Vierge, histoire de la Mère de Dieu et de son culte*, 1861. Page 397.

(3) Aujourd'hui le Mont Saint-Michel.

mières s'ouvraient, les ponts-levis s'abaissaient ; il semblait à tous qu'ils répandissent sur leurs pas les grâces attachées au pèlerinage même qu'ils accomplissaient.

III

Vaudouan ne trouve pas en moi son premier historien ; car, depuis trois cents ans, chaque siècle lui en a fourni un, sinon plusieurs. Le premier de tous est M. de Gamaches, le second M. de Villebanois, puis viennent MM. Bourdeau de Fontenay, Porcher de Lissaunay (1) et Caillaud. En vérité bien des grandes villes et bien des provinces même comptent moins d'historiens que la pauvre chapelle de Vaudouan.

Je crois devoir une notice spéciale à chacun de ceux qui m'ont précédé dans cette pieuse carrière.

« Nous avons, dit Villebanois, un petit livre de M. Charles-Frédéric de Gamaches, seigneur de Châteaumeillant, qui ayant, comme il l'avoue dans son livre, longtemps porté les armes, s'adonna si fort depuis aux lettres et à la piété, qu'aucuns l'ont confondu avec le célèbre de Gamaches, docteur de Sorbonne, qui était plutôt son fils ou petit-fils, puissant antagoniste de Luther et de Calvin (2). »

Fontenay, ne tenant pas compte de la rectification de Villebanois, qualifie Charles-Frédéric de « célèbre docteur et fameux antagoniste de Luther et Calvin. » Lissaunay l'appelle « le docteur de Gamaches. » La première difficulté

---

(1) LISSONAY ou LYSSONET. Voyez les *Pièces justificatives*, pièce 30.

(2) VILLEBANOIS, *Histoire de Vaudouan*, p. 4.

qui se présente à nous est donc de débrouiller ce chaos historique, et de rendre à son véritable auteur ce *Livre du Pèlerin*, le premier qui ait parlé de la dévotion de Vaudouan.

« A quelle époque, demande M. l'abbé Caillaud, M. de Gamaches a-t-il écrit? M. de Fontenay dit que M. de Villebanois écrivait en 1679; et M. de Villebanois dit, de son côté, que M. de Gamaches écrivait plus de cent vingt ans avant lui. D'où il faudrait conclure que M. de Gamaches écrivait avant 1559. Or, cette date est fausse; car M. de Gamaches raconte l'incendie de la chapelle de Vaudovan par le duc de Deux-Ponts en 1568. Il est donc incontestable qu'il n'a pas écrit avant 1568. M. de Fontenay, dans le passage que nous avons déjà cité, dit que son livre a été imprimé en 1568; tout porte donc à croire que c'est réellement en 1568 qu'il a écrit (1). »

Il y a, dans les lignes qu'on vient de lire, une légère erreur historique : ce n'est pas en 1568, mais en 1569, que Wolfang, duc de Deux-Ponts, pénétra dans le Berri. Toutefois, c'est bien à l'année 1568 qu'il faut rapporter l'incendie faussement attribué à ce prince ivrogne et cruel (2).

Le *Livre du Pèlerin* fut écrit à Châteaumeillant, postérieurement au 6 juillet 1617, et antérieurement à 1624. Je vais essayer de l'établir avec preuves à l'appui.

Philippe de Gamaches, abbé commendataire de Saint-Julien de Tours, docteur et professeur de Sorbonne, auteur des *Commentaires sur la somme de saint Thomas*, un des meilleurs théologiens du XVIIe siècle, qui eut le rare courage de contredire le cardinal de Richelieu, naquit en 1568. Il avait donc quarante-neuf ans au moins lorsque fut écrit le livre qu'on lui attribue à tort; à cette époque, il était professeur de Sorbonne, et, sans aucun doute, pensait fort peu à notre pèlerinage de Vaudouan, si même il le connaissait, ce

---

(1) CAILLAUD, *Hist. de Notre-Dame de Vaudouan*, p. 17 et 18.
(2) *Voyez* le chapitre IX.

que je ne crois pas. Philippe de Gamaches (1) ne sortait pas de l'illustre maison des seigneurs de Châteaumeillant (2); il ne porta jamais les armes, et enfin le plus minutieux examen de ses diverses biographies comme de ses œuvres ne décèle aucun rapport avec le Berri. Or, le savant et consciencieux théologien eût-il osé écrire de ce qu'il ne connaissait pas?

Les Gamaches du Berri descendaient de la maison normande de ce nom, connue dès le XIe siècle, et dont les membres ont occupé glorieusement de hauts postes au service de nos rois.

Georges de Gamaches, chevalier de l'ordre du roi et son chambellan, seigneur de Jussy, Quinquempoix, Châteaumeillant et vicomte de Remon (3), gouverneur d'Issoudun, naquit vers 1535. Le 18 mai 1567, il épousa Anne des Guerres. Il servit fidèlement Henri III, Henri IV et

---

(1) On trouve au XVe siècle un Philippe de Gamaches, abbé de Saint-Denis, qui, lui, appartenait à la maison de Gamaches de Normandie, et qui vint remplir une pieuse mission à Bourges, en 1445. Il avait d'abord été abbé de Saint-Faron, de Meaux, et avait défendu vaillamment la ville contre les Anglais. C'est le seul Philippe que fournisse la généalogie de Gamaches. — LA CHENAYE DES BOIS, *Dictionnaire de la noblesse*, t. VII, p. 58. — RAYNAL, *Histoire du Berry*, t. III, p. 29.

(2) *Voyez* LA THAUMASSIÈRE, *Histoire du Berry* (généalogie de Gamaches), liv. XI, p. 889 et suivantes. — Le P. ANSELME, *Généalogies des grands veneurs de France*, p. 692 et suivantes.

(3) Je suis l'orthographe du dossier *Gamaches*, aux Archives de la bibliothèque de Paris. La Thaumassière et le P. Anselme écrivent *Raymond*; et la Chenaye des Bois, *Remont*. — *Raimond* est une localité du haut Berri, à 6 lieues de Bourges. — La Thaumassière et d'autres historiens qualifient Georges de Gamaches et son fils Charles, tantôt baron, tantôt vicomte de Châteaumeillant. Cette qualification ne se trouve pas dans les actes du temps. La seigneurie de Châteaumeillant ne fut érigée en comté que postérieurement à 1644, en faveur de Jean Fradet de Saint-Août.

Louis XIII, et reçut de nombreuses blessures. En 1587, le roi le nomma gouverneur d'Issoudun et commandant de ses troupes du Berri. Le 3 août 1589, dans un combat livré près de l'abbaye de la Prée, il fut blessé et fait prisonnier par M. de Neuvy-le-Barrois (1), commandant pour la Ligue. Echangé contre d'autres prisonniers, il se fixa définitivement dans le Berri, et se retira plus tard dans sa terre de Châteaumeillant, qu'il avait achetée en 1588.

Suivant l'inventaire des titres de la famille de Fricon, « il testa le dernier octobre 1623, et fut enterré dans l'église de Chasteaumeillant, où se voyoit sa statue, revestue de l'habit et armure de chevalier de l'ordre du Saint-Esprit.
Suivant le P. Anselme, il testa le 6 octobre 1624. Georges laissait cinq enfants : 1° Charles, seigneur de Châteaumeillant, Lugny, Chanceaux et la Fougerolle, marié en premières noces, en 1608, à Eléonore, fille unique de Michel de Montaigne; 2° Claude, seigneur de Jussy, Quinquempoix et Coudron, vicomte de Remon, capitaine de chevau-légers, qui mourut sans avoir été marié ; 3° Louise, mariée à Louis de Couhé de Lusignan, seigneur de l'Isle-Savary et de la Roche-Agnet; 4° Claudine, abbesse du grand couvent de Notre-Dame-de Nevers ; 5° Anne, religieuse au même lieu (2). Charles de Gamaches était devenu aveugle à vingt-deux ans. Il n'eut qu'une fille de sa première femme ; la seconde, Anne de Grailly, lui donna un fils, Jean-Frédéric, qui, à l'âge de vingt-cinq ou vingt-six ans, en 1644, vendit la terre de Châteaumeillant à Jean Fradet, seigneur de Saint-Août, se maria deux fois et n'eut pas d'enfants.

La première remarque qui vient à l'esprit est qu'aucun

---

(1) *Discours véritable de la défaicte des politiques et hérétiques de Berry, le présent mois d'aoust*, par le sieur de Neufvy-le-Barrois. — Paris, 1589.

(2) La Thaumassière ne donne à tort que quatre enfants à Georges de Gamaches. *Voyez* le P. ANSELME, p. 692 et suivantes, et LA CHENAYE, t. VII, p. 61.

Gamaches ne porte les prénoms de Charles-Frédéric. Je crois donc que Villebanois, Fontenay et Lissaunay ont commis une évidente confusion. L'auteur du *Livre du Pèlerin*, puisqu'il porta longtemps les armes, ne saurait être que Georges de Gamaches, premier seigneur de Châteaumeillant, qui, vers le commencement du XVIIᵉ siècle, se retira dans cette terre, achetée quelques années plus tôt à la maison de Nevers, et dut remplacer un entier dévouement au roi par un entier dévouement à Dieu. En se lançant dans le champ des suppositions, on pourrait attribuer son amour des lettres à d'intelligentes relations; car nous voyons son fils aîné épouser la fille du fameux auteur des *Essais* (1).

Le *Livre du Pèlerin* fut écrit à Châteaumeillant, puisque l'auteur qualifie le sieur d'Acre « vassal de ce lieu (2). » Acre fut en effet un petit fief relevant de la châtellenie de Châteaumeillant (3). Ailleurs il dit : « J'ai souvent vu ce M. de Fay, grand-père de Mᵐᵉ de Boussais (4). » Cette dénomination concerne Pierre Thibaudin, écuyer, seigneur de Fay, près Neuvy Saint-Sépulcre, appelé communément M. de Fay, suivant l'usage de l'époque. Il eut de son mariage avec Anne de Barbezières : Isabelle Thibaudin, dame de Fay, mariée, le 12 novembre 1602, à Gabriel de Moussy, seigneur de Puy-Bouillard, dont : Marguerite de Moussy, dame de Fay, qui épousa, le 6 juillet 1617, Léonard de Bressolles de Varennes, écuyer, seigneur de Boussais, près Châteaumeillant, et d'Arthon, près Châteauroux, appelé communément M. de Boussais.

C'est Marguerite de Moussy, désignée suivant l'usage sous le nom de Mᵐᵉ de Boussais, quoique mariée, — parce que son mari, M. de Boussais, ne prenait que la qualification d'écuyer,

(1) Eléonore, fille de Michel de Montaigne et de Françoise de Chassaigne, morte le 27 juin 1616.
(2) VILLEBANOIS, p. 31.
(3) *Voyez* le chap. VIII.
(4) VILLEBANOIS, p. 31.

— que le *Livre du Pèlerin* mentionne comme ayant eu pour aïeul M. de Fay. M. de Gamaches écrivait donc postérieurement au 6 juillet 1617, date du mariage qui confère à la petite-fille de M. de Fay la qualification de demoiselle de Boussais.

Il reste encore un point à éclaircir dans l'œuvre de M. de Gamaches; car tout est obscur en ce qui la concerne. Le *Livre du Pèlerin* fut-il imprimé, ou demeura-t-il manuscrit? — Fontenay, et, d'après lui, l'abbé Caillaud, veulent qu'il ait été imprimé à Paris en 1568. J'ai démontré déjà l'erreur de cette date, puisque l'ouvrage relate des événements de l'année 1617, et je m'empresse de dire que je partage l'opinion de Lissaunay : le *Livre du Pèlerin* n'a jamais eu les honneurs de l'impression. Un manuscrit s'égare, mais un livre ne se perd pas complètement; il s'en retrouve toujours quelque exemplaire méconnu, non sans de longues et fastidieuses recherches, mais enfin il s'en retrouve. Or aucune bibliothèque de Paris, aucune du Berri ne possède le *Livre du Pèlerin*, et il n'en est fait mention dans aucun des catalogues bibliographiques que j'ai cru devoir compulser. — Quant au manuscrit, je n'en ai trouvé également trace dans aucune bibliothèque. Il sera passé par héritage dans une des maisons alliées ultérieurement aux Gamaches: Dampierre, Gauville, Couhé-Lusignan, Bigny, Dorsanne et Beausson (1). — Peut-être avait-il été légué par l'auteur aux vénérables chanoines de la Châtre, et aura-t-il disparu par la suite dans quelque pillage de la chapelle de Vaudouan!

---

(1) Le dossier *Gamaches*, aux archives de la bibliothèque de Paris, ne fournit plus de pièces à partir de la fin du xviie siècle ; la maison n'était cependant pas éteinte. *Voyez* LA CHENAYE DES BOIS, t. VII, p. 60 et 61, et RAYNAL, t. IV, p. 435.

IV

On lit cette note à la fin de la préface du manuscrit de Fontenay :

« Un monsieur de Villebanois (1), de Sainte-Sévère, homme religieux et respectable, a écrit l'histoire de Vaudouan en 1679 : elle est dans les archives de Briante. M. Marchand, prieur de Montlevic, l'a transcrite en 1778. Cette histoire a son mérite (2). »

Villebanois est le second historien de Vaudouan, et je regrette de ne point partager l'appréciation de Fontenay : son histoire n'a que le mérite d'une excessive piété; car elle fourmille d'erreurs. C'était un excellent père de famille, mais un historien à la façon de Vertot. Loin de moi la pensée de lui reprocher encore ses archaïsmes et ses distractions; j'ai trop besoin d'indulgence pour n'en pas ressentir moi-même; d'ailleurs, son introduction désarmerait le plus âpre critique :

---

(1) Ou mieux Devillebanois. C'est l'orthographe suivie dans un registre de recettes de Marc Devillebanois, fermier de la seigneurie de Puy-Barbeau, pour les années 1650 et 1651. Cependant l'*Inventaire des titres de Châteauroux* (t. IV, p. 208,) signale « une liève de cens et rentes tant en argent bled que volailles dus a S. A. S. Monseigneur le duc à cause de sa baronnie de la Châtre, remise par dame Jeanne de Villebanois veuve feu Etienne Renoux, vivant sous fermier de M° Jean Bourdeau fermier de ladite seigneurie, affirmée véritable par ladite dame le 12 avril 1723. » — *Arch. de l'Indre*.

(2) BOURDEAU DE FONTENAY, *Histoire de Notre-Dame de Vaudouan*, p. 16.

« Je n'ai pour but, dit-il en s'adressant à la Sainte-Vierge, que de vous porter mes reconnaissances pour les faveurs sensibles et continues que j'ai reçues de vous, et laisser à mes pauvres petits enfants le mémorial de mes reconnaissances, afin qu'un jour eux et leurs neveux vous en sachent rendre grâces (1). »

On ne peut douter que le vœu du pieux écrivain n'ait été exaucé; car, cent dix ans plus tard, on trouve un ecclésiastique distingué du nom de Villebanois, curé de Saint-Jean le Vieux (2).

Le troisième historien de Vaudouan, M. Bourdeau de Fontenay, chanoine et ensuite prieur du chapitre de Saint-Germain de la Châtre, écrivait en 1731. « Je n'eusse jamais été si téméraire, dit-il, ami lecteur, de mettre au jour cette histoire de Notre-Dame de Vaudouan, si je n'en avais été pressé par un de mes amis, qui m'a assuré que le public la désirait depuis très-longtemps. Je l'avais faite seulement pour servir de mémoire après ma mort, en cas que quelques pieux écrivains eussent voulu la composer comme bien d'autres l'avaient entrepris, et dont je n'ai pas été assez heureux que leurs écrits soient venus jusqu'à moi; ce qui m'aurait sans doute été d'un très-grand secours pour lui donner le jour qu'elle mérite, autant que ma plume en eut été capable. » — Puis, s'adressant à la Très-Sainte Vierge dans une chaleureuse introduction, le pieux chanoine s'écrie : « Oui! la plus respectable de toutes les créatures! votre gloire m'est trop à cœur pour ne me pas acquitter d'un devoir si essentiel. Les faveurs singulières que j'ai reçues, en ce saint lieu, de Jésus par votre canal, en augmentent l'obligation! »

Ces lignes, qui exhalent une reconnaissante dévotion, méritent d'être expliquées, et par Fontenay lui-

---

(1) VILLEBANOIS, *Histoire de Vaudouan*, p. 2.
(2) RAYNAL, *Histoire du Berry*, 1816, t. IV, p. 513.

même : « En 1691, dit-il, au mois de février, une dame de la Châtre, qui se faisait honneur à l'exemple d'Anne, mère de Samuel, de nourrir ses enfants, tandis qu'elle en allaitait un il arriva qu'une des agrafes de son corset entra dans l'œil de son fils. Cette mère désolée s'adressa à Marie en ces termes : O bonne dame de Vaudouan, ayez pitié de mon fils ! — En prononçant ces paroles, elle tira l'agrafe de l'œil sans aucune marque de blessure. En reconnaissance de cette faveur elle le voua à cette chapelle, et le fit porter, quelques jours après, par Noël, son valet, accompagné de Françoise Moreau, personne de la maison, et de Jeanne Memin, sa servante. Ce brave homme, tenant cet enfant entre ses bras, le pressa si fortement que la salive qui sortait de sa bouche se colla à une coiffe de taffetas blanc qu'il avait sur la tête et l'étouffa : duquel événement ces bonnes gens ne s'aperçurent qu'à la Croix des Prieux. Ils en furent si fort surpris qu'ils furent sur le point de laisser ce pauvre petit cadavre au milieu de cette lande et de s'enfuir. Ils se ravisèrent cependant et résolurent d'aller jusqu'à la chapelle dans l'espérance que la Sainte-Vierge, l'ayant délivré d'un premier danger, aurait la bonté de le tirer de ce second. Etant arrivés dans la chapelle, ils lui mirent une dragée dans la bouche et ne s'aperçurent d'aucun signe de vie; mais, pendant le saint sacrifice qu'on les avait chargés de faire offrir, il ouvrit les yeux, fit un cri, à la grande consolation de ces pieuses personnes, qui n'eurent pas moins de joie de cette résurrection que la Sunamite en eut, lorsqu'elle vit son fils ressuscité par le prophète Élisée (1). » — Lissaunay, nous apprend (2) que cet enfant, deux fois sauvé de la mort par miracle, n'était autre que Fontenay lui-même. En écrivant son histoire de Vaudouan, il ne faisait donc qu'acquitter une dette de pieuse reconnaissance. Il prouve d'ailleurs un grand fonds d'instruction et une intelligence favorisée par de fréquentes

(1) FONTENAY, p. 72.
(2) Page 41.

et heureuses citations de l'Écriture-Sainte. — Les écrivains ont leurs douleurs posthumes : en 1807, un anonyme livra au public le manuscrit de Fontenay, inintelligemment abrégé, « fourmillant de fautes, » suivant l'expression même de Lissaunay (1).

Ce fut sans doute cette regrettable publication qui inspira à ce dernier la pensée de refaire l'histoire de Notre-Dame de Vaudouan. — Avant 1791, c'était un excellent chanoine de la Châtre, dont on aimait à vanter la douce bonhomie. Sa famille possédait le petit fief de la Côte-Perdrix (2), aux bords de l'Indre, entre Sainte-Sévère et la Châtre. La révolution démolit le château et confisqua les terres. Peu de temps après la réorganisation du culte, l'abbé Porcher de Lissaunay fut nommé à la cure de la Châtre, grâce à son frère, le comte Porcher de Richebourg, sénateur. « Mes frères, disait-il quelquefois à ses ouailles, voulez-vous savoir ce que c'est que la Révolution ? J'avais des terres, des bois, un château. Je ne les ai pas donnés, je ne les ai pas vendus, et cependant je ne les ai plus. Voilà ce que c'est que la Révolution, mes frères ! »

M. de Lissaunay avait noblement refusé le serment en 1791 et émigré en Suisse; à son retour dans sa patrie, il chercha vainement les hautes salles où s'était écoulée son enfance; ses domaines étaient passés à vil prix en des mains étrangères; son cœur se navra. C'était un trop saint prêtre pour qu'il en voulût à un seul révolutionnaire de cette douloureuse spoliation et de ces ruines; mais il ne pardonna jamais à la Révolution; il haïssait le crime et plaignait les coupables.

---

(1) Le manuscrit de Fontenay appartient aujourd'hui à M. Hippolyte Baucheron, propriétaire, à la Châtre.

(2) Il ne reste plus du château de la Côte-Perdrix qu'un maigre pan de muraille crevassée sur un monticule exhaussé par les décombres.

Son *Histoire de Notre-Dame de Vaudouan* (1) rétablit les faits tronqués et dénaturés dans celle de 1807, et renoue jusqu'à nos jours la chaîne de la tradition.

Enfin, en 1858, M. l'abbé Caillaud, vicaire-général de Bourges, donna au public une pieuse relation (2), puisée chez MM. de Villeban's, de Fontenay et de Lissaunay, « en y ajoutant le récit des faits plus récents qui se sont passés depuis la Révolution de 1793. » — Je manquerais à l'équité en ne donnant pas à l'œuvre de M. l'abbé Caillaud les éloges qu'elle mérite.

V.

Le Berri compte six historiens, Chaumeau, Labbe, Catherinot, La Thaumassière, Pallet et Raynal.

Jean Chaumeau, seigneur de Lassay et du Portail-Milly, avocat au siége présidial de Bourges, fait remonter la fondation de cette ville à l'an 1792 du monde, an 134 du déluge, et lui donne en 1562, époque à laquelle il écrivait (3), 3,733 ans d'existence. Dans son avant-propos, il y a du français, du grec, du latin, de la prose et des vers. Parlant des conquérants, il dit :

> Quoiqu'ils soient craints de la commune,
> Je les estime tant dedans
> Que des chiens qui jappent la lune
> Et en vain lui montrent les dents.

(1) Publiée à la Châtre, chez P. M. Arnault, imprimeur-libraire, en 1817.

(2) *Histoire de Notre-Dame de Vaudouan*, Bourges, chez Pigelet, imprimeur de Son Éminence.

(3) *Histoire du Berry*, par Jean CHAUMEAU DE LASSAY, Lyon, 1566.

Philippe Labbe (1), fils du sieur de Champgrand, conseiller au présidial de Bourges, a laissé un ensemble de travaux considérable, qui dénotent une infatigable patience et une prodigieuse mémoire ; seulement, au dire des critiques (2), il poussait jusqu'au plagiat l'amour de la compilation.

Nicolas Catherinot, avocat au parlement de Paris, puis avocat du roi et conseiller au siége présidial de Bourges, avait, on peut le dire, l'horreur du papier blanc ; il a publié plus de deux cents opuscules distincts ; à sa mort on trouva chez lui environ 50,000 vers de toutes les mesures. Ses opuscules ne se vendant pas, il leur donna un cours forcé, et voici comment : quand il venait à Paris, il en emportait avec lui une quantité ; il allait sur les quais, feignait de regarder les vieux livres qu'on y étale, et y glissait furtivement cinq ou six de ses brochures (3). — Le bonhomme, d'ailleurs, les appréciait bien modestement, s'il en faut juger par cette plaisante confession : « .... Outre qu'enfin, dit-il, je veux être libre dans mes études, qui me tiennent lieu de tripot et de cabaret, car je ne me suis jamais fait honneur de mes opuscules, mais seulement un divertissement innocent. C'est ma perdrix comme à saint Jean Evangéliste, mon chat comme à saint Grégoire, pape, mon chien comme à saint Dominique, mon agneau comme à saint François, mon dogue comme à Cornélius Agrippa, mon lévrier comme à Juste Lipse. Mes écrits *autem* ne sont si fort inutiles, puisque les apothicaires en font des emplâtres, les libraires du carton, les tailleurs des patrons et les autres des enveloppes. Ils sont même privilégiés, et les huissiers ne les prennent jamais par exécution, non plus que les pots de

---

(1) La *Biographie* Michaud, édit. 1819, le confond à tort avec l'archéologue Pierre Labbé.

(2) *Voyez* la *Biographie* Didot.

(3) *Ménagiana*, t. II, p. 361.

terre, les chandeliers de bois et les chaises de paille (1). »
— Vit-on jamais écrivain si modeste?

Gaspard Thaumas (2) de la Thaumassière, seigneur de Puyferrand et de Gérissay, vicomte de l'Esteuf, fils du médecin du prince de Condé, est l'auteur d'une sorte d'encyclopédie berrichonne, où se trouvent naturellement beaucoup de choses, mais où cependant ne se trouve pas tout ce qui intéresse la province.

En 1783, à la veille de la Révolution, l'avocat Pallet donna, en cinq volumes in-8°, une *Nouvelle histoire de Berry*, dont l'approbation, signée du censeur Guyot, exprime cette appréciation flatteuse: « Cet ouvrage, tel qu'il s'annonce par le premier volume, deviendra un monument utile pour l'histoire générale de notre nation. » En dépit de cette prédiction officielle, l'ouvrage de Pallet n'est en réalité qu'un prétexte à généalogies plus ou moins correctes.

M. Louis Raynal, enfin, qu'on peut appeler le Tite-Live du Berri (3), a pourtant plusieurs torts aux yeux du lecteur impartial : dans une histoire qui embrasse trente siècles, il s'est trop montré l'homme d'une époque qui ne représente en somme qu'une éphémère usurpation (4).

Voilà donc les historiens du Berri esquissés à grands traits, mais qui résument toute ma pensée sur leur personne

---

(1) CATHERINOT, *le Sanctuaire du Berri*, p. 35.

(2) La *Biographie* Michaud, l'appelle à tort « *Thaumaç.* » *Histoire du Berry*, 1689.

(3) *Histoire du Berry depuis les temps les plus anciens jusqu'en 1789*. Bourges, 1816.

(4) L'*Histoire du Berry*, par M. Raynal, s'arrête à 1789; mais il est regrettable que, dans sa *conclusion*, après avoir flétri « ces massacres juridiques qui se couvraient du nom de la liberté, » il n'ait pas eu un seul mot de sympathie pour les victimes, et surtout pour la plus pure et la plus noble de toutes, pour un ancien duc de Berri, notre saint et malheureux Louis XVI. *Voyez* le t. IV, p. 518 et suivantes.

et sur leur œuvre. Ce n'est point par un vain désir de faire preuve d'une érudition d'ailleurs bien facile, que j'ai voulu montrer ces six figures si distinctes, mais pour justifier en quelque sorte l'oubli dont ils ont tous frappé le séculaire pèlerinage de Vaudouan ; car un tel oubli, inexplicable au premier abord, infirmerait, il semble, tout ce que je pourrais dire de l'ancienneté et de la popularité de Notre-Dame de Vaudouan.

L'histoire de Chaumeau n'est rien moins inspirée que par l'esprit de religion ; c'est l'œuvre d'un savant en *us* et en *os* ; il plane trop haut dans les âges pour daigner descendre dans une chapelle qui, de son temps, n'avait guère plus de cinq cents ans. — Labbe compilait ; aucune de ses compilations ne lui parlant de Vaudouan, il n'en a point parlé ; — Catherinot a peut-être écrit sur Vaudouan ; car une partie de ses nombreux opuscules sont sinon introuvables, du moins difficiles à trouver, et il faudrait dix années de la vie d'un bibliomane pour arriver à réunir l'œuvre de Catherinot. Je l'accuse donc moins que les autres ; mais pourtant je lui garde un peu rancune. — La Thaumassière est impardonnable ; son volumineux in-folio, qui relate tant de choses d'une importance plus que secondaire, eût dû perpétuer de Vaudouan ne fût-ce que le nom. Son excuse est dans son œuvre même : ce n'est, en somme, qu'une vaste compilation, utile, mais sèche et rebutante. M. Raynal, si je ne me trompe, l'accuse quelque part de plagiat : on le croirait, à parcourir les mille fragments dont se compose son histoire. — Enfin, alors que MM. Pallet et Raynal écrivaient, Vaudouan avait perdu de son importance et de son renom ; mais on regrette qu'un historien sérieux n'ait pas accordé dans son œuvre un chapitre spécial aux pèlerinages d'une province aussi catholique que le Berri. Premier avocat général à la cour royale de Bourges, M. Raynal devait moins que tout autre ignorer la grandeur et la décadence de Vaudouan ; car il voyait se dérouler sous ses yeux les dernières péripéties d'un interminable procès.

On ne saurait donc, croyons-nous, arguer contre Vaudouan du silence des historiens du Berri.

VI

MM. de Gamaches, de Villebanois, de Fontenay, de Lissaunay et Caillaud ne sont pas les seuls qui aient écrit sur Vaudouan ; l'oubli, volontaire ou non, des historiens berruyers a été largement compensé par d'autres plumes plus ou moins catholiques. — Dernièrement encore, M. Just Veillat, membre du conseil général de l'Indre, dans ses *Pieuses légendes du Berri* (1), traçait en quelques pages pleines de charmes les gracieuses traditions de Vaudouan. — Avant lui, M. l'abbé Hamon, curé de Saint-Sulpice de Paris, les avait ébauchées dans sa *Notre-Dame de France* (2). — Au mois de mai 1846, l'*Eclaireur de l'Indre*, journal imprimé à Boussac par le trop fameux Pierre Leroux, publiait, sur les origines de Vaudouan, un article attribué à une célébrité malheureuse, et que, malgré d'opiniâtres recherches, il m'a été impossible de retrouver. Je le regrette d'autant moins que, si j'en crois un honorable écrivain (3), il contenait des aperçus *philosophiques* sur la superposition des cultes.

Enfin, le *Compte rendu des travaux de la Société du Berri* (1859-60) contient une notice de M. Desplanque, archiviste de l'Indre, sur le pillage de quelques abbayes du

---

(1) Châteauroux, imprimerie Migné, 1864.
(2) *Notre-Dame de France* ou *Histoire du culte de la sainte Vierge en France*. Paris, 1861.
(3) VEILLAT, *Pieuses légendes du Berry*, p. 208, en note.

département dans le courant du xvie siècle. L'histoire de Vaudouan y est savamment esquissée à grands traits.

Mais ce ne sont point là toutes les sources auxquelles, sans le malheur des âges, il m'eût été permis de puiser. Et déjà, au temps où écrivait Villebanois, elles avaient été grandement amoindries, si l'on s'en rapporte à ces lignes : « Outre les monuments publics qui en restent au trésor du chapitre de La Châtre, ceux qui peuvent être au châtel de Briante, ceux qui se sont perdus en la cure de Briante l'année 1648 (1), ou environ, que fut ravi un coffre... auquel étaient les titres des fondations, miracles et vœux de Vaudouan, de quoi il ne reste aujourd'hui qu'un simple inventaire sommaire ; sans parler d'un gros livre manuscrit qui contenait les miracles, les messes et vœux, qui soulait toujours être à Vaudouan, et que depuis peu l'on ne voit plus... (2). »

Je ne parle pas des nombreux et précieux documents que contenaient sans doute les archives de l'archevêché de Bourges et celles de la Châtre, brûlées ou dispersées en 1793; mais Villebanois nous apprend (3) qu'un jésuite, qu'il ne nomme pas, composa de son temps une histoire des plus fameuses dévotions à la Sainte-Vierge en France. « La plus honorable, disait-il, est celle de Notre-Dame de Vaudouan... » Villebanois vante l'érudition de ce pieux auteur inconnu, et témoigne qu'avant lui beaucoup d'autres avaient écrit déjà la sainte légende de Vaudouan.—Fontenay parle, à son tour, d'un savant carme qui, « au commencement que la réforme de l'ordre fut introduite à La Châtre, ayant réuni beaucoup de mémoires et instructions, se mit à composer l'histoire de Notre-Dame de Vaudouan avec succès. » Le pauvre religieux céda bientôt au démon de l'orgueil; il s'enfuit à Genève, jeta le froc aux orties, et embrassa la religion réformée, lui qui n'avait pu

---

(1) *Voyez* le chapitre xii.
(2) VILLEBANOIS, p. 4.
(3) Page 5.

supporter la réforme de son ordre. Il mourut quelque temps temps après, réconcilié avec l'Église, il est vrai; mais toujours est-il qu'il n'acheva pas son histoire, dont le manuscrit aura servi plus tard aux feux de joie de la Révolution.

Je ne saurais énumérer tous les ouvrages des XVIe et XVIIe siècles que, sur la foi de Villebanois, j'ai compulsés, dans vingt bibliothèques, pour retrouver le chef-d'œuvre inconnu de ce jésuite innommé. — Qu'il me suffise de citer ceux qui, par leur intitulé, semblaient me promettre le succès, et ne me donnèrent que la triste consolation de feuilleter des curiosités bibliographiques.

Les églises et chappelles de ce roïaulme dédiées à la Très-Saincte Mère de Dieu, par Loys de la Forest, prestre. Lyon, 1599. In-12.

Abecedarium Marianum, par Pierre d'Alva. Madrid, 1648. 21 vol. in-f°

Atlas Marianus, sive de imaginibus Deiparæ per orbem christianum miraculosis, par Guillaume Gumppenberg, jésuite. Ingolstadt, édition de 1653, édition de 1657. In-12.

Sommaire des principaux temples dédiés à la Mère de Dieu, et nommément de la chapelle érigée à sa gloire au bourg de Blancmesnil, au règne du roi Jean, en 1353. Paris, sans nom d'auteur, 1660. In-4°.

Histoire de ce qui s'est passé de plus remarquable à l'occasion d'une image de la Sainte-Vierge nouvellement trouvée dans le village de Fieulaine, par Charles Bourdin. Saint-Quentin, 1662. In-12.

Les heures de la Sainte-Vierge contenant aussi un catalogue des principaux lieux de dévotion à la Mère de Dieu, par de Saint-Pérès, jésuite. Paris, 1671, in-8°.

Atlas Marianus (2e partie de l'*Atlas Novus*), par Henri Schérer, jésuite. 1700, in-4°.

Je pourrais, renouvelant un mot fameux, m'écrier aussi, après tant de recherches : « Rien, rien, rien ! » Mais je suis trop convaincu qu'aucun livre ne se perd complétement pour penser un seul instant à mettre en doute l'assertion de l'intègre Villebanois. J'exprime donc modestement le vœu que celui qui me succèdera, comme je succède à M. l'abbé Caillaud, soit plus heureux que moi et retrouve enfin l'introuvable opuscule de ce jésuite, dont Villebanois eût bien dû nous transmettre le nom.

Les lignes suivantes, que j'extrais textuellement de l'opuscule de Fontenay, m'ont également occasionné de longues et infructueuses recherches : « C'est le sentiment de l'antiquité, entre autres du très-docte et très-brave Nompar de Caumont (1), duc de la Force, créé maréchal de France par Louis XIII, qui assure, dans ses *Mémoires*, qu'il y a plus de deux cents ans que la chapelle de Vaudouan appartient aux sieurs vénérables prieur, chanoines et chapitre de Saint-Germain de la Châtre par titres authentiques et bien faits. » Or, les *Mémoires* de Caumont ne contiennent pas un mot qui ait trait à Vaudouan. Il y a donc lieu de croire que Fontenay aura été induit en erreur, ou bien que ces *Mémoires* avaient un supplément inédit, aujourd'hui perdu comme le *Livre du Pèlerin* et tant d'autres manuscrits.

VII.

Un second problème à examiner, sinon à résoudre, est celui de l'orthographe du nom même de Vaudouan, et, mal-

---

(1) Jacques-Nompar de Caumont, duc de la Force, pair et maréchal de France, né en 1555, mort en 1652. Ses mémoires ont été publiés à Leyde en 1662 et 1669, et dans la *Collection des Mémoires pour servir à l'Histoire de France*. Les *Mémoires authentiques de Jacques-Nompar de Caumont, duc de la Force, maréchal de France, et de ses deux fils, le marquis de Monpouillan et de Castelnaut*, publiés en 1848, par le marquis de la Grange, ne parlent point de Vaudouan.

gré l'élasticité proverbiale de la science étymologique, c'est à elle qu'il faut avoir recours pour jeter un peu de lumière sur ce point délicat.

L'orthographe, il n'y a pas bien longtemps encore, surtout celle des noms propres, n'avait, pour ainsi dire, aucunes règles fixes, et se laissait aller au hasard de ses caprices. Avant le XVII° siècle surtout, les noms de lieux ou de familles sont falsifiés parfois jusqu'à l'absurde ; dans le XVI° siècle, on trouverait malaisément deux historiens donnant une même orthographe à un même nom propre.

Vaudouan n'a pas été à l'abri du caprice ou de l'insousiance ; M. de Lissaunay écrit Vaudouan : MM. de Fontenay et Caillaud penchent pour Vaudouant ; Chaumeau, dans sa *Carte du Berri*, écrit Vaudoant ; celle de Jean Le Clerc (1) place Vaudoan tout au bord d'un bras de l'Indre ; Josse Hondius écrit Vaudouen (2) ; quatre autres cartes de la Bibliothèque de Paris portent Vaudouan, Vaudoan, Vaudouen, et Vaudoen ; celles d'Hubert Jaillot, géographe ordinaire du roi (1707), de Crépy (1737), de N. de Fer, géographe de Sa Majesté Catolique (*sic*) (1713), et de Miremont (1757) (3), ne citent pas Vaudouan. — Nicolaï, dans son manuscrit vraiment royal (4), écrit d'abord Vaudaven ; puis, dans sa

___

(1) *Joannes Calamæus.*

(2) *Carte du duché de Berry*, imprimée à Amsterdam, chez Josse Hondius, et se vendant à Paris, chez Melchior Tavernier, auprès du palais. Sans date.

(3) *Carte manuscrite du duché et pays de Berry*, sur parchemin, faicte à Buzançois, 1757, bibliothèque de Paris.

(4) *Description générale du pays et duché de Berry et diocèse de Bourges*, avec les cartes géographiques dudict païs, des baillaiges royaulx de Bourges, Yssouldun, Dun le Roy, Vierzon, Mehun et Concressault, et le plan relevé de l'antique et moderne cité de Bourges. Le tout faict et observé de lieu en lieu par exprès commandement du très-puissant et très-chrétien roy de France, Charles de Valoys, 9º du nom, et de la très-haulte et très-vertueuse royne Catherine de Médicis, sa très-honnorée dame et mère, par N. de

« Description géographique de la grandeur et étendue du siége royal d'Yssouldun » il écrit Vaudouan, orthographe que suit également le procès-verbal de la Visite de Mgr de la Rochefoucauld, en 1734 (1). La sentence de la Chambre Apostolique, du 1ᵉʳ juin 1468, porte tour à tour Vaudouem et Vaudoen (2). — Une bulle de Paul II, du 3 septembre 1466 porte Vauduoan (3). Enfin, les vénérables chanoines de la Châtre, dans un acte de 1476, l'écrivent Vodoan; dans une accense de 1505, Voldoant, et, dans un acte du 17 août 1630, Vaudhouan (4).

Voilà donc douze orthographes distinctes, et, pour comble d'embarras, il est un nombre presque égal d'étymologies plausibles. J'ajouterai, pour compléter cette curieuse nomenclature, que les gens du pays prononcent Vaudevant, ce qui présente sur-le-champ l'idée d'une vallée ordinairement exposée aux vents. Il existe, d'ailleurs, dans l'Ardèche (Vivarais), à cinq lieues de Tournon, un village du canton de Saint-Félicien qui porte le nom de Vaudevant, dont telle est l'étymologie acceptée.

Vallis Dianæ, nous disent MM. de Lissaunay et Caillaud : le val de Diane; car, selon eux, un temple de la déesse des forêts aurait existé au lieu même où se dresse aujourd'hui l'humble chapelle consacrée à Marie.

« D'autres traduisent Vaudouan par *Vallée du chathuant*, du mot roman *houant*, servant encore, en patois, à désigner l'oiseau des nuits (5). »

Nicolay, Daulphinois, gentilhomme ordinaire et varlet de chambre du roy, 1567. — Manuscrits de la bibliothèque de Paris.
(1) *Voir* aux *Pièces justificatives*, pièce 31.
(2) *Ibidem*, pièce 4.
(3) *Ibidem*, pièce 2.
(4) Veillat, *Pieuses légendes du Berry*, p. 310, en note.
(5) Veillat, p. 198, en note. — Cette étymologie ne me semble pas seulement discutable. De quel patois s'agit-il? Le berrichon dit *chavant* qui se rapproche du *cavanna* ou *cavannus* de la basse-latinité, et non *houant*.

« J'estime, dit Villebanois, que ce mot de Vaudouant veut dire val ou vallée d'Ouant, puisque vau, en vieux français, signifie vallée, et qu'il y a un lieu, paroisse de Crevant, qui s'appelle encore à présent Ouant (1). »

Le mot *val* n'est pas seulement du vieux français, mais aussi du pur celtique : pente, descente, vallée, telle était sa signification dans cette langue si riche, et malheureusement si négligée de nos jours. — Nous n'avons que trop, en France, une incessante propension à abdiquer en faveur de l'étranger dans tout ce qui ne touche pas au vif la fibre nationale. Nous faisons certainement beaucoup trop d'honneur aux Romains, en leur attribuant tout ce qui devance notre histoire vulgaire : qu'il s'agisse de camps, de fortifications, de tombeaux, de monnaies et surtout d'étymologies. L'occupation romaine nous assujettit encore à une sorte d'asservissement posthume. Un enfant du Berri, M. Barailon (2), le pensait, à coup sûr, quand il relevait systématiquement, au profit des vieux Gaulois, tant de ruines dont on faisait honneur aux conquérants romains : il rendait aux Gaulois ce qui n'était pas à César. Il poussa sans doute un peu loin son patriotique système ; mais, pour ma part, je le crois plus près de la vérité que la majorité des archéologues.

Vaudouan, — comme tant de localités gauloises (3), — avait et porte encore un nom celtique. Voici les deux premières étymologies que j'avais successivement cru devoir adopter :

Val : val, vallée ; — *duven, dwen, dwin* ou *douin*, qui se prononçait *douan* : profond.

Val : val, vallée ; — *ouen* ou *ouan* : beau.

J'hésitais donc entre « vallée profonde » et « beau val, » quand des recherches plus approfondies me firent, je crois,

---

(1) VILLEBANOIS, p. 7.

(2) *Recherches sur plusieurs monuments celtiques et romains.* Paris, 1803.

(3) *Voyez* sur les *Etymologies celtiques* plusieurs articles publiés dans le *Mercure de France*, 1863.

atteindre la vérité. J'avoue que j'étais un juge prévenu, et que je me sens trop Français pour aimer les Césars ; le *vallis Dianæ* de Lissaunay me semblait trop une importation romaine, et ne me satisfaisait pas.

M. l'abbé Caillaud, d'ailleurs, vient indirectement à l'appui de mon système quand il dit :

« Comme c'était au milieu des bois, dans des lieux retirés et solitaires, que les druides immolaient leurs victimes humaines (*Cæsar bell. gall.* 6, 4, 16), et que Vaudouan était au milieu des bois et dans un endroit très-retiré et très-solitaire, il est possible que les druides l'aient habité et y aient dressé leurs sanglants autels. Ce qui porterait à le croire, c'est qu'on voit encore aujourd'hui dans le même arrondissement deux vastes dolmens, l'un à Montchevrier, l'autre à Saint-Plantaire (1) ! »

Vaudouan était en effet comme perdu dans les bois, il n'y a pas longtemps encore(2); les druides les ont évidemment occupés, comme tous les lieux qui, par leur situation inaccessible, favorisaient un culte impossible au grand jour. Je ne crois pas toutefois que Vaudouan soit la dernière corruption de *Valdruan*, *Vaudruan*, ou *Vaudrevant*, « vallée des Druides » ou « vallée des Chênes ; » l'étymologie du nom même des druides est un problème encore de nos jours : les uns veulent qu'ils le doivent au gui sacré, au « rameau des spectres (3), » qu'ils cueillaient solennellement une fois l'an, sur les chênes, à la lueur de l'astre des nuits (4). Les autres les font remonter à *Drius* ou *Druis*, le 4ᵉ roi des anciens Gaulois, roi fabuleux qu'on faisait descendre de Samosathès (5). Une troisième opinion, la moins probable, selon

(1) CAILLAUD, p. 3, en note.
(2) *Voyez* le *Procès-verbal* de la visite à Vaudouan de Mgr de la Rochefoucauld, en 1734. — *Pièces justificatives*, pièce 31.
(3) *Histoire ecclésiastique de Bretagne*, t. IV, p. 496 et 564.
(4) *Deru* ou *dru*, en celtique, signifiait chêne.
(5) BÉROSE, liv. V. — DUPLEIX, *Mémoires des Gaules*, liv. II, chap. v. — MORÉRI, *Drius*.

moi, tire de l'hébreu le nom des druides : *derussim* ou *drissim* « ceux qui contemplent, qui recherchent quelque chose, » la vérité sans doute. — Ménage le dérive de *drus*, « qui, en vieux langage britannique, signifie démon, magicien, » et Goropius Becanus, de *trowis*, « ancien mot celtique et allemand, qui signifie un docteur de la vérité et de la foi (1). »

Les druides étaient les pontifes de l'ignorantisme ; ils agissaient sur le peuple par un système abnégationnel, qui devait exalter le fanatisme religieux et le respect des ministres sacrés. Seuls en communication avec une divinité brutale, mais respectée comme tout ce qu'on craint, possesseurs exclusifs de la science, ils entretenaient les masses dans un servilisme ignare et sanglant, dont l'idée romaine, si brutale qu'elle fût elle-même, devait profiter pour désarmer les peuplades gauloises.

Le christianisme les trouva dans un état de paganisme semi-romain et semi-druidique ; car les défenses d'Auguste et les persécutions de Tibère, n'avaient servi peut-être qu'à raviver, dans les cœurs gaulois, des croyances déjà presque éteintes (2).

Le christianisme seul devait les en extirper ; mais on conçoit qu'un culte, héréditaire pendant tant de siècles et basé sur l'ignorance et des cérémonies nocturnes, devait laisser dans le peuple des traces profondes et jusqu'à des germes d'une rétive crédulité. Le fantastique a toujours agi sur les esprits, et rien n'y prête mieux que la nuit ; aussi les lieux naguère hantés par les anciens druides acquirent-ils na-

---

(1) *Voyez* Diodore de Sicile, liv. VI, chap. ix et xii. — Pline, liv. XVI, chap. xliv ; liv. XXIV, chap. xi ; liv. XXIX, chap. iii ; liv. XXX, chap. i. — Tacite, liv. XIII, Annales. — Diogène Laerce, *Vie des philosophes*, liv. I. — Picard, *de Prisca celtopœdia* liv. II, p. 58. — Rouillard, *Histoire de Chartres*, liv. I, p. 5. — Saumaise, *Notes sur Lampridius*, p. 237.

(2) Monéui, article *Druides*.

turellement aux yeux du peuple une sorte d'auréole mystérieuse, à laquelle le souvenir des sacrifices humains du druidisme donnait des reflets sanglants; et la vieille terre des Bituriges porte encore trop de traces druidiques (1) pour que l'épaisse ceinture de chênes qui enveloppait Vaudouan n'ait pas offert un asile sacré aux druides, aux ovates et aux bardes.

Ainsi on lit, dans la *Vie de saint Césaire*, que « les paysans gaulois appelaient *Dianus*, un certain démon qui menait des hommes et des femmes à cheval sur certaine bête, à des assemblées nocturnes (2). » *Dia* (3), cheval, a fait *dian*, mener à cheval, et aura fait *dianus*. — C'est là le principe des sabbats du moyen âge.

Je ne pousse pas, je l'ai dit, l'amour-propre franc-gaulois jusqu'à tout reporter au celtique, et je suis loin de croire que le nom même de la gracieuse Diane en découle, comme le veut un écrivain (4), *di a nos*, « le jour et la nuit; » ce serait confondre le démon des sabbats gaulois avec la déesse des nuits romaines, comme l'ont fait aussi MM. de Lissaunay et Caillaud. — Vaudouan est donc pour moi l'ancien « *Vallis Diani* » des Gaulois. On retrouve du reste à chaque pas, de nos jours même, sur la terre de Berri, les traditions de la sorcellerie populaire du moyen âge, dont le principe découlait des mystères druidiques. Les derniers des druides, crucifiés par l'empereur Claude, avaient dû semer déjà dans les esprits ces craintes superstitieuses, dont on retrouve encore des vestiges; après avoir prêché l'ignorance, ils prédisaient le châtiment. Ce n'est qu'ainsi qu'il me semble permis d'expliquer tant de traditions populaires

---

(1) Raynal, *Histoire du Berry*, t. Ier, p. 17. — Consulter le *Vocabulaire du Berry*, par le comte Jaubert, 1842.

(2) Bullet, *Dictionnaire celtique*, 1760.

(3) Ne serait-il pas curieux que le cri des charretiers modernes eût une origine toute celtique?

(4) Bougur de Cluny, *les Druides*, 1844, p. 118.

que les historiens ont en général évité d'approfondir (1), et c'est une des gloires comme ce fut un des premiers bienfaits du christianisme de conquérir et de purifier par la croix, les lieux originairement consacrés à un culte brutal et barbare. L'Église n'a rien à redouter des rêveries philosophiques sur la superstition des cultes. On ne peut étudier cette question mieux qu'à Rome, sous la voûte à jour du Panthéon (2), sur l'humide pavé du cirque agonal (3), dans les ruines gigantesques du Colysée, (4), et nulle part plus qu'à Rome, le christianisme n'est majestueux, sublime, divin! Il écrase les paganismes de tous les âges, dans la pensée du vrai philosophe, et les victoires de l'Eglise lui apparaissent comme les plus glorieuses victoires de l'humanité. La Rome des Papes écrase la Rome des Césars de toute la hauteur du ciel, et dit au pèlerin que nulle puissance n'a sur la terre le sceau de l'immortalité que celle qui vient de Dieu et ne s'appuie que sur Dieu. — Les Papes ont succédé aux empereurs; les apôtres ont succédé aux druides; mais rien ne succédera aux apôtres et aux Papes, que l'éternité promise.

Je résume ma pensée. — Selon qu'on adopte *Diana* ou *Dianus*, Vaudouan ne saurait s'écrire Vaudouant. Ici comme en tant d'autres lieux, l'orthographe officielle (5), a donc commis un barbarisme.

Quant à l'étymologie fournie par Villebanois, « val ou vallée d'Ouant, » je ne la crois pas discutable. Il existe en effet, dans la circonscription communale de Crevant, une

---

(1) RAYNAL, *Histoire du Berry*, t. Ier, p. 20, 21, 25, 266 et 267. — *Acta SS. ord. S. B Sœc.* II, p. 73. — *Esquisses pittoresques de l'Indre*, p. 139, 140 et 228.

(2) Aujourd'hui Sainte-Marie des Martyrs.

(3) Aujourd'hui la place Navone, que domine la magnifique église de Sainte-Agnès.

(4) Aujourd'hui sanctifié par un Chemin de croix.

(5) Décret du président de la République en date du 18 octobre 1851. *Voyez* le chap. XV.

propriété du nom de « Ouhant (1) ; » mais Vaudouan en est relativement très-éloigné, et comment admettre qu'une simple métairie, si considérable qu'elle fût, ait donné son nom à un lieu d'une importance supérieure à la sienne? — On ne peut donc en aucun cas accepter l'orthographe de MM. de Villebanois, de Fontenay, Caillaud, et du *Bulletin des lois*.

VIII

S'il faut en croire Fontenay, Notre-Dame de Vaudouan ne se serait pas toujours appelée ainsi, et aurait été connue naguère sous le nom de Notre-Dame de Lazenay. A l'appui de son dire, il offre une gracieuse mais improbable étymologie « Notre-Dame de *lacu nata*, » qui se rapporte à l'invention de la statuette miraculeuse de Vaudouan, et cite le *Guide des chemins* (route de Paris à Toulouse, p. 124 (2).

Cette assertion de Fontenay soulève un nouveau problème. Le *Guide des chemins de France* (3), donne en effet l'itinéraire suivant:

« D'Orléans à Toulouse, le droit chemin. — Orléans, Olivet, passe la forest de la Ferté, la Ferté Saint-Aubin, la Motte-Buveron, Nouan-le-Fuzelier, Salebriz, Tillay à main dextre, Viarron, partie de la Solongne de Berry par la rivière du Chair passant dans la dicte ville. Deux villages. *Le port de Lasenay*. Passe la rivière d'Auron qui se rend

---

(1) Appartenant aujourd'hui à la famille Dorguin de la Vau. — Ce nom de Ouhant semble lui-même tout celtique : *ouan, agneau,* ou bien *ouhen, ouhin, qui se prononçait ouhan, bœuf.* L'addition du *t* final n'est peut-être qu'une vieille faute d'orthographe.

(2) FONTENAY, p. 10. — CAILLAUD, p. 7.

(3) Par Charles ESTIENNE, 1552.

à Bourges. Yssoldun, ville en Berry sous Bourges. Bausmiers, passe la forest Sainct-Chartier. Sainct-Chartier au bout de la forest. La Poste. La Chastre en Berry. *Notre-Dame de Lasenay*, (à une lieue, gîte). Le Mats Sainct-Paul, etc. »

Le second guide que j'ai consulté (1) porte, à la page 234 :

« Chemin de Bourges à Toulouse. — Bourges (cinq lieues), Yssoldun (six lieues), Baumiers (quatre lieues), Saint-Chartier (deux lieues), la Poste (deux lieues), la Chastre (deux lieues), *Notre-Dame de Lasenay* (à deux lieues), le Mats Sainct-Pol, Pré-Benoist, etc. »

Lasenay est un vieux nom tout berrichon (2). A sept lieues de Bourges, dans le canton de Lury, on trouve Lasenay, village d'un millier d'âmes. A une demi-lieue de Bourges, on voyait, bien avant la Révolution, le château de Lasenay, occupé, au mois d'août 1562, par Charles IX, alors âgé de douze ans, et Catherine de Médicis (3). Du mois de décembre 1589, il fut pris et pillé par M. d'Arquien, « du party du roy (4). » Aujourd'hui encore, aux portes de Bourges, un endroit a conservé le nom de Lazenay.

Fontenay veut qu'il ait été le premier nom de Notre-Dame de Vaudouan. S'il était dans la vérité, Gamaches, et après lui Villebanois, n'eussent pas manqué de le relater,

---

(1) *Le gentilhomme étranger voyageant en France, observant très-exactement les meilleures routes qu'il faut prendre*, par le baron G. de N. Leyde, 1699.

(2) On voit cependant un « Aubry, seigneur de Castelnau et Lazenay, » dans l'*Armorial des familles de l'Isle de France*, par Dubuisson, 1757, t. 1er, p. 35. En 1181, Barthélemy Gaubert, seigneur de Lazenay, fait une donation à l'abbaye de la Prée. *Archives de l'Indre. Titres de l'abb. de la Prée*, copie, liasse 36.

(3) JEAN GLAUMEAU, *Journal* manuscrit sur les événements du XVIe siècle. Bibliothèque de Paris. — RAYNAL, t. IV, p. 57.

(4) LA THAUMASSIÈRE, *Histoire du Berry*, p. 206.

eux surtout qui se trouvaient beaucoup plus rapprochés des origines de Vaudouan que Fontenay. Le *Guide des chemins de France* ne prouve rien, sinon qu'en 1552, comme en 1699, un endroit, portant le nom de Notre-Dame de Lazenay, se trouvait entre la Châtre et le Mas Saint-Paul ; mais désignait-il Vaudouan ? On ne le croira pas, si l'on réfléchit que Villebanois, qui écrivait en 1670, ne parle même pas de Lazenay ; ce qu'il n'eût assurément pas oublié de faire, si telle avait été la dénomination pour ainsi dire officielle de Vaudouan. Le *Guide* de 1552 signale un « gîte » à Notre-Dame de Lazenay. Je suis donc porté à croire qu'il y avait entre la Châtre et le Mas Saint-Paul une hôtellerie, sans doute à l'enseigne de Notre-Dame de Lazenay, qui aura donné son nom au relais de poste ; car, pour s'assurer que c'en était un, il suffit de jeter les yeux sur l'itinéraire du *Guide* de 1699 : les relais de poste entre Bourges et le Mas Saint-Paul étaient évidemment à Baumiers, la Poste et Notre-Dame de Lazenay. Ces deux dernières localités ont disparu depuis longtemps de la carte du Berri, si toutefois elles y ont jamais été inscrites ; car ce n'étaient que des relais, le nom de « la Poste » le prouve suffisamment. Or, aucun des historiens de Vaudouan n'en n'a fait un relais, et rien, dans ses archives, n'autorise une telle supposition.

Le *Guide des chemins de France* aura donc fait commettre à Fontenay une confusion, que son amour pour Notre-Dame de Vaudouan rend du reste bien pardonnable.

IX.

Il n'y a pas en France, dit Villebanois, de dévotion de Notre-Dame plus grande que celle de Vaudouan. — Fontenay veut qu'après Notre-Dame de Chartres elle soit la plus ancienne de la France. — Lissaunay croit qu'elle remonte à l'époque où le flambeau de la foi fut apporté en Berri par saint Ursin, au 1ᵉʳ siècle.

L'apôtre des Bituriges, suivant la tradition, n'était autre que Nathanaël, le premier des disciples, témoin de la vie et de la passion de Notre-Seigneur, puis fidèle compagnon du proto-martyr Etienne, dont il recueillit le sang. Envoyé dans les Gaules avec six autres confesseurs de la foi (1), il convertit les Bituriges à la douce religion du Christ. — La dévotion de saint Ursin à la mère de Dieu était des plus ferventes; car, à peine arrivé, il fondait à Sales une église en son honneur (2). Ce ne fut sans doute pas la seule que lui dut le Berri, et Vaudouan remonte peut-être au temps de saint Ursin, comme le croit Lissaunay; mais alors cette glorieuse tradition se serait envolée avec les siècles, et le pieux historien qui nous la restitue aurait bien fait de l'appuyer sur des preuves.

Quoi qu'il en soit, remonter au xıᵉ siècle est déjà très-glorieux, et le pèlerinage de Notre-Dame de Vaudouan est incontestablement l'un des plus anciens et des plus vénérés de la France. La papauté, cette mère universelle, ne dédaigna pas d'intervenir à plusieurs reprises en faveur de notre humble et lointain sanctuaire. Les rois de France l'aimaient et le protégeaient, et le fils de Henri IV, à son lit de mort, aurait adressé un suprême hommage à la vierge de Vaudouan.

A voir cette voûte délabrée, ces pierres disjointes, ces vitraux poudreux ou brisés, ces autels indigents, je pensais qu'où je m'agenouillais s'étaient agenouillés pendant des siècles, des princes de l'Eglise, des grands seigneurs, des hommes de guerre, une foule opulente et généreuse, et je priais pour que Dieu rendît à ce pauvre sanctuaire de Marie toute la splendeur des temps écoulés ! — Les jeunes époux

---

(1) Faillon, *Monuments inédits de sainte Marie-Madeleine*, t. II, p. 123.

(2) Labbe, *Nova Bibl.* liv. II, p. 126 — Raynal, p. 123.

ne manquaient pas d'accomplir un pèlerinage à Vaudouan, dans la première année du mariage, pour s'attirer les bénédictions de Marie, le modèle des mères! (1) — Dans la saison des semailles, les laboureurs apportaient du blé pour le faire bénir, et le mêlaient ensuite à leurs semences, estimant pieusement que Dieu ne pourrait que protéger leurs récoltes (2). — Des marchands, obligés de voyager la nuit, se détournaient de leur route, pour venir demander une messe de minuit au chapelain de Notre-Dame de Vaudouan ; mais c'était surtout les jours de fête, qu'on observait un redoublement d'affluence et de ferveur. Un grand nombre de pèlerins (3) venaient à Vaudouan nu-pieds et passaient la nuit en prières dans la chapelle (4). Des milliers de fidèles se confessaient et communiaient (5), et aussi combien de miracles prodiguait alors Marie!

Le terre, depuis bientôt dix-neuf siècles, ne cesse de décerner à la mère de Dieu tous les noms les plus beaux et les plus doux : Notre-Dame des Lumières, Notre-Dame des Anges, Notre-Dame de Bon Secours, Notre-Dame des Fleurs, Notre-Dame des Miracles, Notre-Dame des Neiges, Notre-Dame des Victoires, Notre-Dame des Lys..... Que d'amour et de reconnaissance, que de foi et d'espérance dans ces suaves et pieux surnoms donnés par le peuple à la bonne Vierge! Quelle sainte et naïve poésie! Elle charme et décourage, j'ose le dire, l'écrivain qui veut parler de Marie. Trouvera-t-il rien de si poétique et de si éloquent? Son œuvre, fruit d'un religieux enthousiasme, ne sera-t-elle pas trop indigne de la reine des Anges, de Notre-Dame des Victoires?

(1) FONTENAY, p. 67. — CAILLAUD, p. 48.
(2) VILLEDANOIS, p. 40. — CAILLAUD, p. 49.
(3) Vaudouan était alors le centre de 160 paroisses dont la plus éloignée était à moins de cinq lieues.
(4) VILLEDANOIS, p. 21.
(5) *Procès verbal de la visite de Mgr de la Rochefoucauld.* — Voir aux *pièces justificatives*, pièce 1.

Dans la pauvre chapelle de Vaudouan, j'ai supplié la vierge de Bon-Secours d'inspirer et de bénir ces pages. Dieu veuille qu'elles servent à la glorification de son saint nom et préludent pour Vaudouan au retour d'une ère de pieuse prospérité !

Rome, 15 mai 1884

VAUDOUAN

CHAPITRE PREMIER

Le chemin de Vaudouan. — Le castel du Virollant. — Le clocher. — La source. — Intérieur de la chapelle. — Autels latéraux. — Raffinement d'indigence. — Le tableau de l'Annonciation. — Le logis du chapelain. — Habitation du gardien. — Ex-voto. — Une visite à Notre-Dame de Vaudouan.

Entre Briante (1) et Saint-Martin de Pouligny, au cœur d'une riante contrée, toute coupée de ruisseaux, de chemins creux et de haies vertes, à une grande lieue de la Châtre, se dresse l'humble et vieux sanctuaire de Notre-Dame de Vaudouan, pèlerinage huit fois séculaire, dont rien n'a diminué jamais la pieuse popularité, ni l'injure des ans, ni la torche des hordes hérétiques, ni le vandalisme impie des révolutionnaires.

(1) *Briantes*, selon l'orthographe officielle, qui a tort, puisque le latin disait *Brienta* ou *Brianta*. — *Voyez* les bulles de Paul II, aux *Pièces justificatives*, et JEAN CHENU, *Notitia beneficiorum provinciæ bituricensis*, p. 27.

Le pèlerin qui, pour la première fois, au frais murmure de l'Indre, sous les frênes et les ormes, entre l'aubépine et le chèvrefeuille, suit le sentier capricieux, qui va de Briante à la chapelle de Vaudouan, à voir ces bons paysans au salut hospitalier, ces croix fleuries qui appellent à chaque pas la prière, confond la Bretagne et le Berri dans une même pensée de sympathie et de respect ; car il lui semble que ces deux vieilles terres soient sœurs, qu'elles aient eu le même passé glorieux, qu'elles aient encore les mêmes aspirations généreuses et chrétiennes.

À mesure qu'il avance, la végétation s'appauvrit ; la fougère et les ajoncs remplacent à ses côtés les riches sillons et les verts pâturages ; le sol se morcelle, décelant hélas ! la pauvreté la plus laborieuse. A droite, au seuil d'un bois touffu, montent les vieux pignons du Virollant (1), petit castel seigneurial dont le nom reporte l'esprit au fondateur même du pèlerinage de Vaudouan.

Bientôt le pied foule une terre inculte et tourmentée, une brande silencieuse et déserte ; le pèlerin avance comme dans une atmosphère mystique ; il comprend alors qu'en ce lieu sanctifié le travail, cette loi du corps, cède à la prière, cette loi de l'âme ; car, derrière un rideau clairsemé d'ormes et de marronniers, sur un léger monticule, il vient d'entrevoir le mur grisâtre du sanctuaire.

Un modeste clocher se dégage aussitôt à ses regards. Il en salue la croix de fer, dont la flèche porte le vieux coq gaulois, et dont les bras se terminent en fleurs de lys : car c'est ainsi qu'autrefois le clocher personnifiait toutes les saintes et nobles amours : Dieu, le roi, la patrie !

Arrivé en face de la chapelle, le pèlerin embrasse du regard une campagne d'un vert clair, qu'émaillent çà et là les toits sombres des chaumières. Plus près de lui, à quelques pas de l'humble portail, se dresse, dans un socle de pierre,

(1) Appartenant aujourd'hui à M. Léon Dumontell.

une vieille croix de bois, dont le vent aura sans effort emporté la flèche.

A cinq cents pas environ, au pied d'un tertre d'où s'élancent deux peupliers, jaillit dans la verdure une eau vive, au bord de laquelle se penche une haute croix de bois.

La façade de la chapelle offre quelques vieilles sculptures, tristes vestiges d'une splendeur effacée. Au-dessus de l'entrée, dans une niche poudreuse, se voit une statuette presque informe et vermoulue, de Marie tenant le divin enfant. Un portail grossier et rougi par le temps défend l'accès de la pauvre chapelle. A droite, sous un bas porche d'une vingtaine de pieds, on trouve « l'armoire de la Vierge, » où se gardent les parures de fête de Notre-Dame de Vaudouan, grand bahut délabré qui semble demander grâce. Une grille en bois, sordide et branlante, sépare le porche de la chapelle.

L'aspect de l'intérieur est navrant. Un plafond croulant, un sol défoncé, des murs lézardés, nus, chancelants, des autels misérables, un confessionnal ouvert à toutes les indiscrétions, un tronc pour les réparations de la chapelle, qui auroit besoin d'être réparé tout le premier, un chemin de croix sur papier colorié, déteint, déchiré, dépareillé, quelques mauvaises peintures (1) défigurées par l'humidité de plusieurs siècles, une douzaine de bancs sales et éclopés, trois portes étroites et écrasées (2), un bénitier d'un seul bloc de pierre hexagonal, où la main pieuse rencontre plus de poussière que d'eau bénite, et, dans le fond, à droite du *grand* autel, derrière une porte basse et tombante, une sacristie étroite, obscure, peuplée de toiles d'araignées, où

---

(1) Une de ces peintures représente, ou plutôt représentait Notre-Dame des Lys.

(2) « Outre la porte principale, dit M. l'abbé Caillaud, l'église avait six autres portes extérieures qui avaient été ouvertes pour faciliter la libre circulation des pèlerins au jour des grandes fêtes. » — *Quantum mutata!...*

gisent pêle-mêle des ornements rabougris et un petit nombre d'objets servant au culte, rouillés, brisés, ou tout au moins surchargés d'une couche épaisse de vert-de-gris.

J'oubliais de parler des deux petites chapelles latérales, qui donnent à Notre-Dame de Vaudouan la forme d'une croix. Celle de droite, dédiée à sainte Anne, mère de la Vierge, à saint Sylvain, martyr du Berri (1), premier apôtre de la terre Déoloise, et à saint François-d'Assises, contient un autel moderne et de mauvais goût, de piètres gravures représentant saint Louis dans son manteau de fleurs de lys, sainte Thérèse, la *Mater dolorosa*, l'*Ecce homo*, saint Jean, saint Antoine, sainte Geneviève, sainte Jeanne, reine de France et duchesse de Berri, un reliquaire de saint Albert, carme, un vieux crucifix en os grossièrement sculpté, et un petit bénitier de pierre ordinairement à sec. C'était naguère la chapelle des seigneurs du Virollant.

Dans celle de gauche, dédiée à saint Thibault et à saint Antoine, l'autel n'est pas d'un goût plus heureux. On n'y trouve qu'un pauvre crucifix, des gravures d'un sou représentant sainte Sophie et saint Etienne, et, en manière de banc, une petite caisse d'emballage (2). N'est-ce pas là, je le demande, le raffinement de l'indigence ?

Au centre du sanctuaire, on passe sous une suspension de fleurs artificielles et de rubans, où se place la statuette miraculeuse, les jours de fête. Ce sont ces rubans que la foule aime à toucher, comme un gage assuré de bénédictions.

Une balustrade chétive se dresse à quelques pas du maître autel, plus triste encore que les autres, et surmonté d'une grande toile, représentant le mystère de l'Annonciation : l'ange Raphaël a des ailes d'indigo, et porte en sautoir

---

(1) La tradition veut que saint Sylvain fut le même que Zachée, prince des publicains, qui, avant l'entrée de Jésus à Jérusalem, l'avait reçu dans sa maison. — SAINT-LUC, XIX, 2-9.

(2) J'ai retenu jusqu'au numéro d'ordre qu'elle porte : 2,147.

le grand cordon de la Légion d'honneur, allégorie de courtisan, qui, sans aucun doute, doit révéler au moins clairvoyant la source officielle de cette débauche de couleurs.

Un petit autel contigu, à gauche, l'autel de la Vierge offre aux regards du pèlerin l'image de Notre-Dame de Vaudouan, portant dans ses bras l'enfant Jésus. C'est une humble statuette en bois peint, recouverte de mousseline et couronnée de roses blanches.

A l'entrée de la chapelle, au-dessus de la grille du porche, règne une mince tribune en bois, qui semble ne tenir encore que par miracle. On monte de là, par un escalier tortueux, dans plusieurs chambres où s'étale aux regards attristés, le dénuement le plus douloureux. C'était naguère le logis du chapelain de Notre-Dame de Vaudouan.

Cet escalier, de pierres disjointes, descend à une sorte de poterne ordinairement verrouillée, qui donne sur une basse-cour étroite, encombrée de débris et d'immondices. En sortant de la chapelle par cette porte, on trouve, à gauche, un modillon sculpté en relief, autre vestige d'un passé plus heureux. L'habitation du gardien est en face, à trois pas, chaumière écrasée et sans lumière, qui fait mal et pitié; et si l'on a le cœur d'avancer dans cette ruelle nauséabonde, à travers le fumier, les décombres et les bestiaux effarouchés, on découvre un maigre verger, à peine cultivé et adossé à la sacristie. C'est là tout le domaine du pauvre gardien, brave père de famille dont bien des riches et des puissants envieraient le calme et la santé.

Mais à côté de tant de sujets de tristesse, il en est aussi de joie et de consolation. Sur l'autel de la Vierge, on trouve sous verre un touchant ex-voto, un petit enfant en cire, pieux témoignage de la reconnaissance d'une mère. Un autre ex-voto, non moins éloquent, est une jambe également en cire, accrochée à la muraille, et perpétuant les actions de grâce du boiteux guéri par Marie. Un dessin, reproduisant la Vierge à la Chaise, témoigne de la dévotion de plusieurs élèves du collège de la Châtre, dont les noms se lisent sur les feuilles d'une [...]. Enfin une table de marbre, clouée à la muraille, offre aux regards la douce prière du *Souvenez-vous*. C'est là l'un des moindres hommages d'une noble et pieuse maison (1), dont le nom doit être inscrit au premier rang parmi ceux des bienfaiteurs de la pauvre chapelle. Mais ce qui console avant tout, est la pensée que si le pèlerinage séculaire a résisté jusqu'à nos jours à tous les orages, c'est pour se relever bientôt du sein de ses ruines plus florissant que jamais ; car ce serait faire injure à ce pieux Berri, de penser qu'il ait dégénéré de la vieille dévotion de ses pères !

J'ai revu Vaudouan le 24 août 1864. Le vent soufflait avec furie, la pluie tombait à torrents. Un enfant m'introduisit par la basse-cour dans la chapelle, et m'y laissa. Les fenêtres ouvertes par l'ouragan battaient les murs qui s'écaillaient ; les vitraux se brisaient avec un son plaintif, il pleuvait sur les autels..... Le vent pleurait au clocher, et j'avais envie de pleurer aussi !

Par un poignant contraste, je revoyais alors, dans un passé peu lointain, les richesses spoliées au sanctuaire, les brillants ornements, les croix, les calices, les ostensoires d'argent ou d'or, les milliers d'ex-voto qui couvraient d'un voile miraculeux ces murs inébranlés ; je me rappelais quelle enthousiaste ferveur avait autrefois éclaté, quand la statuette sainte avait été trouvée, dans ce lieu même, par l'humble fille des champs!

Il est temps de dire au lecteur les origines de Notre-Dame de Vaudouan, pieuse et naïve légende, dont je voudrais reproduire toute la grâce et tout le charme ; mais qu'il me soit permis de la faire précéder d'un court aperçu général.

(1) M. le vicomte et Mme la vicomtesse Ferdinand de Maussabré.

CHAPITRE II

L'an 1000. — Excommunication du royaume de France. — Renaissance universelle. — Mouvement religieux du xi⁰ siècle en Berry. — Les moines d'Occident. — Le culte de Marie. — Invasions barbares. — Statuettes miraculeuses. — Topographie de Vaudouan au xi⁰ siècle. — Légende de Notre-Dame de Vaudouan. — Le monastère de Saint-Germain de la Châtre. — La première chapelle. — Traditions berruyères.

C'était sous le règne de Robert le Pieux. Benoît VIII et Gauslin (1), abbé de Fleury (2), venaient de monter, l'un sur le siége de saint Pierre, l'autre sur le siége archiépiscopal de Bourges.

Le monde, sortant d'un siècle de fer et de plomb, était à peine revenu de la terreur indicible où l'avaient plongé l'approche et le passage de l'an 1000, et, dans un élan de joie, de reconnaissance et de religieux enthousiasme, partout les peuples reprenaient la construction des églises. L'art monumental du moyen âge, tour à tour si riche et si austère, semait le vieux sol des Gaules de magnifiques monastères et de merveilleuses basiliques. « C'était, dit un chroniqueur contemporain (3), comme si le monde se fût secoué et voulût dépouiller sa vieillesse pour se revêtir de la robe

---

(1) Fils d'Hugues Capet.
(2) Ou St-Benoît-sur-Loire. *Voyez* La Thaumassière.
(Cité par M. Raynal, t. Iᵉʳ, 2ᵉ partie, p. 419.

blanche des églises. Presque partout, les fidèles remplacèrent par de plus beaux édifices les églises des villes épiscopales, les monastères des différents saints et même les modestes oratoires des villages. » Ce redoublement de ferveur chrétienne se signalait surtout en France, où l'horreur de la situation avait ajouté à la terreur populaire. Robert avait refusé de se séparer de sa seconde femme, Berthe, veuve d'Eudes Ier, comte de Blois, et, dans un concile tenu à Rome en 998, le pape Grégoire V avait excommunié le roi et mis le royaume en interdit. C'était défendre le service divin, ôter l'usage des sacrements aux vivants et la sépulture aux morts; les cloches étaient enterrées; les corps des saints enlevés de leurs châsses et étendus sur le pavé des églises ; il n'était permis ni de manger de la chair, ni de couper ses cheveux et sa barbe, ni de se saluer dans les rues; enfin le royaume appartenait de droit au plus fort. — Il est facile de concevoir quelle désolation, dans ce temps de foi soumise et profonde, envahit les États de Robert, outre qu'on se trouvait à la veille de l'an 1000, de la fin du monde, du jugement dernier! — Le roi ne céda au Pape qu'après une résistance de deux années, se sépara de Berthe, et épousa presque aussitôt Constance d'Arles, fille de Guillaume Ier, comte de Provence, dont le goût pour les arts (1) dut seconder puissamment la piété proverbiale de Robert; car le couple royal résumait admirablement son siècle, cette grande ère de renaissance universelle où l'art était inséparable de la foi.

Le Berri eut une large part dans le mouvement religieux du XIe siècle. On voit successivement Godefroy le Noble, vicomte de Bourges, rétablir l'abbaye de Saint-Ambroix; Eudes de Châteauroux fonder le chapitre de Saint-Sylvain de Levroux; Evrard d'Issoudun relever le monastère de Deuvre, fondé sous Charlemagne; Aymon de Bourbon, archevêque de Bourges, restaurer l'abbaye de Saint-Satur,

---

(1) RAYNOUARD, *des Cours d'amour*. Paris, 1817.

fondée en l'an 463, ruinée par les guerres et les inféodations violentes; l'archevêque Richard fonder et doter l'abbaye de Saint-Martin de Plainpied, où il voulut mourir; deux ermites, Girard et Godefroy, jeter les fondements de l'abbaye de Miseray; Pierre de l'Estoile et frère André fonder Fontgombauld et Chezal-Benoît. — Je pourrais étendre encore cette pieuse nomenclature, et redire, après un illustre historien tout ce qu'il y avait d'abnégation, de science et de charité chez ces moines d'occident, tant calomniés depuis par l'ignorance et l'ingratitude. Comme chrétien, comme Français je les aime; car ils ont défriché le sol aussi bien que les âmes. Pionniers d'une civilisation qui, à son apogée, devait les renier, les bafouer, les envoyer au supplice, ils fondaient les villes et les enrichissaient. Dans la plupart des lieux dont le nom est celui d'un saint, on foule aux pieds la poussière bénie d'un monastère; mais le nom du moins n'en est pas ruiné, et rappelle au penseur chrétien des siècles de courage, de vertus et de bienfaits.

Le culte de Marie, au XIe siècle, était particulièrement en honneur. Les villes élevaient des basiliques à la mère de Dieu, et le roi de France composait à sa gloire des hymnes que l'Eglise a conservés. Les invasions barbares, à diverses époques, au lieu d'affaiblir dans les âmes l'amour de la sainte Vierge, n'avaient fait que l'affermir par l'épreuve et la persécution. A l'approche des hordes païennes, les populations songeaient tout d'abord à soustraire à leur furie, non les biens de la terre, mais les objets de leur vénération; on courait cacher, dans des lieux inaccessibles, les statuettes de la Vierge et des saints. Quelques-unes n'en furent pas retirées, non que l'indifférence eût remplacé la ferveur, mais parce que le silence de la mort avait remplacé l'agitation de la vie, là où les Barbares avaient passé. Ce ne fut que longtemps après que les statuettes saintes furent rendues à la vénération des fidèles, et presque toujours par miracle. Des chasseurs étaient attirés, la nuit, par une vive lumière jaillissant d'une touffe de verdure et de fleurs; des pâtres s'approchaient d'un buisson où les oiseaux ne cessaient de chanter mélodieusement (1); des laboureurs sentaient une main invisible diriger leur charrue, et, dans le sillon qui s'ouvrait, apparaissait l'image de Marie (2); des bergères, voyant leurs troupeaux fléchir les genoux devant un tertre semé de violettes blanches, creusaient le sol et y trouvaient une statuette de la sainte Vierge; des soldats, campés dans les champs et voyant tomber à quelque distance une pluie d'étoiles filantes, y couraient et relevaient une image miraculeuse (3); des princesses, chevauchant dans les bois, découvraient une petite madone dans l'enfoncement d'un rocher défendu par les ronces (4); des chevaliers perdaient leur épervier à la chasse, et le retrouvaient après longues recherches, dans le creux d'un vieux chêne, isolé au milieu des eaux, et dont les flancs recélaient une statuette de la Vierge (5). — Et chaque fois un sanctuaire à Marie s'élevait à l'endroit où l'on avait trouvé son image.

Vaudouan n'était alors qu'un lieu stérile et désert, couvert de bois que la tradition représentait comme anciennement peuplés de bêtes féroces (6); mais à l'époque où remonte notre légende, c'est-à-dire en l'an 1013, les bêtes féroces n'étaient plus à redouter, puisque les bergères menaient leurs troupeaux se désaltérer à une source qui jaillissait au milieu des bois.

Le 25 mars 1013, fête de l'Annonciation de la très-sainte Vierge, une jeune bergère, au lieu de se mêler aux jeux de ses compagnes, courut au bois de Vaudouan pour réciter,

---

(1) VASCONCELLIUS, *Descriptio regni Lusitaniæ*, chap. VII.
(2) CHARLES BOURDIN, *Histoire de ce qui s'est passé de plus remarquable à l'occasion d'une image de la sainte Vierge nouvellement trouvée dans le village de Fieulaine*. St-Quentin, 1662.
(3) VASCONCELLIUS, *idem*.
(4) ORSINI, *la Vierge*, p. 256.
(5) *Esquisses de l'Indre*, p. 221.
(6) LISSAUNAY, p. 9.

dans le calme de la solitude, quelques prières à Marie.
Tant de piété ne demeura pas longtemps sans récompense.
Quel ne fut pas son étonnement, en passant près de la
source, d'apercevoir, flottant sur les eaux, une statuette de
la sainte Vierge. Sa première pensée dut être un redoublement de prières; sans doute la pieuse fille des champs,
choisie entre toutes pour rendre à la vénération la statuette
miraculeuse, dut s'agenouiller au bord de la source et
rendre grâces à Marie, dans son naïf langage, de la faveur
dont elle était l'objet. Puis elle s'en fut retrouver ses compagnes, et leur fit part de sa découverte. Elles allèrent
toutes en grande hâte à la source du bois, et en retirèrent
la statuette sainte. « Elle représentait la sainte Vierge portant son divin fils sur son bras droit; l'Enfant Jésus tenait
dans ses mains une colombe, image symbolique de l'Esprit
Saint, voulant sans doute indiquer par là qu'il était prêt à
envoyer ce divin esprit avec tous ses dons à ceux qui viendraient en ce lieu implorer les faveurs de sa mère (1). » — La
partie inférieure de la statuette « était informe, sans figure
et quasi comme une souche de bois (2); » mais la tête de
la sainte Vierge et celle de son divin enfant étaient des chefs-
d'œuvre de sculpture. L'artiste chrétien avait poussé jusqu'au miracle la finesse et la beauté de ces traits surhu-
mains.

Les bergères, après avoir vénéré l'image trois fois sainte,
la portèrent respectueusement au curé de Briante, qui la
vénéra à son tour et la plaça dans son église. Mais le lendemain, nouveau miracle! la statuette avait disparu de
l'autel, et, malgré de patientes et minutieuses recherches,
le bon prêtre et les fidèles ne parvinrent pas à la retrouver.
Ce dut être un deuil général; mais, en ces temps de foi, la
résignation à la volonté de Dieu était un sentiment naturel, et qui trouvait sa première récompense en lui-même. Le

(1) Caillaud, p. 5 et 6.
(2) Villebanois, p. 12.

deuil ne fut pas de longue durée; les bergères, ayant comme d'habitude mené leurs brebis à la source, poussèrent un cri de surprise et de joie en apercevant la statuette qui flottait au même endroit. Comme la veille, elles la retirèrent de l'eau et la portèrent à leur curé, qui, sans doute, avait déjà renoncé à la retrouver jamais. Le bon prêtre comprit alors que Marie désirait, pour son image, un asile autre que son église, et conseilla aux bergères de la porter aux vénérables religieux de la Châtre.

Ici se dresse un problème historique, que je vais essayer de résoudre.

M. l'abbé Cuillaud, d'après les historiens qui l'ont précédé, et M. Veillat, d'après M. l'abbé Caillaud, disent que la statuette fut portée « au chapitre de Saint-Germain de la Châtre. » Or, ce chapitre n'existait pas encore, puisqu'il ne fut fondé qu'au xiie siècle par Ebbes II de Déols, seigneur de Châteauroux (1).

« L'image étant revenue d'elle-même à la fontaine, dit M. l'abbé Hamon, on la porta chez les religieux de Saint-Vincent de la Châtre (2). — M. Hamon, croyons-nous, aura fait à certaine *Histoire de la Châtre* plus d'honneur qu'elle ne mérite; c'est une histoire pour rire, dont l'auteur ne vaut pas d'être nommé. On y lit, en effet, que saint Sulpice, parcourant la terre des Bituriges, au viie siècle, pour y réchauffer la foi, s'arrêta aux bords de l'Indre, dans une riante vallée, couverte encore des vestiges du paganisme, et qu'il y jeta les fondements d'une abbaye sous la protection de saint Vincent. Mais cet historien, plus que suspect, néglige d'indiquer les sources auxquelles il a puisé la fondation d'une abbaye de Saint-Vincent. — Je n'ignore pas qu'en 1730, les chanoines de Saint-Germain de la Châtre déclarèrent à l'assemblée du clergé de France que leur chapitre avait été fondé par Ebbes II, prince de Déols, sur les

---

(1) La Thaumassière, liv. VII, chap. xvii et liv. IX, chap. xxxi.
(2) Hamon, t. II, p. 71.

débris d'une ancienne abbaye dédiée à saint Vincent; mais comment ajouter foi à cette déclaration des chanoines, et baser sur elle le récit de M. Hamon, quand nous les voyons, quatre ans plus tard, commettre l'erreur historique la plus grossière, en déclarant à Mgr de la Rochefoucauld : « que la chapelle avait été donnée au chapitre *l'an mil-quatre-cent* par Renaud de Rambœuf (1) ? »

Voici maintenant un extrait des manuscrits de Dom Estiennot :

« L'église collégiale de Saint-Germain de la Chastre fut autrefois un prieuré conventuel, mais je n'ai pu découvrir le nom de son fondateur, ceux de ses principaux bienfaiteurs, ni en quel temps et pour quelle cause les moines se sont transformés en chanoines (2). Il est fait mention du prieur de *Saint-Pierre de la Chastre* dans le cartulaire d'Orsan.

« Dépend de l'abbaye de Sainte-Marie de Déols. »

Dom Estiennot donne à la suite, comme « preuves authentiques pour le monastère de Saint-Germain de la Chastre, » une charte de 1120, ou environ, extraite du cartulaire d'Orsan, par laquelle Humbaud Locena ratifie une donation d'Alard Guillebaud, seigneur de Châteaumeillant et Saint-Chartier. L'acte de ratification est passé « dans le monastère de Saint-Germain de la Châtre, » en présence de Humbaud Locena, d'Aoïs de Montfort, son épouse, « de Giraud, prieur de la Châtre, de Guillaume de la Châtre, etc. (3). »

---

(1) *Pièces justificatives*, pièce 31.
(2) On peut s'étonner à bon droit que le savant bénédictin ignorât la fondation d'Ebbes de Déols.
(3) « Authenticæ probationes pro monasterio sancti Germani de Castra.
(Ex cartulario Ursani).

» Quoniam multæ res propter negligentiam oblivioni traduntur, ideo volumus ut scribatur quod ego Humbaudus Locena, querelam

Ainsi, le texte et le commentaire semblent se contredire, car l'un parle du prieur de la Châtre et du monastère de Saint-Germain de la Châtre, et l'autre du prieur de Saint-Pierre de la Châtre. Le cartulaire d'Orsan n'existe plus ; il est donc impossible de remonter à la source. Si le nom de Saint-Pierre n'est pas un lapsus de Dom Estiennot, il est permis de croire qu'il existait à la Châtre deux prieurés, l'un sous le patronnage de saint Pierre, l'autre sous celui de saint Germain ; ou bien, s'il n'en existait qu'un seul, qu'il se trouvait placé sous ce double patronnage. — Mais la charte rapportée par Dom Estiennot est incontestablement le guide le plus sûr, et, devant elle, je n'hésite pas à croire à un lapsus du savant bénédictin. — La statuette miraculeuse fut donc portée par les bergères de Briante au prieur et aux moines de Saint-Germain de la Châtre (1).

Les vénérables religieux accueillirent avec un pieux enthousiasme la statuette miraculeuse que leur offraient les bergères, et l'installèrent aussitôt dans la chapelle du monastère. Mais leur joie, comme celle du bon curé de Briante, ne fut pas de bien longue durée. La statuette disparut, pour la seconde fois, pendant la nuit.

quam faciebam in eleemosina Alardi Guillebaudi in feodo Vernolii... Ecclesiæ sanctæ Mariæ Ursani do et in perpetuum sine ullo retinaculo concedo.... et ut hæc carta certior et firmior habeatur, Ego Humbaudus et Aoïs, filia Hugonis de Montefortis et uxor Humbaudi Locena, propriis manibus nostris cruces nostras impressimus, videntibus istis Giraldo, priore de Castra, Willelmo de Castra, Faucone Maucario ; et Joanne de Arat, sacerdote, qui hanc cartam scripsit.

» Istas cruces †. †. fecerunt in affirmatione istius cartæ Humbaudus et Aoïs, in monasterio sancti Germani de Castra ; accipientes ab Ecclesia C. solidos. »

Vers 1120.

(1) Est-il besoin de faire remarquer combien cette version se rapproche de celle des anciens historiens de Vaudouan ?

Les moines de Saint-Germain se rappelèrent alors le naïf récit des bergères de Vaudouan, et se rendirent aussitôt à la source du bois. L'image de Marie s'y trouvait, en effet, surnageant comme les deux premières fois. — C'était donc là, dans ce lieu désert, naguère témoin des sanglants sacrifices druidiques et voué, dans l'esprit des campagnes, aux scènes mystérieuses du sabbat gaulois, c'était là que Marie voulait être vénérée, sans doute pour effacer le souvenir de tant de meurtres et d'impuretés.

On se mit aussitôt à l'œuvre. Un agreste reposoir, recouvert de bruyères fleuries et couronné de feuillage, offrit un gracieux abri à l'image miraculeuse, jusqu'à ce qu'on eût élevé à Marie un sanctuaire digne de la mère de Dieu.

La construction en fut entreprise avec cet irrésistible élan des populations chrétiennes du moyen âge; nobles et artisans, prêtres et laïques, chacun voulait apporter sa pierre ou son offrande au saint édifice. Le seigneur du Virollant (1) donna le terrain et de grosses sommes, et le peuple s'empressa de creuser les fondements du sanctuaire au bord de la source; mais ils furent envahis par les eaux. Les pieux ouvriers ne se découragèrent pas, et résolurent de les creuser sur le tertre qui domine la fontaine; mais ils furent envahis encore. De dépit, alors, le maître-maçon (2) jeta en l'air son marteau, qu'un coup de vent subit emporta à cinq cents pas de la source, dans une clairière, sur une verte pelouse.

---

(1) Contre l'opinion de tous les historiens de Vaudouan, je suis porté à croire que le petit fief du Virollant n'avait pas encore été détaché de la seigneurie de la Châtre et que par conséquent ce n'étaient pas les « de Rambœuf ou Raimbœuf » qui en étaient alors possesseurs. Ce serait donc à la maison de la Châtre qu'il faudrait reporter l'honneur d'avoir richement contribué à l'érection de la chapelle.

(2) On sait que telle était la modeste qualification que prenaient les anciens architectes.

Le maître-maçon, « ayant inutilement cherché son marteau tout autour de la fontaine, se trouvait dans une grande anxiété, lorsque une génisse se mit à mugir d'une manière extraordinaire et comme dans la dernière épouvante. Ces cris d'effroi se succédant presque sans interruption, on traversa un petit bois taillis, on se rendit près de la génisse, et l'on y trouva le marteau : puis sur-le-champ la génisse disparut, au grand étonnement de plusieurs personnes qui étaient venues honorer l'image miraculeuse; on comprit alors que c'était là que Marie voulait que son sanctuaire fut élevé. On y creusa les fondements de l'édifice, et l'eau ne vint plus déranger les travailleurs (1). »

Six mois après, la chapelle de Notre-Dame de Vaudouan était construite, sans doute dans ce style romano-byzantin, si plein d'élégance et d'originalité, qui naissait alors. Le maître-autel occupait l'endroit même où s'était retrouvé le marteau du maître-maçon. La chapelle fut solennellement bénite (2), au mois de septembre (3), en présence de tout le clergé des environs et d'un concours immense de population; puis on se rendit processionnellement à la source; l'image de la sainte Vierge fut transportée, de son agreste abri, dans la gracieuse chapelle, et, dit la légende, elle ne revint plus à la source (4).

Telles sont les origines de la dévotion de Vaudouan, transmises par la tradition et recueillies successivement par les cinq historiens qui m'ont précédé. Il serait difficile, d'ailleurs, de nier le caractère tout berrichon de cette vieille

---

(1) Caillaud, p. 9 et 10.

(2) Il est à présumer que l'officiant était le vénérable prieur de Saint-Germain de la Châtre.

(3) Aujourd'hui encore, c'est au mois de septembre, le second dimanche après la fête de la Nativité de la sainte Vierge, que se célèbre la fête de Notre-Dame de Vaudouan.

(4) Le fonds de Vaudouan, aux archives de l'Indre, ne fournit malheureusement aucune donnée sur les origines du pèlerinage.

et naïve légende. « D'après de confuses traditions locales, dit M. Raynal (1), la capitale des Bituriges, dont le nom n'apparaît que bien plus tard dans l'histoire, devrait son origine à un géant, qui, repoussé par les habitants du pays, aurait lancé au loin son marteau, et aurait été construire une ville au lieu où il alla tomber (2). » — Mais c'est surtout la légende des origines de Neuvy-Saint-Sépulcre qui offre de grands rapports avec celle de Vaudouan. L'emplacement de Neuvy « avait d'abord été choisi sur une colline située à une certaine distance de son assiette actuelle. Mais vainement s'efforçait-on de pousser les travaux avec activité : chaque nuit, les fondements jetés durant le jour s'engloutissaient dans un lac voisin. Perdant courage en voyant l'inutilité de son travail, le cons'ructeur finit, un matin, par rejeter loin de lui le marteau qu'il tenait à la main. Au même instant, ce marteau s'éleva dans les airs, fendit l'espace et alla retomber dans la vallée de la Bouzanne, indiquant de la sorte la place que le ciel attribuait à Neuvy (3). »

Je pourrais multiplier les citations de ce genre, mais elles ne sauraient ni ôter ni ajouter rien à la gloire de Notre-Dame de Vaudouan; on peut, à juste titre parfois, repousser ces vieilles et confuses traditions comme entachées d'invraisemblance; mais qu'y a-t-il d'invraisemblable dans les origines de Vaudouan, où tout est miracle? — La tradition et la foi sont donc ici d'accord.

(1) D'après le mémoire manuscrit de M. le comte de Barral sur *les anciens châteaux du Cher*.
(2) C'est de Quantilly, à quatre lieues de Bourges, que le géant aurait jeté son marteau.
(3) DE LA VILLEGILLES et DE LA TRAMBLAIS, *Esquisses pittoresques sur le département de l'Indre*, p. 109 et 110.

CHAPITRE III

Ebbes II, prince de Déols. — Saint Léocade et saint Ludre. — Les martyrs de Lyon. — Les sires de la Châtre. — Fondation du chapitre de la Châtre. — Les chanoines. — Bulles pontificales. — Donations et priviléges. — Les sires de Chauvigny. — Le seigneur de Blanchefort. — Legs et fondations pieuses.

Ebbes II, prince de Déols, baron de Châteauroux et seigneur de la Châtre, était le troisième fils de Raoul V, dit le Vieux (1). L'amour de la religion et le respect de ses ministres étaient héréditaires dans cette noble race, dont l'origine se perdait dans la nuit des temps. Les princes de Déols remontaient à Léocade (2), un des premiers saints du Berri, gouverneur des Gaules Lyonnaise et Aquitaine au IIe siècle, premier sénateur des Gaules, au dire de saint

---

(1) Raoul V « quitta à l'abbaye de Déols le bourg depuis la croix du Bourg-Sainte-Marie jusqu'aux moulins de Sales, avec toutes les coutumes sur les hommes qui l'habitèrent; ce fut aussi par son entremise, de Fenions sa femme, d'Ebbes leur fils, que Geoffroy de Montfort et son frère consentirent les dons et aumônes faits au monastère d'Orsan par Allard de Guillebaut. » — La *Thaumassière*, p. 510.

(2) « Ebbes de Déoulx, prince du Bas-Berry, tenoit un très-grand pays depuis le fleuve du Cher jusqu'à celuy de la Gartempe, estant descendu en droite ligne du noble sénateur Léocade. » — *Chronique du père Péan*, gardien du couvent des Cordeliers de Châteauroux. — *Archives de l'Indre*.

Grégoire de Tours (1) qui en descendait par les femmes (2). Léocade était à la fois parent de l'empereur Claude (3) et du glorieux Vettius Epagathe, citoyen romain, chef de la plus illustre famille de la Gaule (4), martyrisé à Lyon avec saint Photin en l'an de Notre-Seigneur 179. Enfin la tradition populaire se plaisait à rattacher Léocade à la race royale des Troyens (5). — Son fils aîné, saint Ludre, dont l'enfance s'était passé à Déols, y fut enseveli, dans la crypte de l'église (6). — De même que, s'il faut s'en rapporter aux légendes, Léocade avait partagé le Berri entre ses deux fils, les princes de Déols, dont l'apanage était déjà relativement bien restreint au xe siècle, l'amoindrirent encore par des partages successifs. Tous ces morcellements formaient autant de fiefs distincts, dont le seigneur, suivant l'usage qui commençait à dominer, prenait immédiatement le nom. Ce fut ainsi que des princes de Déols sortirent les branches des barons de Châteauroux, des seigneurs d'Issoudun et des sires de la Châtre (7), et que ces derniers produisirent successivement les rameaux des seigneurs de Charenton, de Nançay, de la Maisonfort, de Breuillebaud, de Plais, etc.

Les sires de la Châtre ne pouvaient manquer aux pieuses et nobles traditions de leur race, à qui le Berri devait déjà l'abbaye de Notre-Dame de Déols, le chapitre de Saint-Sylvain de Levroux et une foule de fondations religieuses. L'insuffisance du monastère de Saint-Germain dut frapper

---

(1) Liv. I, chap. xxxi.
(2) Raynal, t. Ier, p. 129.
(3) La Thaumassière, p. 501.
(4) Grégoire de Tours, *Vitœ Pat.*, liv. VI, chap. i, — Jean Chenu, *Recueil des antiquités et priviléges de la ville de Bourges*, p. 41. Paris, in-4°, 1621.
(5) La Thaumassière, p. 501.
(6) Son tombeau se voit encore dans l'église de St-Etienne et est l'objet d'une grande vénération.
(7) La Thaumassière, liv. VII, chap. xiv et liv. VI, chap. xx.

des âmes aussi chrétiennes, des esprits héréditairement favorables aux choses et aux hommes de Dieu, et leur inspirer la pensée de doter la Châtre d'une institution nouvelle, plus en rapport avec les besoins du temps. Ebbes II, transforma donc le monastère de Saint-Germain en un chapitre (1), qui conserva naturellement ses possessions premières en les augmentant des donations du noble fondateur.

Quelles actions de grâces ne dut pas recueillir ce nouveau bienfait de la maison de Déols! Les chanoines étaient alors des clercs qui se chargeaient de tous les ministères de la religion; ils desservaient les paroisses, ils prenaient charge d'âmes, ils pénétraient à chaque heure dans les châteaux et les chaumières comme des anges de la terre, ils instruisaient, ils donnaient aux pauvres, aux monastères, aux sanctuaires moins riches qu'eux-mêmes; car les largesses du prince accompagnaient toujours la fondation des chapitres.

Celui de la Châtre prit bientôt l'un des premiers rangs dans le diocèse, grâce à la bienveillance des seigneurs et à la protection des papes. Une bulle d'Innocent II, donnée dans la première année de son pontificat, en 1130, si nous en croyons toutefois le peu croyable auteur de l'*Histoire de la Châtre*, fait mention du chapitre de cette ville. Une bulle d'Eugène III, donnée également dans la première année de son pontificat, en 1145, attribue à l'archevêché de Bourges, entre autres églises, celle de Saint-Germain de la Châtre (2). — Une pièce du xve siècle fait mention de bulles adressées au chapitre par le pape Urbain III (3). Mais aussi la papauté châtiait bien ceux qu'elle aimait bien; car, à diverses reprises, elle frappa d'excommunication le chapitre de la Châtre (4). — En 1176, Raoul de Déols, sur le point de

---

(1) La Thaumassière, p. 570.
(2) Catherinot, *les Patronages de Berri*.
(3) *Pièces justificatives*, pièce 5 bis.
(4) *Voyez* le chap. v.

partir pour la Terre-Sainte, accorde au chapitre quelques priviléges, en retour desquels il reçoit en pur don mille sols d'Anjou ; ce qui fait assez ressortir quelles étaient déjà les richesses du chapitre, et témoigne de sa reconnaissance envers la maison de Déols. En 1204, le seigneur de Chauvigny lui permet d'acquérir des fiefs dans la seigneurie de la Châtre. Nouveaux priviléges en 1215, 1224 et 1230 (1). Le pape Innocent IV les confirme par une bulle donnée à Lyon le 5 des calendes d'août de l'année 1245, troisième de son pontificat, et déclare prendre sous sa protection tous les biens du chapitre (2). Par diverses lettres de 1313, Guillaume de Chauvigny, dernier du nom, confirme et augmente encore les concessions de ses prédécesseurs. « Dans l'une de ces pièces, où il s'intitule *Guillys de Chauvigny, chevalers sires de Chastel-Raous*, il ratifie comme *sires de Chastel-Raous et de la Ch'astre, les priviléges, libertez, donacions, outroys, immunitez et concessions, donez et outroyez jadis de ses progénitours prédécessours au priour et chapitre de la Chastre*. Cette lettre est datée de *la Motha de Chastel-Raous*. Dans une autre charte de 1316, il prend le nom de *Guilhames* avec les mêmes qualités, et, en parlant *de honorables homes dou priour et dou chapitre*, il proteste de *laffezcion que il ha a lour yglise de la Chastre* et à eux-mêmes (3). » — Le 14 juin 1456, Guy de Chauvigny donne au chapitre une rente de soixante écus d'or sur la terre, seigneurie, justice et devance de la Châtre, et, en 1457, il ajoute les grandes dîmes de Montipouret. — Mais ce n'était pas seulement des largesses des princes qu'il s'enrichissait, à la joie des pauvres ; les seigneurs et les bourgeois y contribuaient par des offrandes parfois con-

---

(1) *Inventaire des titres de Châteauroux*, t. IV, p. 268. — *Archives de l'Indre*.

(2) Catherinot, *Annales ecclésiastiques du Berri*. — *Pièces justificatives*, pièce 5 bis.

(3) *Esquisses pittoresques de l'Indre*, p. 77.

sidérables pour l'époque. Ainsi entre autres exemples, en 1240, Jean Estrabignat et sa femme donnent plusieurs vignes et rentes pour fonder une vicairie en l'église de la Châtre ; en 1455, le seigneur de Blanchefort (1) lègue au chapitre 1,600 écus d'or pour la fondation d'une grand'messe ; en 1494, Thierri Papot, bourgeois de la Châtre, lui lègue une rente perpétuelle de cinquante sols tournois ; le 27 avril 1504, Pierre Bergeron lui donne par testament tous ses biens « pour le service des trépassés ; » le 4 septembre 1524, Pierre Bourderon fait don au chapitre de cent livres de rente annuelle et perpétuelle, qu'il a droit de prendre sur Michel Vincent, de Virollant, paroisse de Briante (2).

Le chapitre de la Châtre se soutint pendant près de sept siècles, riche, bienfaisant, aimé, vénéré ; puis, comme tant d'autres saintes et philanthropiques institutions, il fut emporté par le torrent révolutionnaire !

---

(1) Bernard de Bonneval, seigneur de Blanchefort, fils de Jean et de Catherine de Montvert, marié par contrat du 16 février 1432, à Marguerite de Pierre Buffière.

(2) *Inventaire des titres de Châteauroux*, t. IV, p. 270 et 271.

CHAPITRE IV

Robert le Pieux est-il venu à Vaudouan?—Pascal II, Alexandre III Honorius III, Clément V.—La papauté et Notre-Dame de Vaudouan.— Les routiers.— Réginald Raimbues.— Son origine.— Le fief du Virollant. — Une historiette de M. de Villebanois.— Déclaration des chanoines.— Procession de l'Assomption.—Fête de l'Annonciation. — Chapelle Saint-Martin. — Testament de Réginald Raimbues. — Fondation de la vicairie de Vaudouan. — Pierre du Bost, seigneur du Virollant.— Son origine. — Le miracle de Déols. — Procession du 31 mai. — Les descendants de Raimbues.

Deux siècles s'étaient écoulés depuis qu'une chapelle dédiée à la Vierge avait été édifiée non loin de la source miraculeuse des bois de Vaudouan ; deux siècles de péripéties heureuses ou douloureuses pour le Berri, et dont Vaudouan avait sans aucun doute ressenti le contre-coup. Ainsi nous voyons dans l'histoire que le pieux fils d'Hugues-Capet, Robert, vint à Bourges, dans le carême de 1031, vénérer les reliques du proto-martyr saint Étienne, alla à Souvigny vénérer celles de saint Mayeul, continua son voyage jusqu'à Toulouse, puis revint à Bourges où il passa le jour des Rameaux, et partit pour Orléans, où il fit ses Pâques (1). — Si l'on remarque que Vaudouan était pour ainsi dire sur l'ancienne route de Bourges à Toulouse, il devient évident qu'un prince si pieux, si particulièrement dévoué à Marie, ne put passer aux portes d'un de ses sanctuaires miraculeux, sans le visiter et sans y vénérer la statuette sainte.—Le

(1) RAYNAL, *Histoire du Berry*, t. 1er, p. 378.

silence des historiens de Vaudouan ne saurait être invoqué contre cette supposition si flatteuse pour notre vieux pèlerinage ; les derniers ont copié les premiers, et ceux-ci ne nous ont laissé en réalité qu'un tissu de contradictions, d'anachronismes et d'aperçus tronqués. — On peut donc sans témérité ranger parmi les premiers pèlerins de Notre-Dame de Vaudouan, un des plus saints rois de France.

Après Robert, le Berri eut l'honneur de recevoir quatre papes, Pascal II en 1107, Alexandre III en 1160, Honorius III en 1223 et Clément V en 1306. Aucun des pontifes ne manqua de visiter la riche et puissante abbaye de Déols. Serait-ce trop présumer de leur paternelle sollicitude, de croire qu'ils accordèrent un regard bienveillant à l'humble sanctuaire élevé à la Mère de Dieu par d'obscurs descendants de la plus illustre maison du Berri? — Les documents nous manquent pour l'affirmer, et les chroniques du temps, incomplètes ou trop concises, ne prononcent même pas le nom de Vaudouan. Cependant, moins de deux siècles après, nous verrons la papauté couvrir de son égide toute puissante cette pauvre chapelle du bas Berri, et, du haut de Saint-Marc de Rome, la protéger contre ses spoliateurs. Vaudouan n'était-il pas alors pour la papauté un souvenir, une tradition amie?

Enfin, en 1183, nous voyons les *Paillards* ou *Routiers*, armée de bandits athées, ravager le Berri, y semer la terreur et le désespoir, piller les habitations, traîner les paysans enchaînés, outrager les femmes, brûler les monastères et les églises, frapper, rançonner et torturer les prêtres. De leurs mains souillées de sang, ils prenaient l'Eucharistie dans les phylactères et la foulaient aux pieds; ils prostituaient les linges et les ornements religieux; ils brisaient les vases sacrés ; il n'y avait enfin de désordres et de violences qu'ils ne commissent chaque jour (1).—Vaudouan ne dut pas être à l'abri

---

(1) *Chronique de Saint-Denys*. Edit. Paulin Paris, IV, 20. — RIGORD, *Scr. Fr.* XVII, p. 2. — RAYNAL, t. II, p. 68.

des vexations de ces forcenés; car un sanctuaire voisin des routes, isolé, sans défense, ne pouvait que tenter leur féroce cupidité. — Ainsi les jours d'épreuves succédaient aux jours de calme et de prospérité; mais Dieu suscita bientôt pour Vaudouan comme un second fondateur.

Vers le milieu du XIIIe siècle, le chapitre de Saint-Germain de la Châtre comptait au nombre de ses chanoines un prêtre du nom de Réginald Raimbues (1), seigneur du Virollant (2), modeste fief sis entre Saint-Martin de Pouligny et Briante, et duquel dépendaient les grands bois de Vaudouan. Raimbues était plus vénéré pour ses vertus que pour ses saintes fonctions et sa noble naissance. Il était entré dans les ordres parce que c'était déjà, au XIIIe siècle, le refuge habituel des cadets des grandes maisons féodales; ne pouvant accepter dans les armes des rôles inférieurs, ils entraient dans les ordres, consacraient à Dieu et aux siens toute une existence de dévouement sans ambition, et ne mouraient qu'en laissant sur une famille parfois oublieuse le reflet éclatant de leurs vertus et de leur popularité.

Raimbues n'était sans doute pas le premier de sa race qui eût enseveli sous la robe du prêtre le souvenir d'un passé grandiose, et peut-être l'espérance d'un avenir plus glorieux

---

(1) Les historiens de Vaudouan l'appellent Renaud de Ramboeuf; pourquoi ne pas lui conserver le nom que lui donnent les documents contemporains? *Reginaldus Raimbues*. On trouve aussi Raymbues ou Rembeu.

(2) L'étymologie de Virollant est demeurée pour moi un mystère. Peut-être est-ce *vicus Rolandi*, *vicus Raolini*, ou *vicus Launi*, bourg de Laune, prénom de plusieurs princes de Déols. (LA CHENAYE DES BOIS, t IV, p. 263 et 264.) — Les anciens titres portent indifféremment Virolan, Virolen, Virolant, Virollan, Viroulan, Viroullan, Viroulent, Virolenc, Virollenc. — Un amateur d'étymologies celtiques m'en fournit une quatrième : « *vil* ou *vill*, habitation ; *Raoul* et *Laun*, noms très en usage dans la maison de Déols. Virollant est donc une corruption de *Vil-Raoul-Laun*. » — La Thaumassière écrit *Virolan*.

encore; mais je dois dire que les chroniques et les archives sont avares de renseignements sur Raimbues et sa famille.

Une vague tradition le rattache à la maison de Déols, et j'avoue que mon sentiment est d'accord avec la tradition.

Le Virollant était un petit fief de la maison de la Châtre (1). Comment Raimbues en eût-il été seigneur, s'il n'eût été du sang des la Châtre? Les Raimbues devaient être des cadets de cette illustre maison. En 1229, Raoul de Breuillebaut vend à Jean Bonin, chanoine du chapitre de Saint-Germain, quatre setiers de blé sur la dîme de Lourouer, du consentement de sa femme, Maencie, et de celui de Raimbues, chevalier, et de Geoffroy Raimbues, aussi chevalier, frères, dans le fief desquels cette dîme était située. Raoul de Breuillebaut appartenait évidemment à la maison de la Châtre, qui possédait à cette époque la seigneurie de Breuillebaut (2), voisine de Lourouer. Raoul était ou le fils ou le frère de Pierre de la Châtre, qui, en 1207, vendit à l'archevêque de Bourges la dîme de Breuillebaut. A mon sens, la charte de 1229, citée plus haut, établit suffisamment la consanguinité de Raoul de la Châtre-Breuillebaut et des chevaliers Raimbues.

Réginald n'était-il pas le frère des chevaliers Raimbues ou plutôt le fils de l'un d'eux ?

Ce nom de Raimbues ou Rembeu, qui paraît et disparaît au XIIIe siècle, était peut-être une corruption de Raimbaud, nom porté par des membres de la maison de Déols la Châtre (3).

Qu'on ne dise pas que le Virollant n'était pas un de ses fiefs, puisqu'en 1359, 1360 et 1362, les anniversaires d'Hu-

---

(1) LA THAUMASSIÈRE, p. 680.
(2) *Brollum Ebbonis*, Breuil-Ebbo.
(3) « Raimbaud de la Chastre, chevalier, seigneur dudit lieu, est nommé avec Roger de Charenton, son cousin, dans des chartres de l'abbaye de Chezal-Benoît, des années 1109 et 1110. » LA CHENAYE, t. IV, p. 265.

gues de la Châtre, de Raolin, son fils, et de Pierre de la Châtre, étaient dus encore par les Bouchard, alors seigueurs du Virollant.

On ne saurait arguer contre mon opinion du silence des généalogistes ; combien existe-t-il encore de documents ignorés ou incompris, et combien les révolutions des siècles n'en ont-elles pas dévoré? Ajouterai-je que, dans les premiers âges, faute de noms propres fixes, il est presque impossible de former une généalogie indubitable. L'aîné, le chef de la race, est le plus souvent nommé seul, au détriment de ses frères, ensevelis dans un cloître ou tombés dans quelque obscur combat, laissant parfois des enfants plus pauvres encore que leur père et disparaissant de la mémoire des contemporains, le plus souvent grâce à un changement de nom. Le nom alors c'était le fief, et comment reconnaître à quelle souche se rattachent des noms tels que Raoul ou Raimbaud, s'ils se présentent isolés?

Il faut donc tenir compte de la tradition, à défaut de documents authentiques. C'est un honneur pour Vaudouan qu'elle range, parmi ses premiers bienfaiteurs, les descendants de saint Léocade et de saint Ludre, et ce n'est pas sans une douce émotion que je trace ce que je sais de la sainte vie de Réginald Raimbues.

Prêtre ardent et zélé, pauvre, si l'on considère sa noble extraction, mais plus riche encore que bien des ministres du Seigneur, il ne put voir sans douleur l'état d'abandon, et peut-être de ruine, où se trouvait réduite la chapelle de Notre-Dame de Vaudouan, élevée naguère à l'aide des libéralités de ses ancêtres, et dont lui-même était devenu seigneur. Sans doute les bandes impies et furieuses des routiers l'avaient saccagée un siècle plus tôt; mais ce n'était point là, pour cette âme généreuse, le seul et vrai sujet de tristesse. Perdue dans les bois, la pauvre chapelle ne voyait plus que de loin en loin s'allumer les cierges de l'autel et célébrer, sous sa voûte presque trois fois séculaire, les saints mystères de la religion. — J'aime à voir prier sur le vieux sol de Notre-Dame de Vaudouan la figure austère et douce de Réginald Raimbues ; seul il venait alors s'agenouiller devant l'image miraculeuse de Marie ; je crois entendre sa voix grave et triste réciter l'*Ave Maria*, pleurer dans la solitude, et, dans un élan de pieuse générosité, vouer tous ses biens à la Sainte-Vierge.

« Quelques-uns, dit Villebanois, ont avancé que, quand le miracle de la fontaine arriva, les seigneurs du Virollant, lors de Raimbœuf, ne venaient que de diviser leurs biens en trois portions égales, parce qu'ils étaient trois frères, et que celle de Vaudouan étant échue au cadet de cette maison, lors prêtre et chanoine au chapitre de Saint-Germain de la Châtre, il lui fit don de ladite chapelle. Ledit donateur de la chapelle ne leur fit don que de ce qui pouvait lors lui être échu et qui était une bien petite partie de bois, car les donataires étaient si resserrés que leur hôte ne pouvait tenir pour tout bétail qu'un petit pourceau qui traînerait encore un sabot percé au pied.

« Un autre de Rambœuf, appelé Renaud, aussi chanoine à la Châtre, fonda à Vaudouan la belle procession de l'Assomption, et fit un don au chapitre en manière d'échange, en l'année 1209. En 1204, Pierre Dubout, qui avait succédé aux sieurs de Rambœuf dans la seigneurie du Virollant, céda auxdits sieurs du chapitre, tout le droit, part et portion qu'il pouvait prétendre audit Vaudouan, à l'exception des bois et pacages (1). »

« Ce Renaud de Rambœuf, nous dit Fontenay, est un de ceux qui ont fait le plus de bien à cette chapelle ; il confirma non-seulement les concessions de ses prédécesseurs, mais en accorda aussi de nouvelles (2). »

« La procession de l'Assomption, dit Lissaunay, avait été fondée dès l'an 1209, par un sieur Renaud de Rambœuf,

---

(1) Villebanois, p. 17 et 18.
(2) Fontenay, p. 61.

prêtre, chanoine de la Châtre et seigneur du Virollant (1). »

M. l'abbé Caillaud dit de son côté : « Si, comme l'affirme M. de Villebanois, la terre du Virollant était sortie de la famille Rambœuf et appartenait à MM. Dubout dès l'année 1294, il est évident que la fondation de Renaud de Rambœuf est antérieure à cette époque, et comme ce même auteur énumère longuement et avec beaucoup de précision toutes les donations qui ont été faites au chapitre de la Châtre par les titulaires successifs de la seigneurie du Virollant, et il y a lieu de croire qu'il paraît très-bien renseigné sur toutes ces donations, que la date de 1209 qu'il assigne à celle de Renaud de Rambœuf est exacte (2). »

D'autre part enfin, nous apprenons que la chapelle « avait été donnée au chapitre de Saint-Germain de la Châtre l'an 1400 par Renaud de Rambœuf, chanoine dudit chapitre, qui était seigneur de Vaudouan, du Virollant et du Guay (3). »

Il y a malheureusement, dans tous les extraits qu'on vient de lire, presque autant d'erreurs que de mots.

Villebanois se trompe, à mon avis, quand il avance que, lors du miracle de la source, les seigneurs du Virollant étaient Rambœuf, et non Déols la Châtre. Il faut donc reléguer au rang des vieilles fables son historiette du petit porc au sabot percé. J'ai trop le respect du passé pour songer seulement à la tourner en ridicule; mais je pardonnerais à qui le ferait. En outre, Villebanois, dans sa naïve ferveur, multiplie les personnes, et voit deux Raimbucs où il n'en fut qu'un. Réginald ne fit aucun don au chapitre en 1209, puisqu'il testa en 1201 (4). En admettant qu'il n'eût

---

(1) Lissaunay, p. 27.
(2) Caillaud, p. 14 et 15.
(3) *Procès-verbal* de la visite à Vaudouan de Mgr de la Rochefoucauld, 24 septembre 1734. — *Pièces justificatives*, pièce 31.
(4) Voyez aux *Pièces justificatives*, pièce 1.

que vingt-cinq ans en 1209 et qu'il fût mort en 1291, il aurait donc vécu cent-sept ans ou moins, ce qui semble excessif.

Lissaunay veut que Raimbues ait fondé, en 1209, la procession de l'Assomption. L'objection est la même. M. l'abbé Caillaud adopte également la date de 1209 ; mais l'inspection des deux testaments de Réginald Raimbues en démontre sans réplique l'invraisemblance, puisqu'il est difficile d'admettre que le vénérable testataire ait vécu cent sept ans au moins.

Enfin la déclaration des chanoines, de 1734, attriste profondément, parce qu'elle dévoile l'ignorance grossière des origines de Notre-Dame de Vaudouan et l'ingratitude de l'indifférence.

Fontenay est donc le seul qui n'ait pas altéré la tradition, et qui ait laissé à Réginald Raimbues la place qu'il doit occuper dans notre histoire. Mais qu'il est difficile, entre tant d'erreurs, de démêler la vérité, et d'assigner un rang chronologique à tout ce qui n'est pas appuyé sur d'irrécusables documents !

Ne serait-ce pas plutôt en 1289 que Réginald aurait fondé cette procession solennelle de l'Assomption, et la date de 1209 ne serait-elle pas un lapsus du premier historien de Vaudouan accepté par ses successeurs ? Mais en l'absence de documents je ne saurais rien affirmer.

Sans doute aussi ce fut Réginald Raimbues, qui, chaque année, fit célébrer en grande pompe, dans l'église du chapitre, la fête de l'Annonciation de la très-sainte Vierge, en souvenir du miracle de la source. On le voit fonder, dans l'église collégiale du chapitre, une chapelle dédiée à saint Martin, l'un des saints les plus populaires du Berri, puisqu'il y compte plus de cent vingt-cinq églises paroissiales élevées en son honneur. Ensuite il restaure, il refonde pour ainsi dire la chapelle de Vaudouan (1), et fait construire

---

(1) Deux siècles après, l'œuvre de Raimbues deviendra la proie des flammes. Voyez le chap. VII.

dans le voisinage, une maison destinée aux futurs chapelains (1). Enfin Réginald Raimbues lègue au chapitre tous ses biens et revenus, parmi lesquels sa chapelle même de Vaudouan; à la condition d'y entretenir à perpétuité, avec lesdits biens et revenus, un vicaire ou chapelain, lequel devrait y résider, et y dire trois messes au moins par semaine, pour le repos de son âme et des siens. En un mot, Raimbues se substitue le chapitre de Saint-Germain de la Châtre dans la propriété de ses biens, et en donne l'usufruit au vicaire de Vaudouan. Les chanoines ne sont en réalité que des exécuteurs testamentaires à perpétuité, puisque leur rôle consiste simplement à nommer le vicaire et veiller à ce que les clauses du testament soient fidèlement remplies. Ils deviennent seigneurs de Vaudouan, mais sans avoir le droit de négliger ou changer les institutions de Réginald Raimbues. C'est ainsi qu'il faut entendre les intentions du généreux donateur (2); mais, faute d'entente, sinon de bonne foi, ce testament deviendra la source de déplorables et interminables procès.

En retour de sa pieuse donation, Raimbues veut que le chapitre dote la chapelle de « un missel et un bréviaire bon et suffisant, » et que chaque année, une messe soit célébrée, dans sa chapelle de Vaudouan, pour le salut de son âme et de ses parents (3), « le second dimanche d'après la Nativité

---

(1) « ... In capella sua de Vaudouan, quam specialiter construi fecerat una cum domo prope sita... » — *Pièces justificatives*, pièce 5 *bis*.

(2) Réginald Raimbues testa en présence de Jean Bailly, vicaire de St-Germain de la Châtre et commissaire de l'official de Bourges. Aux termes du testament, la vicairie sera conférée la première fois par Pierre d'Archignac, Germain du Puy, chanoines de la Châtre, et Guyot Lombard, exécuteurs testamentaires, et ensuite à perpétuité par le chapitre. Le testament est daté du jeudi après le dimanche où se chante *Lætare Jerusalem*. C'est le dimanche qui précède celui de la Passion.

(3) Voyez aux *Pièces justificatives*, pièce 1.

de la Vierge (1), » suivie d'un *Libera*. C'est l'anniversaire de la consécration de la chapelle, et Vaudouan le célèbre solennellement de nos jours mêmes.

La pauvreté, je devrais dire la misère des Raimbues, rapportée en termes si burlesques par le naïf Villebanois, tombe devant l'évidence, comme tant d'autres assertions erronées. Réginald lègue, entre autres biens, au chapitre de la Châtre, pour l'entretien de la chapelle et du vicaire de Vaudouan, les maisons, les chézaux, les prés, les bois, les rentes et les droits qu'il possède à Vaudouan ; son chézal de la Châtre, avec le pré, le jardin et la vigne contigus, ses vignes de Vavre, la Baconère, du Châtelier et de la Combe-Garnault ; deux riches celliers avec leurs pressoirs, à la Châtre ; ses revenus de Chassignoles, Crozon et Jouhet, etc. Que penser, après cette opulente énumération, de la pauvreté des Raimbues ? Villebanois ignorait assurément qu'au XIII° siècle, les chevaliers de ce nom possédaient entre autres fiefs celui de Lourouer. — « A mon estime, dit le même historien, je croirais que ce serait une erreur de penser que lesdits seigneurs du Virollant eussent été seigneurs directs de la dévotion de Vaudouan. Ils donnèrent la place qui leur appartenait lors où fut bâtie depuis l'église de Vaudouan, à la charge de se réserver une chapelle à la dextre de ladite église et y adhérente comme elle est encore (2). »

Encore une erreur à redresser ici. Réginald Raimbues était parfaitement seigneur direct de la dévotion de Vaudouan, comme seigneur du Virollant ; mais il fit don par testament « de *sa* chapelle de Vaudouan » et dépendances, au chapitre dont il était l'un des plus saints titulaires, et dont il devint le chef, si l'on s'en rapporte à la tradition (3). Quant

---

(1) *Procès-Verbal* de la visite à Vaudouan de Mgr de la Rochefoucauld.

(2) Villebanois, p. 16.

(3) Voyez la *déposition* de Pierre Bordin, prévôt de la châtellenie de la Châtre, chap. VII.

au Virollant, à la mort de Raimbues (1), il fut l'héritage de Pierre du Bost (2), que je suis porté à regarder comme tenant aux Raimbues par les liens du sang. En 1294, Pierre du Bost, seigneur du Virollant, confirme en effet la donation de son prédécesseur, abandonne au chapitre de la Châtre tous ses droits sur Vaudouan, à l'exception des bois et des pacages, et lui cède, en échange du premier canonicat vacant, la portion de terrain où l'on établit, par la suite, la maison, la cour et le jardin de l'hôtellerie. Peut-être pourrait-on supposer que Réginald Raimbues et les du Bost fussent coseigneurs de Virollant, et rapporter à cette supposition l'anecdote du prétendu partage des « Rambœuf, » la version visiblement et risiblement dénaturée de Villebanois. Mais en l'absence de toute preuve sérieuse, il est impossible de rien affirmer sur ce point.

Je n'ai pas fait connaître encore tous les bienfaits du pieux chanoine de la Châtre; car c'est à Raimbues qu'il faut attribuer la fondation de cette procession du 31 mai, qui fermait si solennellement le mois de Marie et perpétuait en outre le souvenir d'un miracle insigne, arrivé en l'an de grâce 1187, dans l'abbaye de Déols. Un routier perdait au jeu tout ce qu'il avait pillé; apercevant l'image de la Sainte Vierge, il prit une pierre et cassa un bras à l'enfant Jésus. Le sang en ruissela aussitôt et fut recueilli précieusement. Jean Sans-Terre fit enlever ce bras tout sanglant et l'emporta en Angleterre, comme une relique miraculeuse. Quant au routier sacrilége, il périt misérablement le jour même (3).

(1) Sa mort advint entre 1201 et 1204; car à la première date il teste, et à la seconde Pierre du Bost lui a succédé dans la seigneurie du Virollant.

(2) *Petrus de Bosco.* — M. l'abbé Caillaud l'appelle « Dubout, » et M. Desplanque « du Bois. » *Voyez* le chap. suivant. — Pierre du Bost tirait peut-être son nom du bourg de Saint-Pierre les Bois, appelé en latin *sanctus Petrus de Bosco.* Voyez JEAN CHENU, *Notitia Beneficiorum bituricensium*, p. 27.

(3) *Esquisses de l'Indre*, p. 20.

Raimbues, le descendant d'Ebbes Ier, associait ainsi Notre-Dame de Vaudouan à Notre-Dame de Déols, le modeste sanctuaire qu'il restaurait à la riche abbaye fondée par un de ses ancêtres.

Hélas! la procession du 31 mai ne se fait plus depuis longtemps à Vaudouan! La Révolution a semé là l'oubli, sinon l'indifférence. Ne serait-ce pas pourtant et justice et piété de rétablir cette antique et religieuse solennité? Il suffira, j'en ai la conviction, de signaler cette regrettable lacune, pour qu'elle soit aussitôt comblée.

La mort de Réginald Raimbues ne fut que le couronnement de ses vertus et de ses bienfaits, et le passage à la vie meilleure. Non content d'avoir semé le bien pendant ses jours, il voulut encore le semer après sa mort pendant les siècles. Une douce et fervente dévotion à Marie semble avoir absorbé son existence et inspiré à ses derniers moments cette donation plénière, qui ne demande en retour qu'une prière perpétuelle.

Réginald, comme sans aucun doute la plupart des chanoines du chapitre de Saint-Germain de la Châtre, fut inhumé dans l'église collégiale, dans la chapelle qu'il avait fondée en l'honneur de saint Martin (1). Pourquoi ne fouillerait-on pas le sol de la vieille église, et ne rendrait-on pas à la vé-

---

(1) « Renaud de Rambœuf repose dans la chapelle de Saint-Martin. Il y avait une chapelle de Saint-Martin en l'église de Saint-Germain de la Châtre. C'est sans doute là qu'il fut inhumé. » CAILLAUD, p. 13, en note. — La sentence de l'official de Bourges, du 14 août 1469, dit textuellement : « ... *Dicit impetrans* (Petrus de Bosco) *quod olim per defunctum nobilem virum dominum Reginaldum Rambuez de Virolent, dum viveret canonicum dictæ ecclesiæ de Castra, exliterunt duæ vicariæ seu capellaniæ perpetuæ fundatæ, una videlicet in quadam capella per ipsum fundatorem specialiter, in dicta Ecclesia, ad honorem sancti Martini constructa, in qua idem fundator, prope et ante altare ipsius, postmodum sepultus est et inhumatus, ut moris est.* » — *Pièces justificatives*, pièce 5 *bis*.

nération des fidèles, dans la chapelle même de Vaudouan, les restes mortels de celui qui, par ses bienfaits, l'a conservée jusqu'à nous ?

Il existe encore des descendants de la maison de la Châtre, les du Verdier, les de la Garenne, les Wissel, les Barbarin, les Chamborant, les d'Argy, les Montdion; et puis que de nobles maisons alliées aux la Châtre! Lancosme, la Marche, Turpin, Nicolaï, Barbançois, Laubépine, Dreux-Brezé, Menou, Chabot, Crussol d'Uzès, Montmorency! N'auront-elles pas chacune une obole pour la pauvre chapelle de Vaudouan? Mais il ne m'appartient pas d'insister sur ce point délicat: qu'il me suffise de l'indiquer à qui de droit.

On m'a dit qu'aux environs de Vatan, vit un cultivateur du nom de la Châtre, descendant unique des Déols. Si j'étais le desservant de Notre-Dame de Vaudouan, je voudrais m'assurer du fait, et, chaque année, j'inviterais ce noble paysan à faire le pèlerinage de Vaudouan, et lui donnerais, dans la chapelle, la première place d'honneur. Si le malheur des temps a fait que le descendant d'une race vingt fois séculaire ait quitté l'épée pour la charrue, il n'en doit être que plus recherché par le titulaire d'une chapelle restaurée et perpétuée par un de ses ancêtres.

Le 20 septembre 1863, j'étais mêlé aux vingt mille paysans qui, sur les pas de leur premier pasteur, accomplissaient le pèlerinage de Notre-Dame de Vaudouan. Ce fut pour moi une douce surprise d'entendre une voix harmonieuse et mâle entonner, après plus de cinq siècles, sous la croix de la source, le *Libera* de Réginald Raimbues.

J'étais à genoux dans l'herbe, comme la multitude pieuse, mais je ne pensais pas à prier pour lui : je le priais.

CHAPITRE V.

Prise du Château de Briante par les Anglais. — Ils saccagent les environs. — Premier procès entre le seigneur de Briante et le chapitre de la Châtre. — Décadence de Vaudouan. — Usurpations du chapitre. — Pierre du Bost, vicaire de Vaudouan. — Maître Jean de Puymont. — Louis Chastein. — Procès entre Pierre du Bost et le chapitre. — L'archevêque Jean Cœur. — Paul II.—L'université de Bourges. — La papauté. -- La pragmatique sanction. — Bulles de Paul II. — L'official suspend l'excommunication. — Ordonnance de la chambre apostolique. — Sentence inique de l'official. -- Troisième bulle de Paul II. — Sentence définitive. -- Scandaleux trafic.

De la fin du XIIIe siècle à la seconde moitié du XVe, les chroniques et les archives sont presque muettes sur Vaudouan, mais des documents ultérieurs nous révèlent les parties saillantes, sinon les détails de son histoire.

En 1360, sous le règne si tourmenté de Jean le Bon, les Anglais s'emparèrent du château de Briante, et y mirent une garnison, qui, pour se ravitailler, faisait de fréquentes sorties et saccageait les environs. — La chapelle de Vaudouan, richement dotée par Réginald Raimbues, aussi bien que le manoir du Virollant, ne durent pas être épargnés. Leur voisinage de Briante les désignait des premiers aux violences et aux excès des bandes de maraudeurs. Cette guerre acharnée, guerre nationale s'il en fût, qui ne devait se dénouer qu'à la voix de la bergère de Domrémy, fit de la France, pendant un siècle, un immense champ de douleur. Le Berri fut moins que toute autre province à l'abri des dévastations et de la ruine; les monastères étaient abandonnés, les églises désertes; les sanctuaires écartés voyaient fuir de leur enceinte les ministres frappés d'épouvante; les populations rançonnées, décimées, affamées, roulaient par torrents vers les villes, où la misère et l'effroi n'étaient pas moindres que dans les campagnes.

En 1403, un procès surgit entre le chapitre de la Châtre « et noble seigneur messire Mothon de Cluys, chevalier, seigneur de Briente(1). » La cause est portée au bailliage de Berri, par-devant les juges Étienne Dumoulin, Guillaume Carcat et Jean Saultereau. Déjà le seigneur de Briante prétend des droits « sur le lieu et chapelle de Vauldoan. » Le litige se termine par de mutuelles concessions; mais il sera le prologue d'une interminable série d'injustes prétentions et de procédures acharnées.

Pendant un siècle environ, la chapelle fut exactement desservie par un vicaire nommé par le chapitre de Saint-Germain de la Châtre, suivant les volontés de Réginald Raimbues. Mais à partir de la fin du xive siècle, les vicaires s'abstinrent de résider à Vaudouan, dont le sanctuaire, perdu dans les bois, loin de tout secours humain, était pour la soldatesque un appât et une proie trop facile. Bientôt le chapitre profita de l'éloignement des vicaires pour s'adjuger sommairement les divers revenus attachés à la vicairie (2), et la pauvre chapelle fut encore une fois livrée à un révoltant abandon.

C'est ce que nous apprenons par une bulle du pape Paul II, du 13 septembre 1466 : « ..... Par suite des guerres et autres sinistres événements qui ont trop longtemps dé-

---

(1) *Archives de l'Indre.* Fonds de Vaudouan.

(2) Les chanoines ne considéraient plus les vicaires du Vaudouan que comme des caissiers à gages. — Voyez aux *Pièces justificatives*, pièce 5 *bis*. — C'était déjà enfreindre les clauses du testament de Réginald Raimbues que d'instituer deux vicaires au lieu d'un. — *Pièces justificatives*, pièce 1.

solé le pays, les chapelains temporaires de Vaudouan ont cessé de s'astreindre à la résidence personnelle et n'y ont plus célébré les messes. La chapelle même est tombée dans un tel discrédit et appauvrissement, que ses fruits, revenus, profits, droits et casuel, presque tous les biens de ladite chapelle sont occupés, depuis plus de soixante-dix ans, ou induement perçus par le prieur et le chapitre de la Châtre (1). »

Le titulaire de Vaudouan, en 1454, se nommait Guillaume Gadiot ; c'était l'un des deux vicaires de Saint-Germain de la Châtre. Le second était Pierre du Bost (2) maître ès-arts, qui se glorifiait d'être le commensal et l'ami de Jean Cœur, archevêque de Bourges (3), fils du célèbre et infortuné Jacques, le Médicis du Berri.

Pierre du Bost, s'il n'eût été qu'un obscur vicaire de petite ville, n'eût peut-être pas conquis tout d'abord cette illustre amitié ; mais il appartenait à une vieille et noble race, celle même de Réginald Raimbues (4), à qui les du Bost avaient succédé dans la seigneurie du Virollant.

Frappé du dépérissement de la dévotion de Vaudouan, où parfois les chanoines de la Châtre l'envoyaient célébrer

---

(1) *Pièces justificatives*, pièce 3.

(2) L'abbé Caillaud l'appelle Dubout ; c'est une altération évidente de *du Boust* ou *du Bost*. Une pièce du fonds de Vaudouan, sans date, mais postérieure à 1669, l'appelle Pierre de Bost. Au XVIIe siècle, on trouve Georges de Maumont, *seigneur du Bost et du Virollant*. Outre l'autorité de la pièce susdite, n'y a-t-il point là un rapprochement qui plaide en faveur de l'orthographe que j'adopte ?

(3) « ... *Pro parte dicti Petri qui, ut asserit, venerabilis fratris nostri Joannis archiepiscopi bituricensis familiaris continuus commensalis extitit.* » — Bulle de Paul II, du 13 sept. 1466. — *Pièces justificatives*, pièce 1.

(4) « .... *Nec non successionis hereditariæ parentum et consanguineorum suorum defunctorum, quorum hæres existit..* » — *Pièces justificatives*, pièce 2.

quelque messe, et que le voisinage du Virollant devait lui rendre plus chère qu'à tout autre, il demanda à Guillaume Gadiot de lui céder son titre de chapelain de Notre-Dame de Vaudouan, ce que celui-ci fit sans difficulté (1).

Prêtre zélé, ami du bon droit, esclave de la justice, doué d'une ardente et tenace énergie, Pierre du Bost entreprit de rendre à l'humble sanctuaire l'éclat des jours passés. Fidèle aux clauses du testament de son pieux ancêtre, il voulut résider en personne à Vaudouan, desservir la chapelle, et, par suite, se mettre en possession des revenus auxquels il croyait avoir droit.

Les chanoines, au contraire, par une triste dérogation aux volontés du donateur, voulaient que ces revenus fussent versés dans la mense capitulaire; ils oubliaient volontairement qu'aux termes du testament de Raimbues, ils n'étaient que les collateurs du bénéfice, et ne pouvaient donc se l'approprier. Mais, par une étrange inconséquence qui décèle combien ils croyaient peu dans leur bon droit, ils laissaient Pierre du Bost jouir paisiblement des biens de la chapelle sis à la Châtre (2); comme s'ils avaient craint qu'en acquérant l'usufruit des biens sis à Vaudouan, le descendant des seigneurs du Virollant ne finît par les absorber et les usurper sans retour.

Dès l'année 1454, les chanoines, ne ratifiant point la permutation de Guillaume Gadiot, avaient nommé à la vicairie de Vaudouan maître Jean de Puymont, étudiant poitevin, qui, jusqu'à sa mort, arrivée en 1464, fut en procès avec Pierre du Bost. Les chanoines nommèrent, à la place de Jean de Puymont, un jeune acolyte du nom de Louis Chastein; mais celui-ci s'empressa de suivre l'exemple de

---

(1) En 1254. — *Pièces justificatives*, pièce 5 *bis*.

(2) .... *Habet et possidet, et de ipsis utitur et gaudet pacifice idem impetrans (Petrus de Bosco,) et præcipue de casali et pascuis cum pratis et horto contiguo, de peciis vinearum, cellario et torquulari de Castra....* » — *Pièces justificatives*, pièce 5 *bis*.

Guillaume Gadiot, et de permuter avec Pierre du Bost, qui, par conséquent, se trouva doublement en droit de régir la vicairie de Vaudouan.

Pierre du Bost n'avait que par ouï-dire connaissance des clauses et charges du testament de Raimbues, et c'étaient là de trop faibles moyens pour actionner le chapitre avec quelque chance de succès. Il lui fallait, sinon l'original du testament, du moins une copie authentique. Mais le prieur et les chanoines se tenaient rigoureusement sur leurs gardes, et, par crainte de surprise, ils avaient enfermé dans leurs archives tous les titres qui constituaient et dotaient la vicairie de Vaudouan. — De plus, comme pour décourager Pierre du Bost et lui enlever tout moyen d'action, ils avaient également annulé l'acte de permutation de Louis Chastein. Enfin, pour ôter à Pierre du Bost toute velléité de séjour à Vaudouan, les chanoines en firent enlever les meubles, le linge, l'argent, les bréviaires, les missels, les calices, les ornements, les provisions, les récoltes, et tous les anciens titres (1).

Mais Pierre ne se découragea pas; la patience donne plus de victoires que la violence; il attendit, dans la retraite, une occasion favorable pour faire valoir ses droits et restaurer l'œuvre de Raimbues. — Dieu voulut qu'il n'attendit pas longtemps.

A la fête de la Pentecôte, en 1466, à l'occasion d'un *onus* qu'ils voulaient imposer à leur adversaire, qui était toujours vicaire à leur église collégiale, les chanoines, sortant de leur réserve accoutumée, lui montrèrent quelques titres, parmi lesquels se trouvait, par un hasard providentiel, le testament de Réginald Raimbues.

Pierre le lut, et y vit clairement que, comme vicaire de Vaudouan, il avait droit à l'usufruit de tous les biens de la chapelle. Fort de cette conviction, et peut-être appuyé sur

---

(1) *Pièces justificatives*, pièce 2. — Bulle de Paul II, du 3 septembre 1466.

une copie furtive de l'original, il intenta aux prieur et chanoines de Saint-Germain de la Châtre un procès qu'il porta en cour de Rome, et dont nous allons suivre rapidement les péripéties.

On sait quelle paternelle protection l'argentier Jacques Cœur avait trouvée à Rome, quand un douloureux exil avait suivi son injuste condamnation. La Rome des Papes fut, dans tous les temps, la terre hospitalière par excellence, et de nos jours mêmes, combien de grandeurs déchues, naguère ennemies de Rome, n'ont trouvé que chez elle une courageuse et généreuse hospitalité !

Jean Cœur, archevêque de Bourges, jouissait auprès du Saint-Siége de la plus haute considération, tant en mémoire de son infortuné frère que pour ses vertus personnelles. Nicolas V avait écrit plusieurs lettres et même envoyé un ambassadeur, en 1453, à l'ingrat Charles VII, pour demander la grâce de Jacques Cœur.

Pierre du Bost sollicita, sans aucun doute, la puissante recommandation de son illustre et vénérable ami, et il l'obtint en termes assez pressants pour qu'aussitôt le pape Paul II frappât coup sur coup, de deux bulles de condamnation, le prieur et les chanoines de Saint-Germain de la Châtre.

Paul II, Vénitien de naissance, étoit le fils de Nicolas Barbo et de Polixène, sœur du Pape Eugène IV. Dur pour soi, mais indulgent pour autrui, il avait les yeux pleins de larmes au moindre récit attristant. Frappé de cette sensibilité peu ordinaire, Pie II l'avait surnommé « Notre-Dame de Pitié. » Monté sur le trône pontifical, Paul II, sans rien perdre de sa proverbiale sensibilité, révéla soudain une énergie dont on devait le croire doué moins que tout autre prince de l'Église. On le vit successivement dissoudre l'académie payenne et républicaine de Pomponius Lœtus, abattre les petits tyrans féodaux qui ravageaient les campagnes de Rome, et refréner vigoureusement les vengeances de sang qui se multipliaient d'une manière effrayante. En même temps, il dotait Rome d'églises et de monuments admirables et fondait de nouveaux colléges. Paul II lisait à livre ouvert les écrivains antiques (1), et son amour des lettres ne s'arrêtait pas aux limites de ses États ; car, deux ans plus tôt, sans doute, à la prière de l'archevêque Jean Cœur, il avait rétabli l'université de Bourges, dont la fondation remontait à saint Louis (2).

Paul II ne dédaigna pas d'étendre sa main protectrice sur une humble chapelle cachée dans les bois du bas Berri. La papauté a toujours protégé et consolé ce qui souffre ; les peuples trahis ou délaissés n'ont trouvé que chez elle un adoucissement à leurs maux. Dans sa longue et glorieuse généalogie, on est frappé, ému, fier de cette paternelle universalité ; grands et petits, riches et pauvres, abbayes opulentes, modestes sanctuaires, jamais on ne s'est en vain tourné vers Rome, aux heures d'affliction. La papauté personnifie la Providence ici-bas ; elle n'a failli dans aucun temps à sa mission divine, et si l'ingratitude a le plus souvent reconnu ses bienfaits, si la barque de Pierre ne vogue que dans les tempêtes, elle a toujours eu des paroles de pardon et d'invincible assurance : *Non prœvalebunt.*

Il n'y avait pas trente ans que la pragmatique sanction avait été proclamée à Bourges. Cette haute affirmation de ce qu'on appelle les libertés de l'Eglise gallicane était d'autant plus inopportune, que la liberté du clergé était alors fort voisine de la licence. Des velléités générales d'indépendance se faisaient jour déjà dans les esprits et présageaient les débordements de la réforme, qui, en somme, ne fit que déformer l'unité chrétienne. Le préambule même de la pragmatique sanction jette la lumière sur les tristes conditions du clergé au commencement du XVe siècle. « La corruption et

---

(1) EUGÈNE DE LA GOURNERIE, *Rome chrétienne*, t. II, p. 31. Paris, 1858.

(2) JEAN CHENU, *Recueil des antiquités et priviléges de la ville de Bourges*, p. 61.

la cupidité, tous les vices, d'intolérables excès, de détestables abus » s'étaient glissés dans l'Église gallicane. Les édifices sacrés s'écroulaient et la dévotion du peuple s'affaiblissait de jour en jour. Le remède ne fut-il point pire que le mal, à une époque de relâchement général dans le clergé ? — Mais le cadre de ce modeste volume ne saurait embrasser un si vaste sujet; qu'il me suffise de faire remarquer que la conduite du chapitre de Saint-Germain de la Châtre, inexplicable au premier abord, s'explique rapidement par le court exposé qu'on vient de lire.

La cupidité avait envahi ces âmes vouées d'abord au mépris des biens de la terre. Les riches revenus de la chapelle de Vaudouan troublaient le sommeil du prieur et des chanoines.

Elle était en effet bien riche, puisqu'ils purent en faire enlever, en même temps que le mobilier et les ornements, « des quantités d'or et d'argent monnayés et non monnayés (1). » témoignages irrécusables de la popularité de la dévotion de Vaudouan.

La première bulle de Paul II (2) est datée du 3 septembre 1466 et adressée à l'abbé de Saint-Ambroix, au prieur du chapitre de Saint-Ursin et à l'official de Bourges. Elle ordonne d'excommunier les injustes détenteurs des biens et revenus de la chapellenie de Vaudouan, s'ils ne les rendent pas au possesseur légitime, Pierre du Bost, vicaire de la chapelle.

La seconde bulle (3), datée du 13 septembre et adressée seulement à l'abbé de Saint-Ambroix et au prieur de Saint-Ursin, leur donne commission pour juger et terminer le différend à l'amiable et sans forme de procès.

Le 17 mars 1467, Martin du Breuil, licencié ès-lois, prieur du chapitre de Saint-Ursin, chanoine à prébende, juge et

---

(1) « *Auri, argenti, monetati et non monetati quantitates.* » Bulle de Paul II, 3 sept. 1466.
(2) *Pièces justificatives*, pièce 2.
(3) *Idem*, pièce 3.

commissaire nommé par le Saint-Siége, cite à comparaître (1) devant lui, à l'heure de prime (2), à Bourges, probablement dans la salle capitulaire du chapitre de Saint-Ursin, Pierre du Bost et les chanoines de Saint-Germain de la Châtre. Fidèle aux injonctions de Paul II, Martin du Breuil fait tous ses efforts pour concilier les parties ; mais il trouve des deux côtés une telle opiniâtreté, que bientôt il s'excuse de juger le litige dans les formes voulues par le droit. L'abbé de Saint-Ambroix s'empressa de suivre cet exemple. Ils étaient, d'ailleurs, parfaitement libres de se récuser, puisqu'ils n'avaient reçu du Pape qu'une commission à l'effet de concilier les parties.

En se retirant, toutefois, le prieur et l'abbé crurent devoir confier à l'official (1) de Bourges le mandat de juger les parties ; mais ils outrepassaient évidemment leurs pouvoirs, car ils donnaient ainsi à l'official un droit que n'autorisaient pas les bulles de Paul II.

Muni de ce prétendu pouvoir, l'official se met aussitôt en devoir de les faire exécuter ; mais, devant l'opposition des chanoines, il s'arrête bientôt et ordonne aux chapelains de de la Châtre, Briante, Chassignoles et du Magny, à tous les recteurs des églises, à tous les prédicateurs et à tous les ecclésiastiques tant de la ville que du diocèse de Bourges, de suspendre, jusqu'à nouvel ordre, la fulmination de la peine d'excommunication contre les injustes détenteurs des biens et revenus de la chapellenie de Vaudouan. — Cette fois, c'est l'official même qui outrepasse ses pouvoirs illégaux les chanoines refusant la restitution, nul pouvoir n'a-

---

(1) *Pièces justificatives*, pièce 3 *bis*.
(2 Six heures du matin.
(3) « *Official*, lieutenant ou vicaire de l'évêque : juge d'église commis par un prélat ou un évêque .. Celui qui exerce la juridiction contentieuse de l'évêque... Les officiaux connaissent de toutes matières personnelles entre ecclésiastiques. » — *Dictionnaire de Trévoux*, t. IV, col. 1364 et 1365. Édit. 1743.

vait le droit de suspendre l'excommunication prononcée par le Pape; devant la seconde bulle prescrivant la conciliation, et la conciliation étant impossible, l'official devait se déclarer incompétent, impuissant, et laisser la cause suivre la marche indiquée par le Saint-Siége. Mais l'official semble profondément imbu des idées *gallicanes;* car il cherchait à restreindre, à isoler la juridiction du Souverain-Pontife; il appliquait autant que possible, dans son ressort, les principes de la pragmatique sanction, qui n'était en réalité qu'un acte d'insurrection contre les droits, jusqu'alors reconnus, de la Papauté.

Pierre du Bost en réfère derechef à la cour de Rome, et, le 1er juin 1468, Jacques de Mucciarellis, de Bologne, docteur en l'un et l'autre droit, chanoine de Saint-Pierre de Rome et de l'église de Bologne, chapelain de Sa Sainteté, auditeur général de la chambre apostolique, ordonne (1), sous peine d'excommunication, aux prieur et chanoines de Saint-Germain de la Châtre, de rendre les biens meubles et immeubles appartenant « au vénérable homme messire Pierre du Bost, prêtre, vicaire perpétuel de la chapelle de Vaudouem (2). » Les lettres de Jacques de Mucciarellis sont adressées à l'official de Bourges, à l'official de Limoges, à tous les chanoines des cathédrales et des églises collégiales, aux recteurs des paroisses, chapelains, curés, et à leurs fondés de pouvoir, aux prieurs des couvents des Frères Prêcheurs, des Mineurs, Carmélites et Augustins, aux gardiens et frères du diocèse de Bourges et du diocèse de Limoges, et à tous ceux à qui ces lettres parviendront pour être mises à exécution. — Il ressort de ce long document que Paul II usait de sa souveraine autorité pour empêcher la destruction de la fondation de Réginald Raimbues; que serait-elle devenue, en effet, entre la cupidité des uns et la né-

---

(1) Voyez aux *Pièces justificatives,* pièce 4.
(2) « ... *Venerabilis viri Domini Petri de Bosco, presbyteri, perpetui vicarii capellæ de Vaudouem...* »

gligence des autres? Il en ressort, en outre, que jusqu'alors les vicaires de Vaudouan étaient nommés à vie, et que la chapelle s'était grandement enrichie par les offrandes et les donations des fidèles. — Enfin j'appellerai l'attention sur les formes curieuses que Jacques de Mucciarellis prescrit d'employer dans la fulmination de la sentence d'excommunication, si les chanoines persistent dans la mauvaise foi et la désobéissance (1).

Le 21 août 1468, l'official de Bourges, fondé cette fois de pouvoirs légitimes, transmet la sentence de Jacques de Mucciarellis aux chapelains, recteurs et ecclésiastiques de la ville et diocèse de Bourges, leur enjoignant de la mettre intégralement à exécution (2); mais ensuite, par une inconséquence découlant encore de son esprit d'insoumission et de ses velléités de juridiction souveraine, il admet Pierre du Bost et le chapitre à fournir chacun les preuves de son dire; puis il désigne le lundi après la fête de saint Laurent, 14 août 1469, pour rendre une sentence définitive.

Les chanoines alléguaient que le testament de Raimbues les avait rendus seigneurs et maîtres absolus de la chapelle

---

(1) Le chapitre de la Châtre devait être peu avantageusement noté en cour de Rome; car on lit ce qui suit dans l'*Inventaire des titres de Châteauroux*, t. IV, p. 270 :

« 7 janvier 1477. — Bulle du pape Sixte qui absout les prieur et chanoines de la Châtre de l'excommunication par eux encourue pour avoir contrevenu aux ordres de l'archevêque de Bourges, lequel avoit, dans une visite qu'il fit dans leur église, ordonné entre autres choses que s'il leur restoit quelque chose de leur revenu, préalablement pris ce qui leur revenoit à chacun, qu'ils missent le reste dans le coffre commun pour subvenir aux charges de ladite église. Ladite bulle scellée en plomb, signée sur le reply *De Gottifredis*. » — *Archives de l'Indre*.

(2) *Pièces justificatives*, pièce 5.

(3) « *Litteras... præsentibus annexas, debitæ executioni demandare curetis, juxta earum seriem seu formam, nihil de contingentibus omittentes.* »

de Notre-Dame de Vaudouan, et qu'ils avaient en conséquence le droit de recevoir tous les revenus de la chapellenie (1).

Pierre du Bost répondait qu'elle avait été fondée par Raimbues avec des clauses et charges, qu'elle devait être desservie par un vicaire y résidant, et non comme elle l'était précédemment par un vicaire résidant à la Châtre ; que les chanoines n'étaient, aux termes du testament de Raimbues, que les collateurs du bénéfice ; qu'ils ne pouvaient donc s'en approprier les revenus appartenant au seul vicaire ; que, depuis la fondation de la chapellenie, des chapelains avaient toujours été institués par les prieur et chapitre de la Châtre, Jean Bruère, Étienne Meillot, Jean Bordessoul, Jean Tortaut et Guillaume Gadiot ; qu'enfin c'était en permutant avec ce dernier que lui, Pierre du Bost, était devenu chapelain de Vaudouan.

Le 14 août 1469, l'official de Bourges, Jean Pinot, docteur en l'un et l'autre droit, rendit en effet sa sentence définitive. Elle était illégale et injuste, puisque Jean Pinot n'avait pas reçu commission du Saint-Siége pour juger en la cause ; il ne devait pas prononcer témérairement sur un litige porté au tribunal souverain du Pape : il ne devait pas, comme il osa le faire, déclarer fausses et subreptices les lettres apostoliques ; il devait enfin reconnaître, il est vrai, le droit de collation des chanoines de la Châtre, puisqu'il s'était mis en tête de porter un jugement, mais il devait les obliger à instituer à Vaudouan un chapelain à résidence fixe, et à lui abandonner, sa vie durant, tous les biens et revenus de la chapelle, comme le voulait le testament de Réginald Raimbues. — Au contraire, il donna raison aux chanoines dans toutes leurs prétentions et condamna celles de Pierre du Bost.

L'official n'eut pas prononcé cette sentence arbitraire et inique que Jean Pinson, procureur de Pierre du Bost, se

(1) *Pièces justificatives*, pièce 5 *bis*.

leva et en appela au Saint-Siége (1). — Jean Pinot déféra à cet appel en accordant un délai de quatre mois, passé lequel le jugement serait exécuté; mais aussitôt Jean Pinson fit encore appel au Pape de la seconde sentence de l'official, qui, suivant lui, fixait un délai évidemment trop court.

Paul II ne répondit effectivement que six mois après, jour pour jour, aux appels interjetés par Pierre du Bost, qui continuait à se qualifier de « vicaire perpétuel de la vicairie et chapellenie de Vaudouan ». Par une bulle du 14 mars 1470 (2), adressée à l'abbé du monastère de Chézal-Benoît et au prieur de Saint-Cyr d'Issoudun, Paul II casse la « sentence inique » (3) de l'official de Bourges et leur donne commission pour la reviser.

Le 17 février 1471, Philippe Chantelart, maître ès-arts, prieur de Saint-Cyr d'Issoudun, en l'absence du vénérable abbé de Chézal-Benoît et d'après l'autorisation pontificale contenue dans la bulle du 14 mars 1470, rend seul une sentence malheureusement non motivée (4), qui, de nouveau, donne raison aux chanoines de la Châtre (5), rejette les prétentions de Pierre du Bost (6) et confirme la sentence précédemment portée par l'official de Bourges (7).

---

(1) « *Qua quidem nostra definitiva sententia sic per nos lata, Joannes Pinson, ejusdem actoris procurator, viva voce et illico ad sanctam sedem apostolicam appellavit.* »

(2) *Pièces justificatives*, n° 6 — Paul II mourut quatre mois après, le 25 juillet.

(3) « *Sententiam promulgavit iniquam.* »

(4) *Pièces justificatives* n° 7.

(5) Représentés par Mathieu du Milieu et Pierre de Graçay, chanoines prébendés de Saint-Germain de la Châtre, et par Pierre Daudu jeune, clerc et procureur.

(6) Représenté par Pierre Doulceron, avocat.

(7) La sentence de Philippe Chantelart fut rendue dans une salle de la maison de Guillaume Bernard, à Issoudun, en présence des deux chanoines, de leur procureur, de l'avocat de Pierre du Bost, de Guillot Bernard et plusieurs autres témoins, et contresignée par

Pierre du Bost perdit personnellement son procès, mais il gagna celui de Réginald Raimbues. Honneur à ce prêtre énergique et droit! Sa tentative, juste quoique malheureuse, fut pour le chapitre de la Châtre un salutaire avertissement (1). Les chanoines comprenaient si bien qu'ils n'étaient pas en règle avec le testament auquel ils devaient la chapelle de Vaudouan, qu'ils y instituèrent presque immédiatement un chapelain à résidence sur place, et quelquefois deux ou trois par la suite.

La volonté du testateur était bien, en effet, que les pèlerins de Vaudouan y trouvassent toujour tous les secours de la religion. Les chanoines cependant firent un accommodement avec leur mandat et leur conscience : dès l'an 1469 (2), ils abolirent la chapellenie à vie et l'affermèrent à

le prêtre, Michel Touzet d'Aridan, notaire archiépiscopal de Bourges et scribe juré du prieur de Saint-Cyr. — M. l'abbé Caillaud, et ses prédécesseurs qui, à l'exception de Villebanois, étaient ou avaient été chanoines de Saint-Germain de la Châtre, ont à peine parlé de ce grand procès du xve siècle. Voici tout ce qu'en dit M. l'abbé Caillaud, p. 35 : « Dans cette sentence de 1471, il était dit que la chapelle de Vaudouan appartenait aux chanoines de Saint-Germain comme toutes leurs autres propriétés : *est ejusdem juris ac proprietates ecclesiæ collegiatæ Sancti Germani de Castra.* » Il n'est rien dit de pareil dans la sentence de 1471, qui n'est pas motivée. Voyez aux *Pièces justificatives*, pièce 7.

(1) Le procès du Bost eut son pendant moins d'un siècle après; on lit dans l'*Inventaire des titres de Châteauroux*, t. IV, p. 272 : « 14 mars 1551. — Sentence rendue à Issoudun contre François Magny jeune, soi-disant vicaire d'une vicairie, fondée en ladite église de la Châtre, appelée la vicairie des Magnis. » François Magny, en sa qualité de vicaire, prétendait percevoir en toute propriété « une dîme sise en la paroisse de Briante et appartenant à ladite vicairie. » — *Archives de l'Indre.*

(2) Le 23 février 1469, Messire Jehan Chabales et Messire Simo Riffaudon afferment pour deux ans la chapelle et vicairie de Notre-Dame de Vaudoan, au prix de 22 écus et demi d'or. — Registre des actes notariés du chapitre, folio 12.

la criée pour un petit nombre d'années, deux ou trois le plus souvent, absolument comme s'affermerait la plus vile exploitation. — Choisi de préférence dans le sein même du chapitre, le vicaire-fermier de Vaudouan touchait bien effectivement les revenus de la chapelle; mais tout d'abord la mense capitulaire avait encaissé le prix du bail, en entier ou en partie, et, dans ce dernier cas, les prudents chanoines ne manquaient jamais d'exiger du fermier un ou plusieurs *pleiges* (1).

Ce scandaleux trafic se perpétua, hélas! jusqu'à la Révolution.

Quant à Pierre du Bost, il se retira de la scène, contristé sans doute, mais avec la conscience du devoir accompli jusqu'au bout; — car il avait empêché la fondation de son pieux ancêtre de s'écrouler dans l'ombre entre des mains cupides; — et ce fut peut-être dans le manoir du Virollant qu'il alla finir ses jours, à quelques pas du sanctuaire qu'il aimait !

(1) « *Pleige*, caution judiciaire, qui s'oblige devant le juge de représenter quelqu'un, ou de payer ce qui sera jugé contre lui. Dans les actes de soumission, de caution, qu'on délivre, on met toujours qu'un tel s'est rendu pleige et caution d'un tel. » — *Dictionnaire de Trévoux*, t. V, p. 285.

CHAPITRE VI

Le bois de Vaudouan. — Procès entre le chapitre de la Châtre et le seigneur du Virollant. — Jean de la Faye. — La maison de Bridiers. — Transaction entre le chapitre et François de Bridiers. — Fermage de la chapelle. — Acte de 1476. — Jadis et aujourd'hui. — Chronologie des vicaires de Vaudouan. — De 1505 à 1731. — Accense de 1586. — Pierre Vernusse et Jean Auroy. — L'étang de Vaudouan.

Le procès du chapitre de la Châtre avec Pierre du Bost ne fut pas le dernier qu'il eut à soutenir, ce n'était que le prélude d'une série de combats judiciaires, où les chanoines défendaient souvent leur bon droit, mais leur audacieuse usurpation avait ouvert la voie à toutes les prétentions, même les plus injustes. — Si l'on jette un coup d'œil rapide sur l'histoire de Vaudouan, il semble que, dès la fin du xve siècle, le doigt de Dieu s'appesantisse sur ce pieux sanctuaire, objet d'attristantes convoitises ; car les prétendus seigneurs et maîtres absolus de Vaudouan n'auront pour ainsi dire plus d'années où la chicane, le vol, le pillage, l'incendie, le meurtre même, ne tracent un sillon douloureux, et ne présagent l'étape suprême de 93 !

Au xie siècle, la chapelle de Vaudouan se trouvait située dans une clairière, au sein de vastes bois, dont il ne reste plus que des vestiges (1), mais qui se perpétuèrent jusqu'au

(1) Le bois du Virollant, qui se reliait autrefois à ce qu'on appelle les bois de Narmond.

xviiie siècle (1). — Une partie de ces bois appartenait à Réginald Raimbues, qui l'avait léguée au chapitre de la Châtre, ou, pour mieux dire, à la vicairie dont le chapitre était créé collateur perpétuel.

Ce legs donna lieu, en 1479, c'est-à-dire huit années seulement après la solution du procès intenté par Pierre du Bost, à un litige entre les chanoines et le seigneur du Virollant.

Jean de la Faye, écuyer, seigneur des Forges, près Montluçon, avait acquis ou hérité, dans la première moitié du xve siècle, la seigneurie du Virollant (2). Il laissa deux filles, dont la seconde, Antoinette, épousa, en 1464, François de Bridiers, gentilhomme d'illustre race (3), seigneur du Guay,

---

(1) « .... Ils assistent à une procession qui se fait le dimanche d'après la Nativité de la Vierge dans le bois de Vaudouan... » *Procès-verbal* de la visite de Mgr de la Rochefoucauld. — Le vieux bois de la Source est représenté aujourd'hui par deux peupliers.

(2) Et sans doute aussi la seigneurie des Couts; car on lit dans une pièce sans date du fond de Vaudouan, (*Archives de l'Indre*) : « ... Feu Jehan de la Faye estant en son vivant seigneur des Couts et du Virolan, ou lieu duquel depuiz ont ésté subroguez Henry de Mounestay et Johanne de la Faye sa femme a cause dicelle, et Anthoinette de la Faye apresant femme de Francoys de Bridiers... » — Henri de Monestay était fils de Pierre de Monestay et de Jeanne de Jardon. Ce dernier nom acquerra bientôt la plus triste célébrité. — La Faye portait de gueules au lion d'argent.

(3) Les Bridiers sont en réalité des d'Albret, puisqu'au xive siècle un d'Albret, en épousant Marie de Bridiers, dernière du nom, abandonna le sien pour prendre les nom et armes de Bridiers, que ses descendants portent encore de nos jours. — *Voyez* La Thaumassière, (généalogie de Bridiers), et le dossier de *Bridiers* aux Archives de la bibliothèque de Paris. — Un dicton marchois faisant allusion à l'ancienneté des maisons de Bridiers, de la Celle, de Saint-Maur et de Monbas, disait : « La première noblesse de la Marche, c'est la bride, la selle, le mors et le bât. » — Qu'il suffise de citer, parmi les alliances de la maison de Bridiers, Chamborand, Bertrand, la Celle, Bonneval, Barbançois, Maussabré, Cluis, Poitiers, Montmorency, etc.

fils de Jacques de Bridiers, écuyer, seigneur du Guay et de Crevant en partie, et de Catherine Augustin du Courbat.

François de Bridiers se prétendit seigneur de la futaie de Vaudouan ; les chanoines rejetèrent d'abord la prétention ; mais bientôt, « voulant éviter plaids et procès, grands frais et mises qui s'en pourroient ensuivre, et nourrir paix, » le 5 octobre 1470 ils transigèrent en ces termes : ils abandonnaient à François de Bridiers et à sa femme : 1° un pré en litige d'une contenance d'un quartier ; 2° un second pré d'une contenance d'un demi-quartier ; 3° un troisième pré d'une contenance d'un quartier ; 4° un taillis ; 5° un jardin et un emplacement pour en faire un second, et un verger d'une demie boiselée (1), et 6° deux pièces de terre de trois à quatre sestrées chacune.

François de Bridiers et sa femme « se désistoient et départoient, maintenant et pour toujours, de tous les droit, action, possession, propriété et seigneurie, et vrai domaine que iceux pouvoient avoir sur ledict boys et souche de boys estant autant de la chapelle de Nostre-Dame de Vaudoan, sauf que ledict seingneur du Virollant, ses successeurs, eux demeurant audict lieu du Virollant et non autrement, et tous les manans et leurs héritiers des villages de Estrangle-Chèvre, Champflorentin, La Goutte, La Prugne et autres qui ont coustume d'ancienneté auront droit de paccage dans ledict boys, mais ne pourront ny chubler, ny abattre, ny emporter, les glands, chastaignes et aultres fruits dudict boys, ny couper, ny emporter boys vert ny sec sans le conged et licence desdits vénérables. Les manans ne paieront rien aux vénérables, mais paieront au seigneur du Virollant et à ses hoirs, par chascun an et par chascun feu, cinq deniers tournoys et une géline, aux termes accoustumés (2). »

(1) « ... Orte et place d'orte et de vergier de demi boiselée... »
(2) *Archives de l'Indre.* (Fonds de Vaudouan). Registre des notes du chapitre, folio 25. — Le 11 mars 1501, François de Bridiers,

On voit avec quel soin jaloux les chanoines de la Châtre défendaient les approches de la chapelle de Vaudouan, et combien ils redoutaient le voisinage et les empiétements des seigneurs du Virollant. Il leur eût suffi, pour gagner ce second procès, d'exhiber le testament de Réginald Raimbues, le premier et le plus sérieux de leurs actes de propriété; mais on sait quels longs tracas cette imprudente exhibition leur avait attirés huit années auparavant. Les chanoines préférèrent donc transiger à leurs dépens, et sacrifièrent quelques menus biens, dont l'ensemble établit toutefois quelle importance avait alors le bois ou plutôt la forêt de Vaudouan.

On comprendra mieux à quel déplorable trafic se livraient les chanoines, quand j'aurai dit que, vers cette époque, le châtelain de Vaudouan était le prieur même du chapitre de Saint-Germain de la Châtre, Jean Blodoix, licencié en théologie, qui vraisemblablement avait succédé au prêtre Sime Riffaudon. Les termes de l'affermement valent le triste honneur d'être rapportés.

« Furent pour ce personnellement establys vénérable et circonspecte personne maistre Jehan Blodoix, prestre licencié en théologie, prieur de l'église séculière et collégiale de Sainct-Germain de la Chastre, au diocèse de Bourges, pour lui, d'une part;

» Et vénérables personnes maistre Estienne Forest, Marc Maigny, Jehan Charret l'aîné, et Jacques Forest, prestres chanoines de ladicte église, d'autre part;

» Lesquels assemblés en leur chapitre, faisant et tenant leur dict chapitre et traitant de leur besongne, de leur certaine science et bon propos ont congnu et publiquement confessé, et cognoissent et confessent avoir faict, passé et

IIᵉ du nom, fils de François et d'Antoinette de la Faye, vendit au chapitre de la Châtre, pour la somme des 55 livres tournois, une rente de 62 sols 6 deniers « sur sa chevance du Virollan. » — *Arch. de l'Indre.* (Fonds du chapitre de la Châtre.)

accordé les convenances, accords, transports, promesses et obligations qui s'ensuyvent, c'est à sçavoir :

» Que lesdicts chanoines ont baillé ce transport, délaissé et quitté par ces présentes, traitent, cèdent, transportent, délaissent et quittent au dict prieur présent, et iceluy prieur prend, accepte, et en lui retenu et retient par les susdictes présentes desdicts chanoines, aussy présents, jusques à deux ans,

» Tous et chascun les fruicts, profits, offrandes, revenus et émoluments de la chappelle de Nostre-Dame de Vaudouan appartenant aux dicts vénérables, arrivant à la dicte chappelle durant lesdicts deux ans, sans rien en excepter ny réserver en aulcune manière, et ce pour tous et chascun, les fruicts, droicts et émoluments dudict prieur qui luy appartiennent et pourraient compéter et appartenir à cause de son dict prieuré, et qu'il pourroit et debvroit preindre, avoir, gaigner et percevoir en ladicte église durant lesdicts deux ans, sans preindre ny avoir en ladicte église aulcuns aultres fruicts et droicts durant lesdicts deux ans, sauf toutes voix et revenus audict prieur, sa grange et mestairerie, les fruicts d'icelle, les cens et rentes et charges à luy deus particulièrement à cause de son dict prieuré, les hostels où il demeure, six barils de vin qu'il a, chascun an, sur le corps dudict chapitre, qu'il preindra et aura chacun an, ainsi qu'il a accoustumé avoir et preindre, et ce sans préjudice du droict dudict prieuré et de ladicte église au temps à venir, sans que ledict prieur puisse preindre et avoir en ladicte église durant lesdicts deux ans auculne aultre chose, fors lesdicts fruicts de ladicte chappelle de Vodoan et ce que dict est ;

» *Item*, a été dict et accordé entre lesdicts prestres que pour ce qui est besoing et convenable chose de servir en ladicte chapelle, ledict prieur ne sera tenu de faire aulcune résidence en ladicte église de la Chastre si bon ne lui semble durant ledict temps ; toutefois, luy estant en ladicte église, il présidera en icelle et aura sa voix ainsy qu'il a accoustumé de faire et avoir par avant ce faict, et preindra les méreaux (1), s'il luy semble bon, pourvu que pour raison desdicts méreaux il n'aura ny preindra aulcunes choses dans ladicte église, et lesquels méreaux ne seront pas enregistrez par le mérellier (3) de ladicte église ;

» *Item*, et ne sera tenu ledict prieur de payer aulcune chose des réparations qui seront faictes durant ledict temps et appartenance d'icelles ny des autres frais et mises qui se feront durant ledict temps, tant pour raison des procès que pour autre chose ; *ains*, mais en sera et demourera franc, quitte et immuny ; car ainsy a été dict, promettant, obligeant et renonçant.

» Donné le vendredy dudict jour de may, l'an 1476 (3).

» Signé : BOULTRY (avec paraphe). »

Ce style barbare est en tout point digne du lamentable trafic dont il établit les clauses, et qui prend bientôt force d'usage dans le chapitre de la Châtre. Aussi, à partir de la fin du xve siècle, ne faut-il plus juger aussi sévèrement les chanoines et leurs vicaires de Vaudouan ; car ils ne font qu'accepter et mettre en pratique la coutume de leurs prédécesseurs, et jadis la coutume était tout, parce qu'elle était la tradition, la routine si l'on veut. Le xixe siècle est tombé dans l'excès contraire ; il a sacrifié sans pitié ni raison tout ce qui avait acquis la consécration des âges, tout ce qu'aimait le peuple, parce qu'il le connaissait et l'avait appris

---

(1) « *Méreau*, marque faite ordinairement de plomb, ou de carton, qu'on distribue aux ecclésiastiques, ou chanoines, pour témoigner leur assistance à l'office, afin de compter au bout d'un certain temps les menues distributions qui leur sont dues. » — « *Mérel*, vieux mot qui signifie une marque qu'on donnait autrefois pour servir de preuve que la marchandise avait été acquittée. On a dit depuis *Méreau*, comme *manteau* de *mantel*, et *château* de *chastel*, etc. » *Dictionnaire de Trévoux*, t. IV, p. 814 et 815.

(2) Chanoine chargé de distribuer les jetons de présence.

(3) *Archives de l'Indre*. (Fonds de Vaudouan.) Registre des notes du chapitre. (Actes notariés.) Folio 18.

de la génération qu'il remplaçait. Aujourd'hui nous n'avons plus que faire de la coutume, de la tradition ; la civilisation actuelle est nomade d'essence ; nous n'habitons plus de père en fils la même province, le même lieu, la même demeure ; chaque génération campe au hasard du caprice, ou au caprice du hasard ; le foyer de la famille s'éteint ; le respect du bien, la solidarité des bons, tout cela ne semble plus qu'un thème religieux ou philosophique ; mieux valaient encore, malgré leurs imperfections, ces temps de foi naïve où n'était mort ni le respect de la tradition, ni la tradition du respect.

De 1479 à 1525, nous voyons affermer successivement la chapelle aux prêtres Barthélemy Champi, Pierre Chicaut, Mathurin Sauvery, Laurent Gorgeron, de Crevant, Michel de Villebasse, Pierre Ragon du Maigny, Martin ou Jean Courtaud, Mathurin Bazin ou Bassin, de Transault, N..... Sancy, Jean Transault, Thomas Lévy, Pasquet Perrault, Mathurin Canard, Mathurin Meignan, Jean Bazin, Pierre des Bordes et Pierre Regnauld (1). — Mais dans ce laps de quarante-six années, nous n'avons de dates fixes que les suivantes, et ce ne seront malheureusement pas les seules lacunes que nous ayons à constater.

Le 29 mars 1505, trois prêtres afferment, pour cinq ans, « la chapelle de Notre-Dame de Voldoant : » Thomas Lauric, Jean Bazin et Durand Grosjeaton, garantis près du chapitre par trois laïques : Louis Thévenet, de Transault, Louis Tixier, de Crevant, et André Lauric, de Sarzay. Le 24 mars 1509 « a été mise à ferme la chapelle de Vauldouan et les oblations, revenus et émoluments d'icelle. » On voit figurer dans l'acte Pierre Perrot, procureur et receveur du chapitre messires Jean Magnet, Etienne et François Gambot, témoins, et messires Paul Laurent, Pierre Dubouchat, François Du-

---

(1) *Archives de l'Indre*. Fonds de Vaudouan. Procès de 1525 entre le curé de Briante et le chapitre de la Châtre. — Dépositions des témoins. — *Voyez* le chap. vii.

poirier, Jean Faber, Etienne Bardet, François Auménétrier et Pasquet Perrin, prêtres, qui se disputent la ferme de la chapelle de Vaudoan. Le procureur Perrot l'adjuge aux deux derniers, au prix de 390 et 392 livres. — Le 20 août 1534, Pierre Vernusse accense (1) la chapelle moyennant vingt écus d'or. — Le 12 mars 1536 (2), pardevant les notaires Morinet et Aladenise, les prêtres Louis de Villiers, Pierre Pochard et Denys Tilliers ou Tillet deviennent accensataires de la chapelle de Vaudouan, moyennant « quatre cent livres tournoys payables en trois termes, à l'Assomption, à la Nativité de Nostre Seigneur et à Pasques charnelles, plus deux écus d'or en cire... Les chanoines se réservent callices, chazubles, estolles, manipulles, aulbes, amictz, nappes, corporeaux, manteaulx et robbes quy seront donnez pour parer la chapelle et ymaige Nostre-Dame de Vaulduan et aultres ornements d'autel. S'il est eslargy et donné aulcun ciel pour metre sur l'ymaige et autel Nostre-Dame ou autres paremens et ornemens que les susdicts, ils seront et demeureront auxdits accensataires. Les chanoines pourront recouvrer ces objetz pour six parisis monnoyez (3). » — En 1546, Pierre Vernusse et Jean Auroy accensent la chapelle pour 425 livres tournois, et, en 1548, la sous-ferment pour trois ans aux prêtres Vincent Jacquin, Jacques Beugnot et Durand Chirault, qui fournissent pour garants leurs frères Jacques Jacquin, Barthélemy Chirault et N..... Beugnot, marchand à Crevant. Les trois sous-fermiers s'engagent à résider à Vaudouan et en faire le service au lieu et place de

---

(1) « *Accenser*. C'est ce qu'on appelle *louer*. Il y a encore des provinces où l'on dit accenser une maison, pour louer une maison... — *Accense*, terme de coutume. C'est ce qu'on appelle *louage* ailleurs. On appelle aussi *accense* un héritage, ou une ferme qu'on tient à certains cens et rente, ou à prix d'argent. » — *Dictionnaire de Trévoux*, t. I*er*, col. 79.

(2) *Pièces justificatives*, pièce 9.

(3) *Archives de l'Indre.* Fonds de Vaudouan.

Pierre Vernusse. — Le jeudi 20 avril 1564, «messires Etienne Benoit et Mathurin Guillon, prestres de la paroisse de Sainct-Martin de Polligny en présence de messires Sylvain Péarron, prieur du chapitre, Sylvain Faryne, Germain Moryne et Guillaume Perault, chanoines, accensent la chapelle pour deux ans, au prix de 250 livres tournois.» — En 1630, un acte de donation (1) de Bégot de Maumont, seigneur du Virollant, qualifie le prêtre François Martin « desservant à présent la chapelle dudict lieu de Vaudouhan, » et lui donne pour prédécesseur le chanoine André Jouhanin. — En 1665, Jean Baucheron, chanoine de Saint-Germain de la Châtre, l'afferme pour deux ans au prix total de 370 livres, et renouvelle son bail pour cinq ans, le 14 novembre 1667 ; le chapitre se réservait « les aumônes du grand tronc. » Jean Baucheron succédait à Germain Dorguin, également chanoine de la Châtre (2). — En 1701, N.... Jacquier, prêtre semiprébendé du chapitre, desservait la chapelle de Vaudouan. Il eut pour successeurs le chanoine Le Tellier et le prêtre Mosnier, qui devint ensuite curé de Segry près Issoudun. — En 1706, André Baucheron, chanoine de la Châtre et docteur de Sorbonne, afferme la chapelle au prix de 400 livres, et l'on remarque que, pour la première fois dans un acte notarié, la chapelle de Notre-Dame de Vaudouan est qualifiée de « fille du chapitre de Saint-Germain. » — Enfin, en 1734, le vicaire desservant était le prêtre Germain Laisnel, chanoine du chapitre de la Châtre.

Là se bornent mes renseignements sur les chapelains qui se succédèrent à Vaudouan depuis Réginald Raimbues ; cette liste est fort incomplète, on le voit ; mais il ressort, des quelques détails que j'ai cru devoir consigner, que le fermage de la chapelle montait ou descendait selon les temps. Ainsi

(1) *Pièces justificatives*, pièce 15.
(2) Le chapitre se composait alors de messires Germain Povier, prieur, Germain Dorguin, Jean Baucheron, André Jouhannin et Jacques Le Tellier.

par exemple, en 1564, pendant les guerres civiles, il n'est que de 250 livres tournois, tandis que de 1534 à 1551, il était de 400 livres.

Je tenais à me défaire de cette ingrate nomenclature avant de poursuivre l'histoire de Notre-Dame de Vaudouan; mais il me reste à consigner deux observations. N'est-il pas curieux que nous connaissions tous les chapelains des xiv° et xv° siècles, et que nous ayons à constater des lacunes pour ceux des siècles suivants? La Révolution y est sans doute pour quelque chose. — Il importe enfin de noter que la plupart des actes de fermage portent cette clause, à partir du commencement du xv° siècle : « L'accensataire devra payer à la Saint-Michel au seigneur du Guay, pour l'étang (1) de Vaudouan, 22 sols 6 deniers en sus de sa ferme. »

(1) Cet étang n'existe plus.

CHAPITRE VII

Incendie de Notre-Dame de Vaudouan. — Les Carmes de la Châtre. — Les trois croix du pèlerinage. — Famille Dorguin. — Famille Selleron. — Guillaume Megny, maire de la Châtre. — La croix des Prieux. — Germain Dorguin. — La cloche de Vaudouan. — L'hôtellerie. — Les hôteliers. — Fermage de l'hôtellerie. — Guerres de François Iᵉʳ. — Excès en Berri. — Pierre Mathé, curé de Briante. — Premier procès entre le curé de Briante et le chapitre de la Châtre. — La procédure au xvᵉ siècle. — Liste des témoins. — Dépositions de Jehan Roussart, Jehan Tortaut, Barthélemi Champi, Pierre Bordin, Pierre Perrot, Gabriel Aupanetier, Jacques Chauvet et Jean Rebillard. — Sentence du commissaire de l'official.

Le chapitre de la Châtre était à peine remis de l'émotion qu'avaient dû lui causer les prétentions du seigneur de Virollant, qu'un horrible désastre vint ajouter encore à ses embarras. Vers 1490, le feu prit à la chapelle de Vaudouan et la ravagea de fond en comble (1). Les chanoines durent être atterés tout d'abord de cette catastrophe imprévue,

---

(1) Procès entre le curé de Briante et le chapitre, en 1525. Déposition du témoin Mathurin Sauvery, prêtre, ancien vicaire de Notre-Dame de Vaudouan. « *Dicit quod scit capellam, seu ecclesiam B. M. de Vaidouan, quæ sita et ædificata est in burgo sive pago vulgariter de Vauldouan nominato, quam priusquam incendio consumeretur, et sunt trigenta quinque anni, vel circa, eadem capella aspectu apparebat antiquissima.* » — *Archives de l'Indre. Fonds de Vaudouan.*

sinon imméritée ; le doigt de Dieu n'y était-il pas bien visible ?

Avant la Révolution, entre autres maisons religieuses, il y avait à la Châtre un ancien couvent de Carmes. Frappés sans doute de l'importance croissante du pèlerinage de Notre-Dame de Vaudouan, émus aussi du trafic auquel il avait jusqu'alors donné lieu, et dans la pensée de relever promptement et magnifiquement la chapelle de ses ruines, les bons religieux voulurent en acquérir la propriété. « Les Carmes de la Châtre, nous dit Villebanois (1), eurent par deux fois le dessein d'acheter cette chapelle en 1500 et en 1670, et offraient-ils la dernière fois auxdits sieurs du chapitre, 400 francs de bonne rente ; même la chose fut au point disposée, que, l'arrentement passé, toutes les parties sur le point de signer, un chanoine dudit corps n'y voulant pas souscrire, la chose s'avorta ; même offraient lesdits PP. Carmes de reconnaître lesdits sieurs du chapitre pour anciens seigneurs, faire à la Notre-Dame d'août les frais ordinaires et accoutumés, et qu'en ce qu'ils ne satisferaient pas lesdits sieurs du chapitre, ils pourraient rentrer en possession et propriété, comme avant ladite vente et transport par arrentement. La chose ayant réussi, lesdits religieux entreprenaient d'ériger un grand couvent, une grande et vaste clôture, de belles maisons religieuses où ils auraient tenu actuellement six prêtres qui seraient sans cesse occupés à dire l'office, chanter les messes, prêcher, confesser, communier et faire les autres exercices qui auraient attiré grande dévotion à Vaudouan, et peut-être obligé quelqu'un, hôte ou marchand, à s'y établir, et insensiblement pouvoir devenir Vaudouan non seulement en village ou en bourg, mais une ville comme Liesse, Lorette ou Montsenat (2). »

Il est bon de faire remarquer que le chapitre de Saint-Germain de la Châtre n'avait nullement droit de *vendre*

---

(1) Page 43.
(2) Montferrat ?

la chapelle de Vaudouan ; c'était déjà bien assez de la louer ; la vente suppose la propriété absolue, ce qui n'était point le cas des chanoines ; mais il est sans doute regrettable que le veto d'un seul, comme à l'élection des anciens rois de Pologne, ait mis à néant le pieux projet des Carmes de la Châtre.—Vaudouan eût peut-être acquis, de cette manière, une gloire européenne. Quel pèlerin ne se fût acheminé vers ce sanctuaire éclatant de toutes les grâces, où les jours et les nuits eussent retenti d'hymnes à Dieu et à sa mère ! et quel éternel honneur en eût rejailli sur ce vieux Berri, où la vertu semble autochthone !

La chapelle fut reconstruite par le chapitre, sinon rapidement, du moins assez grandement pour en faire une véritable église. (1)

Les détails nous manquent absolument sur cette phase de l'histoire de la chapelle ; mais notons pour mémoire qu'elle en était déjà à sa troisième édification, moins de cinq cents ans après sa fondation.

On trouve encore de nos jours sur le chemin de la Châtre à Vaudouan, comme on trouvait autrefois sur le chemin de Paris à Saint-Denis, trois croix échelonnées à intervalles inégaux, qui rappellent au pèlerin que la croix est le seul guide de la vie, parce qu'elle seule conduit au ciel. « Avant 1815, époque à laquelle la route de Guéret fut ouverte, c'était par la rue de la Barre que l'on se rendait à Vaudouan. La première croix, la plus rapprochée de la ville, était la croix Séraphique ou la croix de Notre-Dame. On l'appelait croix Séraphique, parce qu'elle était supportée par des séraphins, et croix de Notre-Dame, parce qu'elle était peu éloignée de la porte dite de Notre-Dame. Cette croix fut édifiée ou plutôt réédifiée en 1504. Les caractères go--

---

(1) Procès de 1525. *Voyez* les dépositions de Mathurin Sauvery et de Jean Rebillard. — *Archives de l'Indre.* Fonds de Vaudouan. — « .... *Capellam seu ecclesiam B. M. de Valdouan....* » — « ... *Quæ tunc* (1490) *erat admodum parva...* »

thiques qui étaient autour de sa base témoignaient de son antiquité (1). » — La deuxième, qu'on trouve à environ six cents pas de la première, fut élevée, en 1524, par Guillaume Dorguin, selon les uns (2), par N..... Selleron, suivant les autres (3) ; la dernière opinion est la plus probable, si l'on s'en rapporte au nom qu'elle porta longtemps : croix des Sellerons (4). Ces deux familles, d'ailleurs, occupèrent les premières charges à Sainte-Sévère et à la Châtre, et donnèrent plusieurs chanoines au chapitre de Saint-Germain. La croix des Sellerons fut élevée par ordre de Guillaume Magny, maire de la Châtre, qui lui-même comptait des parents dans le chapitre. La troisième croix, la plus ancienne, appelée croix des Pieux ou des *Prieux*, se trouvait à un millier de pas de la chapelle, à l'entrée du bois. Sur le socle on avait gravé ces mots :

« Vive le grand crucifié ! celle qui eut le cœur transpercé de douleur, et saint Joseph, leur aide en son temps ! » C'était au pied de la croix des Prieux que s'organisaient les processions qui se rendaient à la chapelle ou à la fontaine. Les jours de fête, le chapitre y chantait un *Recorderis*, et donnait ensuite la bénédiction à la multitude des pèlerins.

« Enfin, nous dit Villebanois (5), Germain Dorguin, commandant de Sainte-Sévère, et chanoine dudit Saint-Germain de la Châtre, lors desservant la chapelle (6), fit mettre un pont de bois à l'entrée du bois de Vaudouan, où sont des marais qui en difficultent l'entrée, et colloqua deux autres croix, l'une au lieu dudit pont, et l'autre sur le petit tertre qui avoisine la fontaine, en sorte que pour aller de la Châtre à la Fontaine de Vaudouan, on fait ren-

---

(1) CAILLAUD, p. 31 et 32.
(2) *Voyez* Bourdeau de Fontenay.
(3) *Voyez* l'abbé Caillaud, p. 32.
(4) Ou Croix des Sellerons de Chênes. — *Fontenay*.
(5) Page 23.
(6) Vers 1605. — *Voyez* le chap. précédent.

contré de cinq croix posées sur le chemin, à l'honneur de Dieu et de sa sainte mère... et il est présomptif que tant de croix n'ont été élevées qu'à cause de la grande dévotion que, de tout temps, tant de braves gens ont eu pour la sainte Vierge de Vaudouan. »

La cloche de la chapelle est âgée de 360 ans; on y lit encore cette épigraphe, en lettres gothiques : *Sancta Maria, ora pro nobis. 1564.* Il est à déplorer que les noms du donateur et du prêtre qui desservait alors Notre-Dame de Vaudouan ne soient pas arrivés jusqu'à nous ; mais il est permis de voir dans cette cloche plus de trois fois séculaire, un témoignage de la dévotion des seigneurs du Virollant (1); car tout n'était pas plaids et pertes dans ce turbulent voisinage.

C'est également au XVIe siècle qu'il faut rapporter la construction de l'hôtellerie de Vaudouan, des débris de laquelle les gardiens modernes se sont bâti leur sombre et pauvre gîte. Fontenay nous apprend qu'elle était assez vaste et composée d'un corps de logis, dans lequel il y avait chambres hautes, chambres basses et écuries, d'une longue et spacieuse étable, et d'une belle grange, où l'hôtelier serrait « les fourrages nécessaires pour son commerce. » L'hôtellerie appartenait au chapitre de la Châtre, qui l'affermait au plus offrant. De 1702 à 1711, elle était louée à N... Baucheron, pour 40 livres par an ; en 1728, à Sylvain Vinon, pour 75 livres; en 1738, à « Sylvain Amathieu, dit la Marche, cabaretier, demeurant au lieu et auberge de Vodhoüan (2). »

Le 7 mars 1767, par devant Pierre Villain, notaire royal, à la Châtre, et les chanoines Guillaume Pérot, prieur, Jacques Dorguin, Jean Moreau, François Vivier, Antoine Parnajon, Claude Roussellet et Etienne Basset; — Jean-Baptiste Boulet, marchand, et Anne Noël, sa femme, de-

---

(1) La maison de Bridiers.
(2) *Archives de l'Indre.* Registre des actes notariés du chapitre de la Châtre.

meurant au bourg et paroisse de la Motte-Feuilly, afferment pour neuf ans, à 120 livres par an, « l'hôtellerie de Vaudouhan, scitué en la paroisse de Briantes, qui consiste en un grand corps de logis, une grange y attenante, servante d'écurie et une autre grange et estables, avec la cour au devant, qui est renfermé avec grandes portes ouvrantes et fermantes, un terrin, partie en jardin, partie en chenevière, lequel est attenant la cour de laditte hôtellerie et qui est séparé davec le jardin, dont jouit ordinairement le chapellin de la chapelle de Vaudouhan, par une grande rege, laquelle rege sera commune audit sieur chapelin..... Les preneurs déclarent bien sçavoir et connoistre laditte hostellerie de Veaudouhan et ses dépendances, et dont ils jouiront en bon père de famille, sans rien gaster, ni détériorer (1). » — Les fermages étaient assurément fort modiques (2), puisque les pèlerins affluaient à Vaudouan ; que l'hôtelier avait droit de lever un sol par jour sur tous les cabaretiers qui venaient y vendre du vin sous les ramées ; enfin, qu'il avait droit de pacage, non-seulement dans les landes appartenant au chapitre, mais encore dans celles qui dépendaient de la seigneurie du Virollant.

En 1524, par suite des guerres de François Ier, le Berri fut livré à des désordres, qui ne rappelaient que trop ceux des routiers, et se renouvelèrent encore en 1536 et 1537 (3). François Ier qui, avec de la sagesse, ou du bonheur, eût été

---

(1) *Arch. de l'Indre*. F. de V., orig. parch.

(2) « Un bail du 17 janvier 1550, dit M. l'abbé Hamon, nous apprend que l'hôtellerie seule, bâtie en faveur des pèlerins, était louée à cette époque, avec ses appartenances, 440 livres tournois par an, somme considérable pour le temps. » — Somme, en effet, trop considérable pour n'être pas apocryphe ! J'ai vainement cherché ce bail de 1550 aux archives de l'Indre. A cette époque la chapelle même n'était affermée que 425 livres par an. M. l'abbé Hamon aura donc été induit en erreur.

(3) RAYNAL, t. III, p. 320.

peut-être le plus grand de nos rois, s'était aliéné ces bandes mercenaires, qui combattaient alors pour le dernier et plus fort enchérisseur. On les vit semer partout, sur leurs pas, le vol, le meurtre, le sacrilége, tous les excès de la soldatesque; mais il ne semble pas que le pèlerinage de Vaudouan ait souffert du passage de ces misérables.

D'autres déboires attendaient les chanoines de la Châtre.

En 1525, Pierre Mathé, chanoine de l'église de Bourges, était curé de Briante. Il avait hérité de ses prédécesseurs leur envie contre le chapitre de Saint-Germain de la Châtre; car les curés de Briante ne voyaient pas, sans un vif sentiment de regret, prospérer entre des mains étrangères un pèlerinage, situé dans l'étendue de leur paroisse. Ces regrets héréditaires, qui devaient se traduire tant de fois par des recours judiciaires et ne triompher qu'après une lutte de plusieurs siècles, étaient presque toujours inspirés par une pieuse vanité, déçue, mais bien excusable, plutôt que par une coupable cupidité. Plus d'une fois, les curés de Briante avaient amèrement regretté que, par le naïf conseil de leur prédécesseur, en l'an 1013, la statuette miraculeuse fût devenue la propriété des chanoines de la Châtre, légataires universels de l'antique monastère de Saint-Germain. — Pierre Mathé engagea la lutte, et cita le chapitre par devant l'official de Bourges, pour s'entendre condamner comme s'appropriant illégitimement la totalité des offrandes et oblations de la chapelle de Notre-Dame de Vaudouan, sise sur la paroisse de Briante.

Pierre des Loges, docteur en droit civil et canonique, professeur de l'Université de Bourges et chanoine du chapitre de Saint-Ursin, fut délégué par l'official, pour faire l'enquête; il vint à la Châtre, et descendit à l'hôtellerie de Saint-Jacques (1). Environ trente témoins furent appelés et interrogés par lui, du 8 au 12 mai, dans une chambre de l'hôtel. Pierre Mathé comparut, assisté de son conseil, Jacques

---

(1) « *In quâ pendet imago B. Jacobi.* »

Marchal, avocat de Bourges; le prieur de Saint-Germain de la Châtre, Etienne du Theil, et les chanoines comparurent également, assistés de leur conseil, Thomas Morat, avocat. Les témoins prêtres jurèrent de dire la vérité, en plaçant la main sur leur conscience; les laïques, en plaçant la main droite sur les saints Évangiles (1).

Les témoins entendus furent Pierre Lecamus, marchand à la Châtre, âgé de soixante-cinq ans; Jean Roussart, marchand à la Châtre, âgé de soixante-douze ans; Jean Tortaut, prêtre, ancien vicaire-fermier de Vaudouan, âgé de quatre-vingt-douze ans (2); Barthélemy Champi, recteur de l'église de Nohant, ancien vicaire-fermier de Vaudouan, âgé de soixante-dix-sept ans; Martin Sallé, laboureur, à Montgivray, âgé de quatre-vingt-quinze ans; Philippe Blodoix, marchand, à la Châtre, âgé de soixante-quinze ans, neveu du prieur Jean Blodoix, vicaire-fermier de Vaudouan; Pierre Bordin, prévôt de la châtellenie de la Châtre, âgé de soixante ans; Pierre Maublanc, boucher, à la Châtre, âgé de soixante ans; Jean Cutin, marchand à la Châtre, âgé de soixante-dix ans; Pierre Perrot, notaire et praticien, à la Châtre, receveur du chapitre, âgé de cinquante ans; vénérable Pierre Chicaut, prêtre, demeurant à Crevant, ancien vicaire-fermier de Vaudouan conjointement avec Mathurin Sauvery et Laurent Gorgeron, prêtres de Crevant, âgé de cinquante-cinq ans; vénérable Pierre Auluc, prêtre, demeurant à Crevant, âgé de soixante-douze ans; vénérable Laurent Gorgeron, prêtre, âgé de cinquante-cinq ans; vénérable Mathurin Sauvery, prêtre, âgé de soixante-

---

(1) « Quand on étudie ces règles de la procédure au xve siècle, on est frappé de leur sagesse, de leur étendue et de leur prévoyance; et on devient singulièrement modeste pour nos législations modernes, où les intérêts privés ne trouvent guère plus de garanties et de protection. » RAYNAL, t. III, p. 487.

(2) Il est cité dans la déposition de Pierre du Bost. — *Voyez* le chapitre précédent et les *Pièces justificatives*, pièce 5 *bis*.

douze ans ; Pierre Gabillon, marchand, à Crevant, âgé de quatre-vingt-dix-neuf ans ; Pierre Joly, marchand, à Montipouret, âgé de quatre-vingt-douze ans ; André Pillart, agriculteur, à Montipouret, âgé de soixante-seize ans ; Gabriel Aupanetier, maçon, à Saint-Martin de Pouligny, âgé de soixante-dix ans ; Jacques Chauvet, laboureur, à Saint-Martin de Pouligny, âgé de soixante-douze ans ; Jean Rebillard, laboureur, à Chassignoles, âgé de cent vingt ans ; vénérable homme de Volney, prêtre, demeurant à Chassignoles, âgé de soixante-douze ans ; vénérable seigneur de Labouret, prêtre, administrateur de l'orphelinat et de l'hospice de la Châtre, âgé de quatre-vingt-cinq ans ; noble homme Philippe de Launay, écuyer, paroissien de Neuvy-Saint-Sépulcre, âgé de soixante-dix-neuf ans ; Jean Caustu, laboureur, à Fougerolles, âgé de quatre-vingt-quinze ans ; Jacques Collin, laboureur, à Fougerolles, âgé de quatre-vingt-quinze ans ; vénérable homme Mathieu Veillat, prêtre, demeurant à Mers, âgé de quatre-vingts ans ; Jean Floquet, paroissien de Vigoulant, âgé de soixante-dix ans ; et vénérable Jean de Loisne, prêtre, demeurant à Sazeray, également âgé de soixante-dix ans.

Ce qui frappe dans cette longue liste de témoins appelés à la requête du chapitre, c'est l'âge avancé qu'avaient atteint la plupart d'entre eux ; quelles formes respectueuses ne devait pas avoir le juge pour ces vénérables nonagénaires et surtout pour ce bon laboureur de cent vingt ans ! Nous ne vivons plus si longtemps aujourd'hui ; les optimistes disent que nous vivons plus vite : n'est-ce pas un mot vide de sens ou de morale ?

Entre tant de dépositions, il en est sept qui offrent quelque intérêt dans la cause (1), et valent d'être résumées.

Jean Roussart, déclare que les chanoines de la Châtre ont droit aux offrandes que les fidèles font dans l'église pa-

---

(1) Plusieurs offrent de précieux détails sur l'histoire générale de Vaudouan. — *Voyez* le chap. précédent.

roissiale, et dans les chapelles de Saint-Jean, Saint-Symphorien, Saint-Pierre et Saint-Lazare, à la Châtre ; dans la chapelle de Saint-Symphorien, à Montgivray, et dans celle de la Vierge-Marie, située dans le bourg de Vaudouan. — On voit, par cette énumération, quelle était la richesse du chapitre.

Jean Tortaut, certifie, entre autres choses, qu'il a perçu les oblations, pendant six ans, en qualité de fermier-vicaire, que le chapitre venait plusieurs fois l'an en procession à Notre-Dame de Vaudouan ; que les chanoines y prêchaient ou faisaient prêcher ; qu'on y chantait des grand'messes, qu'on donnait la communion à Pâques aux fermiers, et à leurs domestiques, et qu'on les inhumait dans la chapelle, s'ils venaient à décéder dans le cours de leur vicairie.

Barthélemi Champi nous apprend que le chapitre est le patron des paroisses de Fresselines et Taillefer, au diocèse de Limoges, de Lacs, Briante et Montgivray, au diocèse de Bourges. Les chanoines, dit-il, ont joui de la chapelle de Vaudouan très-paisiblement au vu et au su des curés de Briante, tels que : André Magny, Jean Magny, Philibert Debez et Jean Chambetin, et en général de tous les curés qui venaient fréquemment à l'église de Vaudouan, et y offraient eux-mêmes des cierges et de l'argent. Chaque année, la veille de l'Assomption de la bienheureuse vierge Marie, il a vu les sergents et appariteurs de la châtellenie de la Châtre, faire le guet aux abords de ladite église. Quand un des vicaires-fermiers était en danger de mort, il a vu ses collègues lui administrer le sacrement de l'Eucharistie. Ne découle-t-il pas de ces derniers mots, que l'on conservait habituellement des hosties consacrées dans la chapelle de Vaudouan, et que Mgr le cardinal de Gesvres ne fit que lui rendre ce saint privilége, le 9 juillet 1706 (1) ? — Barthélem Champi, dit encore : « Le dimanche où, dans la sainte église-mère, on chante à l'introït *Jubilate*, le curé de ladite

(1) *Voyez* le chap. xi. — *Pièces justificatives*, pièce 18

église de la Châtre, ou son vicaire, au nom desdits chanoines, avec les paroissiens de ladite paroisse, vont processionnellement, croix en tête, à ladite chapelle de Vaudouan et y prêchent la parole de Dieu, et même y récitent les commandements en français, tout comme il se fait chaque dimanche dans l'église paroissiale. »

Pierre Bordin, prévôt de la châtellenie de la Châtre, dépose que la chapelle est l'antique patrimoine de l'église de Saint-Germain. Il a entendu dire à ses grands-parents, qu'un certain prieur du chapitre, seigneur temporel de Vaudouan et du Virollant, avait fait don à l'église de Saint-Germain de la Châtre du lieu où fut construite la chapelle et du bois voisin, dont les chanoines ont toujours joui comme seigneurs. — C'est, on le voit, la légende de Réginald Raimbues.

Le notaire Pierre Perrot dépose que le bois, où est bâtie la chapelle, est du ressort de la justice de la Châtre, et que souvent il a vu les sergents de ladite justice y arrêter les délinquants. Il affirme que, depuis longtemps, il est receveur des revenus du chapitre, et reçoit le produit de la ferme de Vaudouan; qu'il a appris de sa mère, qui était très-vieille, que les choses se faisaient ainsi de temps immémorial.

Gabriel Aupanetier, dépose qu'il y a soixante ans (1), vivait à Notre-Dame de Vaudouan un ermite qu'il a vu, et qui percevait les offrandes et revenus des chanoines de la Châtre.

Jacques Chauvet, déclare que, depuis quarante ans et plus, il a vu toujours les domestiques et familiers des prêtres-fermiers de Vaudouan participer aux sacrements dans l'église paroissiale de Saint-Martin de Pouligny, et jamais dans celle de Briante.

Enfin, Jean Rebillard, le centenaire de Chassignoles, dé-

(1) Cette date nous reporte en effet aux premiers jours du procès de Pierre du Bost.

pose qu'il y a cent ans et plus, vivait dans la chapelle, « qui était alors fort petite (1), » un ermite chargé de recevoir les offrandes pour le chapitre de la Châtre.

Il n'est pas besoin de faire remarquer que le vénérable centenaire brouillait évidemment les dates, et que sa déposition est absolument identique à celle de Gabriel Aupanctier, sauf cette erreur d'ailleurs bien excusable.

Pierre des Loges, commissaire de l'official de Bourges, résuma son enquête en termes tels que le curé de Briante fut débouté de ses prétentions. Selon Villebanois, il réclamait seulement la moitié des oblations faites à Vaudouan; « à cause de quoi ayant fait action auxdits sieurs du chapitre de la Châtre, pardevant le juge-commissaire, en tel cas, l'affaire bien examinée et débattue, a perdu son procès tout au long (2). »

Les curés de Briante reviendront souvent à la charge, peu parlementairement quelquefois ; ce n'est pas leur dernier procès contre le chapitre seigneur de Vaudouan, et il ne faudra rien moins que la Révolution pour leur assurer, non sans de nouveaux et longs débats, une victoire bien chèrement acquise.

(1) « *Quæ tunc erat admodum parva.* »
(2) Page 41.

CHAPITRE VIII

La réforme. — Luther. — La croisade luthérienne. — La chapelle de Vaudouan au xvie siècle. — Inventaire de 1536. — Sac de la chapelle. — Gadiffer de la Couture, seigneur de Jardon. — Ses complices. — Ils sont condamnés à mort. — Le terrier Jardon. — Les chanoines sont menacés de mort. — Lettres de Henri II au chapitre de la Châtre.

Il ne m'est permis d'aborder l'histoire du protestantisme, dans cette modeste monographie, qu'à la condition d'en tracer rapidement quelques traits généraux. La Réforme était bien plus, dans l'application, un mouvement politique qu'un mouvement religieux ou anti-religieux. M. de Voltaire, lui-même, n'hésite pas à l'avouer dans le *Siècle de Louis XIV*.

Un moine farouche et grossier, sorti des bas-fonds de l'Allemagne, un moine orgueilleux vient à Rome. « Lui, pauvre écolier, élevé si durement, qui souvent pendant son enfance, n'avait pour oreiller qu'une dalle froide, il passe devant des temples tout en marbre, devant des colonnes d'albâtre, de gigantesques obélisques de granit, des fontaines jaillissantes, des villas fraîches et embellies de jardins, de fleurs, de cascades et de grottes. Veut-il prier? il entre dans une église qui lui semble un monde véritable, où les diamants scintillent sur l'autel, l'or aux soffites, le marbre aux colonnes, la mosaïque aux chapelles, au lieu d'un de ces temples rustiques qui n'ont dans sa patrie pour tout ornement que quelques roses qu'une main pieuse va déposer sur l'autel le jour du dimanche. Est-il fatigué de la route? Il trouve sur son chemin, non plus un modeste banc de bois, mais un siége d'albâtre antique récemment déterré....... De toutes ces merveilles il ne comprit rien, il ne vit rien. Aucun rayon de la couronne de Raphaël, de Michel-Ange, n'éblouit ses regards; il resta froid et muet devant tous les trésors de peinture et de sculpture rassemblés dans les églises; son oreille fut fermée aux chants du Dante, que le peuple répétait autour de lui...... Il était entré à Rome en pèlerin, il en sort comme Coriolan (1)..... »

Luther croyait ne soulever que le bas peuple; il trouva bientôt derrière lui toutes les ambitions déçues, toutes les obéissances impatientes, les mécontents et les ingrats, les passions impudentes, les appétits ignobles. Son armée se recruta dans toutes les classes, mais surtout dans ce qu'elles avaient de plus turbulent et de moins honnête. Triste synthèse des aspirations populaires, il se fait bientôt plus roi que les rois (2), plus pape que le pape, et, de réforme en réforme, on le voit tomber dans la débauche sacrilége. Le doute, l'indifférence, le sensualisme, l'impiété, le droit de la force, tels sont les résultats de la croisade luthérienne, et Notre-Dame de Vaudouan n'aura que trop souvent à souffrir de ce débordement de tout ce qu'il y a de mauvais dans l'homme.

En dépit de l'incendie de 1400, la chapelle de Vaudouan n'avait pas tardé à reconquérir sa splendeur passée, grâce sans doute aux pieuses oblations des pèlerins. Le petit monument restauré ou reconstruit sur ses bases primitives par Réginald Rajmbues, avait été, je l'ai dit au précédent chapitre, reconstruit sur des bases plus larges et plus dignes de la popularité du pèlerinage miraculeux.

---

(1) AUDIN, *Histoire de Luther*, ch. II.
(2) Voyez les *Lettres de Luther à Henri VIII d'Angleterre*.

Un précieux document (1) que nous avons sous les yeux, ne laisse point de doutes sur la situation florissante de Notre-Dame de Vaudouan, moins d'un demi siècle après l'incendie de 1490. Le 12 mars 1536, les prêtres Louis de Villiers, Pierre Pochart et Denys Tilliers (2) desservement la chapelle et, le 24 avril suivant, les délégués du chapitre en dressent l'inventaire selon l'usage, en présence des accensataires.

La chapelle avait alors quatre autels, mais n'avait point de sacristie (3). L'inventaire fait successivement passer sous nos yeux trois bannières, des chasubles de velours et de satin, des ornements de soie, des manteaux de drap d'or fourrés d'hermine, des calices et des croix d'argent, de précieuses peintures, des agnus d'or, et enfin trois armures complètes, pieux ex-voto d'hommes de guerre préservés par Marie. — Une lampe d'airain brûlait perpétuellement devant la statuette miraculeuse. Que n'en est-il de même aujourd'hui !

Les pieuses richesses de Vaudouan, et les oblations quotidiennes des pèlerins, dont la rumeur publique exagérait encore le chiffre, devaient souvent troubler le sommeil des méchants. La chapelle, par sa situation isolée au milieu des bois, favorisait les plus audacieux attentats; ces bois étaient le rendez-vous, l'asile ordinaire des voleurs :

« Souvent de nos jours on les a menés à faire amende honorable devant la grande porte de la chapelle, puis fouettés et flétris... Il y en a eu de plusieurs sortes et plusieurs fois (4). »

» La Châtre elle-même était désignée par les anciens géo-

---

(1) *Pièces justificatives*, pièce 9.
(2) Denys Tilliers n'était peut-être que sous-fermier ou sous-vicaire; car il n'est pas nommé dans l'inventaire.
(3) Près de chaque autel il y avait un coffre, arche ou bahut, où l'on serrait les ornements et objets qui lui étaient propres.
(4) VILLEBANOIS, p. 32.

graphes du pays, comme un gros bourg, retraite à voleurs, situé entre les villes de Saint-Chartier et de Sainte-Sévère(1). »

Mais, en dépit de cette irrévérencieuse désignation, les sacriléges auteurs du pillage que nous allons raconter, n'appartenaient pas au Berri.

Dans les premiers mois de l'année 1547 (2), une nuit, les chapelains qui desservaient alors Vaudouan, Pierre Vernusse et Jean Auroy, furent réveillés en sursaut, traînés hors de leurs lits, frappés et garrottés par six inconnus, qui les sommèrent avec menaces de mort, de révéler le lieu où ils serraient les oblations de la chapelle ; ils prirent à Jean Auroy vingt-neuf livres dix sols tournois et à Pierre Vernusse près de quatre cents livres ; puis, entrant dans la chapelle, ils se saisirent des calices, des croix, des ex-voto, des ornements les plus précieux, remontèrent sur leurs chevaux, qu'ils avaient eu soin de ferrer à l'envers, et s'enfuirent au galop vers le bois. — Mais la sainte Vierge déjoua tous les stratagèmes de ces malfaiteurs sacriléges, et ne permit pas qu'ils profitassent de leur criminelle entreprise. Pendant toute la nuit, ils ne firent qu'aller et venir dans le bois, sans pouvoir retrouver leur chemin. « Cela, écrivait Georges de Gamaches, m'a été confirmé par le sieur d'Acre (3), vassal de ce lieu, très homme de bien et homme de foi, lequel m'a assuré que sa mère a vu les criminels au supplice, et su cette confession d'iceux : j'ai vu mille fois cette bonne femme qui n'est morte que depuis trois ou quatre ans ; mais j'avoue que je ne l'ai jamais mise sur ce propos (4). »

(1) Lissaunay, p. 16.
(2) 1546, selon Villebanois et Fontenay.
(3) Acre, actuellement habitation de M. Arthur Chénon, situé près de la route de la Châtre à Châteaumeillant, étai originairement un relais de chasse des seigneurs de Châteaumeillant. Il avait été construit par un Lusignan et ainsi nommé en souvenir de Saint-Jean-d'Acre.
(4) Villebanois, p. 31. — Caillaud, p. 56.

Ce pillage de la chapelle eut un grand retentissement, non-seulement dans tout le Berri, mais encore dans la Marche, le Bourbonnais et le Limousin, tant à cause de la dévotion populaire pour ce pèlerinage à Marie, que de la naissance de quelques-uns des coupables; car ce n'étaient point des voleurs vulgaires, élevés dans le crime, et ayant perdu dès le berceau la conscience du bien et du mal.

Leur chef était Gadiffer de la Coûture, seigneur de Jardon et de Montsellon, au pays de Combrailles; Nicolas de Brez, appelé Guillemont, natif de Saint-Marc de la Pile, au pays de Lorraine ; Guillaume de Paynes, appelé Beaulieu, ou Travail, fils de feu Jacques de Paynes, du pays de Poitou; René Fleury, seigneur de la Houssaye et de la Rougerie, du pays de Bas-Anjou ; Claude Chémynée, appelé Bois-Benoît, fils de feu Guillaume Chemynée, natif de la paroisse de Jallez, au pays d'Anjou, et François Foucqueteau, fils de feu Damien Foucqueteau, natif de Loudun (1).

Ainsi deux (2) de ces voleurs impies étaient nobles, sinon gentilshommes, et gens de guerre; car il était difficile alors d'être seigneur sans porter l'épée. — Le désordre jeté dans les esprits par les excitations de la réforme portait, hélas ! ses fruits, et déjà l'on pouvait pressentir tous les excès des guerres civiles et religieuses.

Arrêtés aux environs de Vaudouan par les sergents de la châtellenie de la Châtre, dont Pierre Vernusse et Jean Auroy avaient eu le temps de requérir l'assistance, les six criminels furent conduits et emprisonnés à Issoudun. La procédure, minutieusement instruite au bailliage de cette ville, amena pour tous une condamnation à mort, dont ils appelèrent au prévôt des maréchaux de France en Berri; mais celui-ci, le 28 juillet 1547, ratifia la sentence du bailliage d'Issoudun.

---

(1) *Archives de l'Indre.* Fonds de Vaudouan.
(2) « Six gentilshommes, » dit M. Veillat, dans les *Pieuses légendes du Berri*, p. 307. C'est probablement quatre de trop.

Le plus coupable, le seigneur de Jardon, fut reconduit à la Châtre, roué en place publique, puis exposé sur une hauteur peu éloignée de la chapelle, au terrier de l'Agence ou de la Pie, qui depuis s'appela le terrier Jardon.

« Ce terrier Jardon et le terrier de l'Alouette font encore, nous dit Villebanois, les anciennes devises de la France et de la Guyenne, étant certain que le rocher où passe la rivière de Couarde, dans le bois de Boudan, passe pour être assurément une ancienne limite du pays francsalé d'avec celui qui ne l'était pas, et que l'on y venait distribuer le sel comme aux marchés du Limousin et de la Marche du reste de la Guyenne; que cela procédait de ce que hommes et femmes de ces pays-là, avaient vendu autrefois tout ce qu'ils avaient, jusqu'à leurs lits, habits, vivres et même le pain qu'ils mangeaient, pour faire l'argent qui servit à la rédemption du roi François Ier, lorsqu'il était prisonnier en Espagne, en conséquence de la journée de Pavie (1). »

Fontenay dit de son côté:

« Ce désert, quoique beaucoup plus recommandable par l'insigne faveur qu'il a reçue du ciel, ne laisse pas d'être remarquable pour être peu éloigné d'une grosse pierre élevée au milieu de quatre chemins qui servaient jadis de division aux provinces de Berri, la Marche, Bourbonnais et Auvergne, à laquelle les souverains de ces quatre provinces s'assemblèrent, un jour, pour traiter d'une affaire de conséquence, chaque seigneur ayant le pied sur sa terre et nullement sur celle de son voisin (2). — Il faut qu'il y ait bien du temps que cette entrevue se soit faite, puisque Vaudouan et plus de quatre lieues autour sont enclavés dans l'étendue de la province de Berri. Cependant l'auteur, dont j'ai tiré ce trait d'histoire, entre dans le détail, assurant que cette pierre est peu distante de deux mottes de terre placées

---

(1) VILLEBANOIS, p. 7.
(2) Voyez le Guide des chemins de France, par Charles Estienne, 1552. — Route d'Orléans à Toulouse.

sur le chemin de Vaudouan à la Châtre, dont l'une est appelée le terrier de l'Alouette et l'autre celui de la Pie, qui ont été depuis nommés le terrier Jardon, à cause qu'en 1546 un certain Jardon, fameux voleur, y fut exposé, après avoir été roué à la Châtre pour avoir pillé cette chapelle. »

Les alliés des criminels gentilshommes, « personnages puissants et qualifiés, » usèrent de toute leur influence pour empêcher l'instruction du procès et surtout l'exécution de la sentence. On alla jusqu'à menacer de mort les chanoines de la Châtre et les vicaires de Vaudouan, s'ils ne se désistaient de toute poursuite, mais ils y persistèrent avec un remarquable courage, (1) bien qu'ils fussent alors divisés par des dissensions intestines (2).

Gadiffer de la Coûture et ses complices avaient été condamnés en outre à payer 500 livres d'amende au roi, 395 livres 10 sols tournois à Pierre Vernusse, 29 livres 10 sols à Jean Auroy, plus « 200 livres tournois pour intérest et dommages procédant de la dicte vollerie, excès et outraiges faicts à leurs personnes ; » 200 livres tournois au chapitre de Saint-Germain de la Châtre, « tant pour les choses sacrées et autres prises et emportées de la dicte chapelle, que pour leurs intérest et domaiges procédant, comme il est dict, de la dicte vollerie, force et violence ; » enfin ils

---

(1) *Archives de l'Indre.* Fonds de Vaudouan. — *Mémoire fourni au bailli de Berri, au siége royal d'Issoudun*, par les chanoines de Saint-Germain de la Châtre, contre Sylvaine de Longbost, veuve de Réné de la Châtre, seigneur de Briante, etc.

(2) On lit dans l'*Inventaire des titres de Châteauroux*, t. IV, p. 271 : « 4 may 1547. — Messire François Clément, grand vicaire de l'église de Paris, nommé prieur de Saint-Germain de la Châtre, — 16 may 1547. Prise de possession du prieuré par messire Jehan Menard. — 30 may 1547. Prise de possession du prieuré par Martin d'Ursy (Urciers) au nom de messire François Clément. » — Jean Menard ne serait-il pas le même que Jean de Menoys, prieur, nommé dans un acte de 1536? *Voyez* les *Pièces justificatives*, pièce 9.

étaient condamnés aux frais du procès fait à Issoudun, 312 livres 6 sols 6 deniers tournois, et du procès en appel par devant le prévôt des maréchaux de France, 457 livres 15 sols tournois ; « lesquelles sommes, les susdicts délinquants et exécutez à mort et chacun d'eux l'un seul et pour le tout, » devaient être prises sur leurs biens, dont la sentence prononçait la confiscation.

Les grosses sommes, accordées au chapitre de la Châtre et aux vicaires de Vaudouan, font ressortir suffisamment quelle était alors l'importance de la chapelle, enrichie par les pieuses offrandes de milliers de pèlerins.

Le chapitre, Pierre Vernusse et Jean Auroy ne pouvant prélever leurs indemnités sans l'autorisation et validation du roi, lui adressèrent une respectueuse requête. Henri II daigna y faire droit, par des lettres données à Tours, au mois d'octobre de l'an 1547, enjoignant au premier huissier de sa cour de parlement de « mettre à due et entière exécution les lois de sentence » portées par le prévôt de ses maréchaux en Berri.

Enfin, et ce n'est pas un des moindres fleurons de notre vieux pèlerinage, Henri II se déclarait le protecteur et gardien de la dévote chapelle et église de Notre-Dame de Vaudouan (1).

Ainsi le sacrilège attentat du seigneur de Jardon tournait à la plus grande gloire de l'humble sanctuaire.

---

(1) En dépit de minutieuses recherches, il m'a été impossible de retrouver aux archives de l'Indre l'original de ces lettres royales, si flatteuses pour le pèlerinage de Vaudouan.

CHAPITRE IX

Pierre d'Aumont, sire de Châteauroux. — Pèlerinage des Carmes de la Châtre. — Acte notarié. — Jean Breton, curé de Briante. — Procès entre le chapitre de la Châtre et le curé de Briante. — Première sentence du bailliage de Berry. — Nouvelles violences de Jean Breton. — Menaces du seigneur de Briante. — Sentence définitive. — Transaction entre le chapitre et le seigneur du Virollant. — Le duc de Deux-Ponts. — Sa mort. — Sac et incendie de la chapelle. — Acte du 30 avril 1569. — Exploits des huguenots en Berry. — Les huguenots à Rome. — La statuette miraculeuse. — La cloche de 1504.

Il semble que la popularité de Notre-Dame de Vaudouan ne fit que gagner à tant de désastres, et que sa gloire, comme toutes les gloires saintes, ne se fondât que sur les épreuves. Ce n'étaient pas seulement les hommes des champs et des villes qui affluaient au pèlerinage miraculeux, ou tenaient à honneur de lui faire parvenir l'hommage d'une inaltérable dévotion ; les fiers châtelains, les puissants du jour, s'inclinaient humblement devant cette ineffable et céleste puissance de la Vierge mère. — Pour n'en citer qu'un exemple, le 10 février 1548, moins d'une année après le sac de la chapelle par Gadiffer et ses complices, Pierre d'Aumont (1),

(1) Pierre, sire d'Aumont, baron de Châteauroux, la Châtre, Couches, Nolay, Estrabonne, Chappes, Cors, etc., chevalier des ordres du roi, et gentilhomme de la chambre d'Henri II, marié 1° à Françoise de Sully, dont il eut Jean d'Aumont, le célèbre maréchal de France ; 2° à Antoinette de Miolans.

« de présent mallade en son chastel de Chasteauroux, » écrit aux Carmes de la Châtre « d'aller en voiaige pour luy à Nostre Dame de Vaudouan et porter au dict lyeu à sa protectrice ung grant cierge, le tout de cire, processionnellement, pryant Dieu pour sa santé et prospérité (1). » Les Carmes s'empressèrent de déférer au vœu de l'illustre malade, non toutefois sans en avoir demandé la permission au méticuleux chapitre de la Châtre, qui poussa la prudence jusqu'à en faire dresser un acte notarié, afin que les Carmes ne prétendissent point par la suite avoir le droit de faire sans autorisation du chapitre de semblables processions à Notre-Dame de Vaudouan.

De 1547 à 1564, la dévote chapelle et ses vénérables seigneurs jouirent d'une parfaite sécurité qu'ils devaient goûter d'autant mieux qu'ils y étaient peu accoutumés. Les malfaiteurs n'osaient plus approcher de ce sanctuaire sans défense, tant la punition du pillage sacrilège de 1547 avait été rapide et exemplaire. — Mais il était écrit que le calme et la sécurité des chanoines de la Châtre ne seraient jamais longtemps sans subir de graves altérations.

Dans le courant de l'année 1563, Jean Breton (2), curé de Briante, digne successeur de Pierre Mathé, envahit la chapelle de Vaudouan à la tête de plusieurs inconnus, en chassa les vicaires, Etienne Benoît et Mathurin Guillon, s'empara des clefs et des offrandes et perçut les redevances en criant à l'usurpation.

Les chanoines, ne partageant point le sentiment du bouillant curé, lui intentèrent aussitôt un procès en restitution et en dommages et intérêts. Une première sentence fut prononcée par défaut contre Jean Breton par Antoine Dorsanne, lieutenant-général au bailliage de Berry; Jean Darthuys,

---

(1) *Pièces justificatives*, pièce 10.
(2) Dans les actes il est appelé indifféremment Breton, Berton ou Berthon.

avocat du curé de Briante, en appela sans retard, prétextant que son client était absent par cas de force majeure, en sa qualité d'aumônier de la compagnie du vicomte d'Aulchy (1). Les chanoines établirent au contraire que leur adversaire se trouvait « au pays ». Au mois de septembre 1564, Jean Breton ayant renouvelé ses violences et induement perçu les offrandes dans la chapelle de Vaudouan, les procédures reprirent une nouvelle vigueur. Toutefois, en dépit de diverses assignations, Jean Breton ne comparut point en personne, sous prétexte de maladie. Comme la plupart des curés de Briante, il logeait au château du bourg, et, dans les loisirs de cette noble hospitalité, il avait si bien endoctriné Pierre-Philippe de Cluis que celui-ci, prenant peu parlementairement fait et cause pour son curé, alla jusqu'à menacer publiquement les vicaires de Vaudouan (2). Une nouvelle enquête fut ordonnée à raison de ce fait par le lieutenant général Antoine Dorsanne; mais il ne paraît pas qu'à cet endroit on ait été au-delà de l'enquête. Il n'en fut pas de même à l'égard de Jean Breton, qui, le 16 octobre 1564, fut condamné, par sentence définitive, à restituer aux chanoines de la Châtre et aux vicaires de Vaudouan, les clefs de la chapelle et des troncs, les offrandes qu'il avait induement et violemment perçues, et, de plus, condamné en tous les dépens (3). Qui pourrait s'étonner de cette sentence?

(1) *Pièces justificatives*, pièce 12.
(2) *Pièces justificatives*, pièce 13.
(3) Les *Archives de l'Indre* (fonds de Vaudouan) contiennent un curieux document qui se rapporte au procès Breton : « *Inventaire fourny par devant Mgr le bailly de Berry des titres qui prouvent que la chapelle de Vaudohan est au chapitre.* » — On lit au-dessous de ce titre : « Vaudevan, 1469, » date du Ier titre qui se rapporte au procès du Bost. — Un procès-verbal du 14 septembre 1564, favorable aux chanoines de Saint-Germain de la Châtre, contient ce passage : «... Dans l'an mil deux cens nonante et ung, deffunct maistre Renault Rimbuez, chanoine en ladicte église et seigneur de Vauldouan.... »

La violente aggression du curé de Briante n'était assurément point de nature à rallier à sa cause de calmes et sages magistrats, à qui sans doute on n'avait manqué de mettre sous les yeux le préambule des lettres royales de 1547 : « ... Nos bien amés les prieurs, chanoines et chappitre de Saint-Germain de la Chastre, en Berry, seigneurs et maistres de la dévotte chapelle et église de Nostre-Dame de Vaudouan. »

Quatre ans plus tôt, le chapitre avait remporté une autre victoire, moins sérieuse il est vrai, mais non sans profit. — Il s'agissait de ce bois de Vaudouan, qui s'étendait alors depuis la croix des Prieux jusqu'à la source, et dont une partie, en 1479, avait déjà donné lieu à un litige entre le chapitre et le seigneur du Virollant.

Le 27 mars 1560, Juliette de Baillou, fille de Lionnet de Baillou, écuyer, seigneur de la Forêt et de l'Allemandière, et de Catherine de Fougères, et veuve d'Etienne-Jacques de Bridiers, seigneur du Guay et du Virollant, transigea avec le chapitre relativement « au boys qui est autour de la chapelle de Vaudouan, » tant en son nom que comme ayant le gouvernement de demoiselle Antoinette de Bridiers, sa fille aînée, épouse de Jean de Valzergues (1), écuyer, gentilhomme de la maison du maréchal de Brissac et homme d'ar-

---

(1) Valzargues, écrit à tort M. l'abbé Caillaud, qui ajoute en note, d'après Villebanois : « La famille de Valzergues s'était alliée à M. Nompart de Caumont, duc de la Force, maréchal de France grand partisan des huguenots de la Rochelle, de Sancerre et du Languedoc. La femme du maréchal signait de Valzergues. » Valzergues est encore un hameau dépendant de la commune de Galgane, dans l'Aveyron (Rouergue). Aucune fille de la maison de Valzergues n'entre dans la maison de Caumont; Villebanois fait donc erreur. Voyez aux *Pièces justificatives*; la chronologie des seigneurs du Virollant, pièce 37. — MORERI, article *Caumont*. — Le P. ANSELME, *Hist. génér. et chron. des Pairs de France*, t. IV, p. 471. — GIRAULT DE SAINT-FARGEAU, *Dict. de la France*, t. III, p. 725. — LA THAUMASSIÈRE, p. 949, lignes 12 et 13.

mes de sa compagnie, issu d'une ancienne maison du Rouergue.

Aux termes de cette transaction, le seigneur du Virollant accordait aux chanoines de la Châtre l'entière propriété et pleine seigneurie du bois : « duquel ils pourront prendre le boys de desbris et qui tombera et versera sans artifice, et pareillement pourront coupper du boys sec et non portant fruict pour employer à lad. chapelle logys et commodités nécessaires. » Les vicaires fermiers pourront, en outre, faire pacager quatre pourceaux et vingt-cinq chefs de brebis. Quant aux seigneurs du Virollant, ils ne pourront prendre aucun bois quel qu'il soit, mais ils auront droit de pacage dans le bois. — En reconnaissance de cette avantageuse cession, les chanoines abandonnaient plusieurs rentes aux seigneurs du Virollant (1). Ce fut du reste la dernière phase de ce litige séculaire ; la communauté de malheur devait bientôt rapprocher les maîtres de la pauvre chapelle et ceux du petit castel féodal ; car il est impossible de croire que le Virollant ait été épargné dans le désastre dont nous allons parler.

« Pendant les guerres de religion, dit M. l'abbé Caillaud, un luthérien furieux, le duc de Deux-Ponts, qui avait amené d'Allemagne 13,000 reistres ou lansquenets, pour prêter main forte aux protestants de Saintonge contre les catholiques, entra dans le Berry par la ville de la Charité et traversa toute la province en exerçant d'affreux ravages, mettant tout à feu et à sang. Il brûla l'abbaye de Bernardins de Chalivoy sur le territoire de la paroisse d'Herry, pilla l'église de Cuzay-Sainte-Radegonde, incendia l'abbaye de Bénédictins de Puy-Ferrand, dévasta le 31 mai le prieuré d'Orsan, sur le territoire de la paroisse de Maisonnais. Il brûla l'église de la petite paroisse aujourd'hui supprimée de Soie-Eglise, près de Saint-Amand, comme l'atteste en-

---

(1) *Pièces justificatives*, pièce 11.

core une inscription que j'ai lue sur le mur septentrional de cette église aujourd'hui en ruines, près des fonts baptismaux. Enfin après avoir incendié l'église de Notre-Dame de Pouligny, il vint à Vaudouan le 10 août 1568, et mit le feu à la chapelle pour anéantir en ce lieu la dévotion à la Sainte-Vierge. La chapelle fut consumée par les flammes (1).... »

Villebanois, Fontenay et Lissaunay rapportent également à l'année 1568, l'incendie de la chapelle, et en accusent aussi le duc de Deux-Ponts.

Wolfang, duc de Bavière, Deux-Ponts et Neubourg, était fils de Louis II, qui, le premier de sa race, avait embrassé le protestantisme. Wolfang abandonna la religion de ses pères pour suivre celle de son père. Le 16 septembre 1544, il épousa une princesse profondément dévouée à la réforme, Anne, fille de Philippe, Landgrave de Hesse, et de Christine de Saxe. Ivrogne, obèse, cauteleux, dissolu, brave et cruel, tel était le duc Wolfang.

Alors que le règne de Charles IX était déchiré par une troisième guerre civile, Wolfang lève promptement une armée, à la prière que lui en fait le prince de Condé par l'entremise de Gervais Barbier, seigneur de Francour, chancelier du roi de Navarre; mais, avant de passer le Rhin, il ose écrire à Charles IX une lettre pleine d'un respect insolent d'hypocrisie; à l'en croire, il n'a pris les armes que pour le repos et la conservation du roi et du royaume (2).

Le lendemain, 22 février 1569, ses troupes passent le Rhin, et le 28, il arrive à Hochfeld, au bailliage d'Haguenau, qu'il occupe jusqu'au 15 mars. Là, il passe son armée en revue et lui fait prêter serment. Il avait sous ses ordres, en 28 cornettes, 7596 de ces redoutables cavaliers, formés dans les guerres d'Allemagne et d'Italie, et commandés par François de Haraucourt (3), Gilles de Sonnenberg, Guillau-

---

(1) CAILLAUD, p. 16 et 17.
(2) *Hist. de* THOU, traduc. du Ryer, t. III, p. 245 et suiv.
(3) François-Henri de Haraucourt, chevalier, seigneur de Mag-

me de Heidech, Balthazar de Dierbach, Hans Bouc, Renaud Crasse, Hans de Ders, Henri de Stein, Ludolf de Heinsbruck, Charles de Mansfeld et Thierri de Schombourg; outre 19 pièces d'artillerie et 6,000 hommes de pied en 26 enseignes, sous la conduite de Guérin Gansgolf, baron de Geroldzeck, Jacques de Gravillars et Meynard de Schombourg (1). Plusieurs gentilshommes français se joignirent ensuite aux reîtres et aux lansquenets, Briquemaut avec 800 mousquetaires, Morvilliers avec 600 cavaliers, Genlis (2), Clermont-Renel (3), Vienne-Clairvaut, d'Haussonville, du Châtelet-Deuilly (4), Mouy, d'Esternay, Feuquières, Autricourt et Lanty. — Enfin l'état-major du duc de Deux-Ponts se composait de Wolrad de Mansfeld, de Guillaume prince d'Orange, et de ses deux frères, Louis et Henri de Nassau.

Cette redoutable armée, animée par l'espoir du butin plus encore sans doute que par les haines de religion, descendit l'Alsace, passa la Saône, près de Montreuil, pilla l'abbaye de Cîteaux, et soutint à Gilly un combat acharné contre les

nières, Glonville, Domptaille, Bayon, Germiny, Brémoncourt, etc., Haut-Voué de Rembervillers, conseiller d'État, chambellan et grand-maître de l'artillerie du duc de Lorraine, marié à Eve de Gournay-Buzy, dont il eut trois fils morts jeunes.

(1) JEAN DE SERRES, *Mémoires de la 3e guerre civile et des derniers troubles de France*, 1571. Pages 344 et suiv.

(2) Jean de Hangest de Genlis, chevalier, seigneur d'Ivoy. En 1570, il fut pris et étranglé dans son lit par les Espagnols dans les Pays-Bas.

(3) Antoine de Clermont, marquis de Renel et seigneur de Saint-Georges, tué en 1572 par son cousin Louis de Clermont d'Amboise, seigneur de Bussy. Il avait été marié deux fois : 1° à Jeanne de Longuejoue d'Iverny; 2° à Anne de Savoie Tende, veuve de Jacques de Salucès.

(4) Olry du Châtelet, chevalier, baron de Deuilly, seigneur de Gerbevilliers, Lomont, Bazemont, Bulgnéville, Sénoncourt, etc., tué au siége de la Charité, au mois de mai 1569. Il avait épousé Jeanne de Scépeaux, fille de François, maréchal de France.

troupes du duc d'Aumale. Le 25 mars, Wolfang prit le chemin de Beaune, et, le 27, celui de la Loire, qu'il traversa non loin de Pouilly, en Nivernais. Vers le milieu du mois de mai, il s'empara de la ville de la Charité, en passa la garnison au fil de l'épée, et pénétra dans le Berri. Puyferrand (1), Cuzay (2), Orsan (3), toutes les églises et abbayes, que rencontrèrent sur leurs pas les forcenés Allemands, furent mises à feu et à sac. Le ciel prodiguait les miracles au sein même de ces infernales dévastations: ici une statue de la Vierge, que les reitres veulent abattre, lève la main pour les repousser; là, ils brisent le poignet d'une statuette de l'enfant Jésus, et il en sort du sang; ils jettent dans le feu les images de saint Jacques et saint Eutrope, mais le feu les respecte; ils profanent la pierre d'une tombe, et leurs mains y restent attachées jusqu'à ce qu'ils aient fait vœu de se convertir (4).

Mais rien n'arrêtait la fureur de l'armée luthérienne; elle redoublait au contraire ses excès de toutes sortes et semblait défier le bras de Dieu.

Le bras de Dieu ne tarda pas à s'appesantir sur l'âme de ces meurtres et de ces profanations sacriléges.

Wolfang vint camper au village de Gouttenoire (5), dont il brûla la chapelle, à peu de distance de Châteaumeillant, pénétra ensuite dans le Limousin, et s'avança vers la Vienne. Il laissa une partie de son armée aux Cars, et alla se loger à deux lieues de là, dans le village de Nexon (6).—Depuis

---

(1) GALLIA CHRISTIANA, II, col. 171.

(2) *Archives du Cher.* (Enquête reçue le 13 octobre 1570, sur le pillage de Sainte-Radegonde de Cuzay.) Fonds de Saint-Etienne, aff. div , 43e liasse.

(3) *Archives du Cher.* (Procès-verbal dressé en 1570 à la requête des religieuses.) Fonds d'Orsan. Cité par M. Raynal.

(4) RAYNAL, t. IV, p. 91 et 92.

(5) PALLET, *Histoire du Berri*, 1780. — T. V, p. 297 et 298. — Enquête faite à Châteaumeillant le 2 novembre 1602.

(6) LA POPELINIÈRE, *La vraye et entière histoire des troubles et*

quelques jours, Wolfang était en proie à la fièvre quarte: pour se guérir, il eut recours à ses plus chères amours. Il avait emporté, dans ses chariots, deux cents bouteilles de vin d'Avalon (1), qui ne lui avaient sans doute pas fait débourser un sou tournois.

Le 10 juin, il organisa une orgie bachique à laquelle furent conviés les princes de Nassau, les frères Mansfeld, et peut-être plusieurs autres des chefs que j'ai nommés plus haut (2). — Wolfang but tant qu'il en mourut, le 11 juin, entre les bras de Louis de Nassau, à l'âge de 42 ans; mort vraiment digne de ce royal ivrogne, et qui lui valut cette spirituelle épitaphe:

> Pons superavit acquas, superavere pocula Pontem.
> Febre tremens periit qui tremor orbis erat.

Le corps de Wolfang fut embaumé et porté d'abord à Angoulême, d'où il fut emmené par la suite dans son pays natal (3).

On montre encore à Nexon, sur le bord de la voie publique, un modeste monument qu'on croit avoir été élevé à la mémoire du duc de Deux-Ponts. — La Révolution, qui détruisit tant de nobles et patriotiques souvenirs, eut soin de respecter ce triste monument, qui rappelait un ennemi du catholicisme et de la France.

---

choses mémorables avenues tant en France qu'en Flandres depuis l'an 1562. — La Rochelle 1573. — Pages 190 et suiv.

(1) Il avait brûlé les faubourgs d'Avalon.

(2) Jean Lefrère, *La vraye et entière histoire des troubles et guerres civiles advenues de nostre temps pour le fait de religion*. 1572. — Pages 203 et suiv.

(3) Voyez encore sur le duc Wolfang d'Aubigné, t. I, col. 404.— *Hist. ou Commentaire de toutes choses mémorables advenues depuis 70 ans*, traduit du latin de Laurens Surius, par Jacques Estourneau, 1572. — François de la Noue, *Discours politiques et militaires*. Bâle, 1587. Pages 672 et 673.

De tout ce qu'on vient de lire, il ressort à mes yeux que le sac et l'incendie de la chapelle de Vaudouan ne sauraient être attribués au duc de Deux-Ponts, parce qu'ils furent perpétrés en 1568 ; les historiens de Vaudouan affirment cette date, et je la crois vraie. Seulement, à quelque distance des événements, il n'est pas extraordinaire que la mémoire du peuple brouille et confonde les dates. On ne prête qu'aux riches ; or, l'armée, je devrais dire les bandes de Wolfang, avait semé partout la désolation et la mort ; bientôt le peuple, par un sentiment de patriotisme miséricordieux, préféra charger de tout cet amas de crimes la mémoire des huguenots étrangers. L'historien se fit ensuite l'écho des récits populaires, sans défiance, sans examen ; et, de cette manière, il put écrire que la chapelle de Vaudouan fut brûlée, le 10 août 1568, par le duc de Deux-Ponts.

Le 10 août 1568, Wolfang n'était jamais sorti de l'Allemagne, et le 10 août 1569, il était sorti de ce monde. — Soit qu'on admette l'une ou l'autre de ces dates, le duc de Deux-Ponts ne saurait donc être accusé de l'incendie de Notre-Dame de Vaudouan. Voué au mépris et à l'exécration de la postérité, il ne doit cependant pas être injustement chargé par l'histoire ; il croyait bien avoir perdu sa journée s'il n'avait tué, pillé, incendié ou massacré, s'il n'avait saccagé et détruit quelque édifice catholique ; mais enfin il n'est pas le coupable que nous cherchons.

Un modeste document vient à l'appui de notre opinion — C'est un marché passé devant maître André Péaron, juré notaire, le 30 avril 1569, entre Martin-Sylvain Péaron prieur du chapitre de Saint-Germain de la Châtre, et Antoine Devillenet, charpentier. Ce dernier s'engage à refaire, avec le bois de sciage qui lui sera fourni par le chapitre, la charpente de la chapelle de Vaudouan et le logement du chapelain, « les vis-tournelle et chevalet d'icelles, » et à fournir la tuile nécessaire à la couverture ; le tout, moyennant la somme de 400 livres 0 sols tournois, « un demythonneau de vin pur, » et le logement pendant les travaux (1).

Il serait puéril de ne voir là que de simples réparations ; car il n'y avait pas quatre-vingts ans que la chapelle avait été brûlée une première fois et reconstruite. Quatre-vingts ans ne suffisaient pas naguère pour ruiner un édifice.

C'est donc bien le 10 août 1568, et non 1569, que la chapelle a été brûlée, puisqu'au mois d'avril 1569 le chapitre de la Châtre s'occupe de la faire reconstruire.

Un autre fait vient à l'appui de ce que j'ai dit sur la propension du peuple à sacrifier la chronologie à son sentiment, et sur l'indulgente crédulité des historiens.—M. l'abbé Caillaud, d'après M. Raynal (2), impute à Wolfang de Deux-Ponts le sac de l'abbaye de Chalivoy. Or, l'enquête qui le suivit est datée du 1er mars 1569 (3), et nous savons déjà que Wolfang n'entra en Berri qu'à une date postérieure.

Mais si le duc de Deux-Ponts n'est pas l'incendiaire de Vaudouan, sur qui donc rejeter la responsabilité de cette destruction sacrilége ?

Sur ses correligionnaires, car si ce n'est lui, ce sont ses frères assurément.

En 1561, nous les voyons raser les églises de Sancerre (4) ;

---

(1) *Archives de l'Indre.* — M. Veillat, dans ses *Pieuses Légendes du Berri*, cite cette pièce p. 309, en note, et y voit « une relation directe avec l'incendie ordonné par le duc de Deux-Ponts. » Or elle est datée du mois d'avril 1569, et ce ne fut qu'au mois de mai suivant que Wolfang pénétra dans le Berri.

(2) CAILLAUD, p. 17. — RAYNAL, t. IV, p. 90.

(3) *Archives du Cher, Fonds de Saint-Etienne de Bourges.* Enquête reçue le 1er mars 1569, par M. Gassot, conseiller au présidial, par ordre de M. Jean Belot, commissaire départi par le roi. — RAYNAL, t. IV, p. 79, en note.

(4) RAYNAL, t. VI, p. 26.

en 1562, ils pillent l'abbaye de Massay (1) et les églises voisines, outrageant, massacrant les religieux ; à Mehun, les prêtres sont l'objet des violences de la soldatesque, les églises sont pillées, les images saintes sont abattues (2); à Bourges, ils tirent des milliers de coups d'arquebuse contre les pieuses et précieuses sculptures de la cathédrale ; ils abattent avec des cordes les statues des saints; ils brisent les bas-reliefs à coups de maillets, et finissent par miner le majestueux édifice pour le faire sauter. Tout ce qui rappelle le catholicisme est arraché et foulé aux pieds; les reliques de Saint-Guillaume sont brûlées, et les cendres jetées au vent ; ils pillent le trésor de la Sainte-Chapelle, fondent les reliquaires, les croix et les calices, et jettent au feu les restes vénérés de la bienheureuse Jeanne de France, de la bonne duchesse, comme le peuple l'appelait. Ils vendent à vil prix les meubles, les récoltes des monastères, et jusqu'aux matériaux des édifices qu'ils détruisent à plaisir.

A Notre-Dame de Sales, fondation quinze fois séculaire de l'apôtre du Berri, ils arrachent de son piédestal l'image de la Vierge, la traînent dans la boue et la brûlent en hurlant un horrible jeu de mots : « Notre-Dame la Sale !... (3) « — C'étaient bien les dignes enfants de ce même grossier qui traitait de « petit ânon (4) » un de nos plus grands papes : on dit toujours, il est vrai, le siècle de Léon IX, et qui songerait sans rire à dire le siècle de Luther ?

Les protestants brisaient les orgues, ces voix grandioses du catholicisme, qu'ils traitaient stupidement de « coffres à sifflets (5); » ils rompaient les chaussées des étangs des abbayes, en emportaient le poisson, emmenaient les chevaux,

(1) *Archives du Cher. Fonds de l'abbaye de Massay*. Enquête du 28 avril 1626.
(2) RAYNAL, t. IV, p. 45.
(3) RAYNAL, t. IV, p. 37, 38, 39, 42 et 43.
(4) MILLOT, *Histoire de France*, t. II, p. 303.
(5) ORSINI, *la Vierge*, p. 378.

égorgaient les bestiaux, consommaient ou brûlaient les foins, les fourrages et les blés, buvaient ou répandaient les vins, s'emparaient des fermages ou des dîmes (1). La réforme était donc pour eux la meilleure des spéculations, et l'on peut dire que les guerres de religion furent entretenues par les biens d'Église.

En 1567, les protestants s'emparent de l'abbaye de Déols et la saccagent. Les livres, les ornements, les reliques sont réduits en cendres; les statues, mutilées; les cloches, fondues (2). Ils dévastent l'abbaye de Massay, à peine remise du pillage de 1562. Ils saccagent celle de Saint-Satur et massacrent le seul chanoine qu'ils y trouvent, Jean de la Perrine, octogénaire. Les ornements des autels, les vases sacrés, les reliquaires sont emportés; le clocher abattu; les cloches brisées; puis, gorgés de pillage et précédés d'un âne portant un lutrin et des livres d'église, ils parodient les chants catholiques, et vont s'enivrer au cabaret de la Croix-Blanche. Enfin les misérables, forçant un religieux jusqu'en son dernier refuge, l'enterrent tout vif jusqu'à la tête, qui sert alors de but à des joueurs de boule (3).

En 1569, le Bourg-Dieux tombe au pouvoir des huguenots, commandés par Briquemaut, un des dignes lieutenants de Wolfang de Deux-Ponts; il prenait plaisir à mutiler les prêtres qu'il avait massacrés, et s'était fait de leurs

---

(1) CATHERINOT, le Pouillé de Bourges, p. 12.

(2) GRILLON DES CHAPELLES, Notice sur l'abbaye de Notre-Dame de Déols, p. 351.

(3) Archives du Cher. Histoire manuscrite de l'abbaye de Saint Satur, par le prieur Desmaisons, fin du xviiie siècle. RAYNAL, t. IV, p. 79. Voyez la Revue des Sociétés savantes, janvier 1860, 2e série, t. III, p. 129 et 130; et dans les Comptes rendus de la Société du Berry, 1859-1860 la notice de M. DESPLANQUE sur le Pillage de quelques abbayes de l'Indre dans le courant du xvie siècle, p. 171 et suiv.

oreilles un collier qu'il portait comme une parure (1).
— La riche abbaye de Fontgombaud est prise, pillée et incendiée. Tous les excès, tous les crimes sont œuvres pies pour les fils de la réforme; c'est bien l'esprit de Luther qui les anime, l'esprit infernal qui avait jeté sur Rome les bandes hérétiques d'un Bourbon traître à son Dieu comme à son roi. Il faut bien les rappeler, ces épouvantables scènes de carnage et de débauche, ces féroces outrages à la foi catholique, pour comprendre jusqu'où pouvait aller la rage luthérienne, et pour ne plus s'étonner de l'expiation fatale, mais juste de la Saint-Barthélemy, si la vengeance pouvait jamais être juste devant Dieu!

Les reîtres, entrés dans Rome, souillaient les vases sacrés, barbouillaient d'ordures les tableaux des grands maîtres, dispersaient sous leurs pieds les reliques des saints, violaient les tombeaux dans les basiliques, et, lorsqu'ils étaient las de pillage et de meurtre, ils se livraient à des bouffonneries insultantes ; on les voyait, coiffés des chapeaux des cardinaux, revêtus de leurs longues robes, parcourir, montés sur des ânes, la ville de Jules II et de Léon X. Un jour, ils proclamèrent pape le défroqué Luther; un autre jour, ils placèrent le cardinal d'Aracœli dans une bière, et le promenèrent en parodiant l'office des morts; puis un lansquenet prononça, du haut de la chaire, sous forme d'oraison funèbre, un discours révoltant d'obscénité ; ils transformaient les églises, et jusqu'à la chapelle du pape, en casernes et en écuries; les crucifix étaient criblés de balles : les ornements des autels traînaient dans le fumier, pêle-mêle avec les ossements des saints. Ils profanaient, pour les massacrer ensuite, les vierges saintes, les jeunes filles, les mères, jusque dans le sanctuaire de la famille, jusqu'au pied des autels (2).

(1) *Histoire de Thou*, trad. du Ryer, t. III. *Esquisses Pittoresques de l'Indre*, p. 21.

(2) DE LA GOURNERIE, *Rome Chrétienne*, p. 149.

« Plusieurs pères, un poignard à la main, préférèrent immoler leurs malheureuses filles, plutôt que de les laisser tomber entre les mains du vainqueur ; mais, on frémit de le dire, ils ne purent pas toujours par là les préserver de l'outrage.... Ceux qui étaient témoins de ces horribles spectacles, n'avaient plus de larmes à répandre, plus de voix pour se plaindre : ils les contemplaient d'un œil fixe, inanimés comme des statues. Plusieurs mères, ne pouvant soutenir cette vue, se crevèrent les yeux avec les doigts ; d'autres se retirèrent dans des cavernes souterraines, où, personne n'osant leur porter de secours, elles périrent d'inanition. On voyait souvent un homme, une femme, un enfant, se précipiter du haut de sa maison dans la rue, préférant mourir mutilés sur le pavé que de tomber au pouvoir de ces troupes féroces ; quelquefois, c'étaient les soldats eux-mêmes qui les lançaient par les fenêtres (1). »

Quand Rome avait tant souffert, quelle pitié la France catholique pouvait-elle espérer de ces hordes sauvages ? — Mais revenons à l'incendie de la pauvre chapelle de Vaudouan.

« Le grand chemin du Midi, nous dit M. Raynal (2), se dirigeait alors à travers la province par la Châtre et Saint-Chartier, ou par Argenton et Châteauroux, suivant les points de départ.... Toute cette ligne fut constamment livrée aux pillages des gens de guerre !.... » — Le *Guide des chemins de France*, de 1552, complète cet itinéraire (3), et nous montre Saint-Chartier, la Châtre, le Mas Saint-Paul, etc., sur la route de Bourges à Toulouse.

---

(1) *Le sac de Rome* par Jacques BUONAPARTE, gentilhomme de San Miniato. — Traduction du prince Napoléon-Louis Bonaparte, mort en 1831, à Forli. — ROBERTSON, *Hist. de Charles-Quint*, vol II, p. 283. — MURATORI, *Anali d'Italia*, t. XIV, p. 230-244. edit. in-8°. — GUICCIARDINI, *Il Sacco di Roma*.

(2) Tome IV, p. 78.

(3) *Voyez* le § 8 de l'*Introduction*.

Au mois d'août 1568, de nombreux corps de partisans huguenots se dirigeaient vers la Rochelle, où le prince de Condé et l'amiral de Coligny devaient les rejoindre avant la fin du mois (1). — Partout sur leur passage ils semaient le pillage, le meurtre et l'incendie, renversant les croix, brisant les images saintes, détruisant les églises, les monastères et les oratoires. — C'est donc à l'une de ces bandes de huguenots qu'il faut attribuer, selon moi, l'incendie du 10 août 1568.

Sans doute, les soldats protestants renouvelèrent à Notre-Dame de Vaudouan leurs parodies sacriléges et leurs horribles profanations. Ils jetèrent dans les flammes, au milieu des brocards et des outrages, la statuette miraculeuse de Marie portant le divin Enfant, croyant peut-être abolir sans retour, dans ce lieu privilégié, le culte ineffable de la Vierge-Mère. Mais Dieu voulait, au contraire, l'y affermir par un nouveau miracle.

« Bien que ladite chapelle fut lors réduite en cendres, nous dit Villebanois, néanmoins, chose merveilleuse et admirable, ladite sainte image de Notre-Dame de Vaudouan fut retirée du brasier sans lésion ni dommage aucun et aussi belle comme avant l'incendie de sa chapelle. »

« Evénement admirable et digne d'un éternel ressouvenir, ajoute Fontenay; Dieu, en faveur de l'image de la Mère de son Fils, renouvela le miracle des trois enfants de la fournaise de Babylone (2)! »

Ce ne fut pas le seul miracle qui accompagna l'incendie de la pauvre chapelle : la cloche de 1504 fut retrouvée intacte sous les décombres fumantes, ce qu'elle dut sans doute à sa pieuse épigraphe, que je relisais, hier encore, dans l'humble beffroi de Vaudouan : *Sancta Maria, ora pro nobis!*

(1) RAYNAL, t. IV, p. 84 et 85.
(2) VILLEBANOIS, p. 13. FONTENAY, p. 47.

CHAPITRE X

Reconstruction de la chapelle. — Edit royal de pacification. — Le culte de Marie. — Prise du château de Briante. — Pillages. — Jean de Valzergues. — Donation de Raymond de Monterant. — Chapelle de Créqui. — Pèlerinages de 1607 et 1608. — Prétentions du seigneur de Briante. — Le peintre Louis Gillet. — Restauration de la statuette. — Chapelle du Virollant. — Donation de Bégot de Maumont. — Bernard Blanchard. — Procès entre le chapitre de la Châtre et les habitants de Briante. — Intervention du seigneur du Virollant. — Sentence. — Vol de documents. — Louis XIII envoie à Notre-Dame de Vaudouan.

Pour la quatrième fois, depuis cinq siècles et demi, la chapelle allait être reconstruite. Dès les premiers mois de 1569, le chapitre s'occupe de la relever de ses ruines, et, le 30 avril, il passe avec le charpentier Devillenet (1) un marché dont la prudence, sans doute, fit remettre l'exécution à des temps moins agités.

La douleur fut générale à la nouvelle du désastre ; mais quand les troubles commencèrent à s'apaiser, la douleur fit place à un pieux enthousiasme. La statuette miraculeuse avait été retrouvée dans les cendres ; elle était donc miraculeuse deux fois ; car, de même qu'en l'an 1013, la Vierge témoignait visiblement, par cette grâce nouvelle, qu'elle voulait toujours avoir un sanctuaire à Vaudouan.

(1) Voyez le chapitre précédent.

Les chanoines de Saint-Germain n'eurent alors besoin que de suivre l'élan des populations ; les seigneurs apportèrent de riches offrandes, les paysans firent les corvées pour l'amour de la Sainte-Mère de Dieu, les paroisses voisines envoyèrent des travailleurs et des présents ; et, grâce à ce religieux empressement, le clocher de Notre-Dame de Vaudouan ne tarda pas à se dresser de nouveau vers le ciel.

Il serait malaisé de fixer une date certaine à cette reconstruction ; car les archives et les chroniques sont muettes à cet endroit ; mais il est permis de croire que le chapitre, déjà si vivement éprouvé par les guerres de religion, mit à profit son expérience et attendit vingt-six ans au moins avant de relever la chapelle de ses décombres ; autrement c'eût été l'exposer encore aux mêmes désastres et risquer à plaisir les ressources du chapitre.

En 1594, nous voyons Henri IV, maître de la capitale et de son royaume, accorder un édit de pacification pour l'Orléanais et le Berri, et ordonner que tous les biens des églises, usurpés durant les guerres, soient immédiatement restitués. — N'est-ce pas à cette époque de calme et de confiance qu'il faut rapporter la reconstruction de la chapelle ?

Il est certain qu'après les guerres du protestantisme, la société, ébranlée jusqu'en ses fondements traditionnels, éprouva le besoin de se reconstituer, de se raffermir, de garantir les générations futures de la tourmente horrible qu'elle venait d'essuyer. Les huguenots repoussaient et outrageaient le culte de Marie ; c'était indiquer le remède social. Aussi, le culte suave de la Vierge-Mère reprit-il un brillant et consolant essor, faisant germer la poésie sainte où n'était que la brutalité, semant partout le respect de la femme, de la famille, et l'amour du bien.

La réédification de la chapelle de Vaudouan fut peut-être postérieure à 1594 ; car, au mois de juin de cette année, deux anciens chefs de partisans, Crémieu et Lafernau, s'étaient emparés du château de Briante. « Je reconnais ce

Lafernau, disait le maréchal de la Châtre (1), pour un insigne voleur, et qui mérite, il y a fort longtemps, d'être châtié des maux qu'il a faits. » De Briante, ils pillaient tout le voisinage. « Il fallut mettre en campagne Antoine de Boisrouvray, lieutenant de la maréchaussée, avec ses archers, pour aller au secours des habitants de la Châtre ; et le maréchal écrivait même qu'il serait à propos d'assembler quelques forces, que M. de Mathefélon conduirait avec une couleuvrine, pour prendre la basse-cour (2) de Briante, et ensuite d'y établir un fort, que l'on garderait jusqu'à son retour. — L'année suivante, un autre capitaine, nommé Villars, se mit avec le cadet des Aix, son lieutenant, t une troupe de gens de guerre, à rançonner les habitants de la frontière du Berry et du Bourbonnais (3). » Mais les brigandages du capitaine Villars ne furent pas de longue durée ; c'était la queue du protestantisme ; il fut pris, condamné à mort et exécuté.

Le chapitre attendit certainement la complète pacification du Berri, avant de commencer les travaux de déblaiement et de reconstruction. En 1575, Jean de Vulzergues, seigneur du Guay et du Virollant, avait demandé au chapitre la permission de construire, dans l'église de Vaudouan, une chapelle destinée à « la sépulture de luy et ceulx de sa maison (4). » Cinquante-cinq ans s'écoulent sans que le chapitre fasse droit à la demande du seigneur du Virollant, que renouvelle avec succès, le 17 août 1630, son petit-fils, Bégot de Maumont, écuyer, seigneur du Bost et du Virollant.

---

(1) Claude de la Châtre, chevalier, seigneur et baron de la Maisonfort, chevalier des ordres du roi, maréchal de France, gouverneur de Berri, gentilhomme de la chambre, etc.

(2) Ce mot injurieux était une prophétie : le château de Briante n'est plus en réalité qu'une basse-cour.

(3) RAYNAL, t. IV, p. 216 et 217.

(4) *Arch. de l'Indre.* Fonds de Vaudouan. Fondation du 17 août 1630. — *Pièces justificatives*, pièce 14.

En 1600, la chapelle de Vaudouan est témoin d'un éclatant miracle (1). La reconstruction doit donc être postérieure à 1595 et antérieure à 1600.

L'oubli, dans lequel tombe la demande de Jean de Valzergues, semble établir que, vers 1575, le chapitre pensait à reconstruire Notre-Dame de Vaudouan, mais qu'un certain nombre d'années s'écoula avant que ce projet fût mis en voie d'exécution. Selon moi enfin, la chapelle moderne daterait de 1596.

Toujours est-il que l'enthousiasme et la ferveur furent à leur comble, quand le nouvel édifice fut consacré. Le peuple courait en foule au pèlerinage, et les seigneurs du bas Berri multipliaient les offrandes. Ainsi, en 1605, Raymond, seigneur de Monterant, paroisse de Sazeray, fait une fondation à Notre-Dame de Vaudouan, pour y faire célébrer la fête de la Visitation de la Sainte-Vierge. — Précédemment, la maison de Blanchefort-Créqui, à laquelle appartenaient, en Berri, les seigneuries de Saint-Janvrin et de Sainte-Sévère (2), avait obtenu du chapitre de la Châtre la permission de construire une chapelle dans l'église de Vaudouan, à main gauche, et d'y placer un banc avec ses armoiries. — En 1607 et 1608, plus de quatre mille pèlerins

---

(1) VILLEBANOIS, p. 32. — FONTENAY, p. 45. — CAILLAUD, p. 58, et 59.

(2) « L'autre (chapelle,) celle de gauche, dit M. l'abbé Caillaud, s'appelait la chapelle de Créquy et voici pourquoi. La célèbre maison de Blanchefort possédait les terres de Sainte-Sévère et de Briante : lorsque Antoine de Blanchefort se maria le 11 novembre 1571, le cardinal de Créquy, évêque d'Amiens, son oncle maternel, le fit son héritier principal, à la charge qu'il porterait le cri, nom et armes de Créqui. Les seigneurs de Briante ayant désiré avoir une chapelle dans l'église de Vaudouan, on donna à cette chapelle le nouveau nom qu'ils venaient d'adopter, et ce nom lui resta. » — La maison de Blanchefort-Créqui n'a jamais, que nous sachions, possédé la seigneurie de Briante. *Voyez* les *Pièces justificatives*, pièce 38. — LA THAUMASSIÈRE, p. 836. — Le P. ANSELME, t. VI.

vinrent à Notre-Dame de Vaudouan, chiffre considérable, si l'on se reporte au mauvais état des chemins et à la difficulté des communications à cette époque.

Mais il était écrit que le chapitre de la Châtre ne jouirait jamais longtemps de ses pieux triomphes. Après les curés de Briante, ce furent ses seigneurs qui, en 1608, prétendirent des droits sur la chapelle de Vaudouan, sous prétexte qu'étant sur la terre de Briante, elle en devait par conséquent dépendre. Comme seigneur de paroisse et haut justicier, Baptiste de la Châtre, seigneur de Brouillebaut et de Briante, « prétendait le droit de servitude ou ceinture, où seraient ses armes autour en dehors de la chapelle; » prétention moins acceptable encore que toutes celles des seigneurs du Virollant, sur la terre de qui se trouvait en réalité Vaudouan; car le fief de Briante et le fief du Virollant étaient parfaitement indépendants l'un de l'autre, et relevaient directement et distinctement de la baronnie de la Châtre.

L'ardente opposition des vénérables chanoines découragea sans doute le seigneur de Briante, qui n'osa point alors pousser plus loin ses prétentions; mais c'était un jalon planté pour l'avenir, et, soixante ans plus tard, nous assisterons à la victoire de la veuve de son fils.

J'ai dit que la statuette miraculeuse avait été retirée du sein des décombres, sans avoir souffert de l'incendie. Elle s'était conservée pendant plus de six cents ans, miraculeusement on peut le dire, puisqu'elle n'avait jamais été l'objet d'aucune réparation, ni d'aucune retouche. Le temps même, qui détruit tout, n'avait osé effleurer de son aile l'image sainte de Marie.

En 1625, Louis Gillet (1), peintre de Troyes, qui faisait

---

(1) « Peintre habile, célèbre artiste, » dit M. l'abbé Caillaud. — J'avouerai que toutes les biographies sont muettes en ce qui le concerne. Liseaunay l'appelle Louis Gilles.

peut-être alors son tour de France, accomplit le pèlerinage de Vaudouan. Une pieuse pensée lui vint à l'esprit ; il offrit de peindre la statue de la Vierge et de l'orner des plus suaves couleurs de sa palette. Le chapitre s'empressa d'accepter l'offre du pieux artiste, et la statue, six fois séculaire, fut apportée solennellement à La Châtre, avec des soins minutieux. M. Pajot, notaire royal et receveur du chapitre, eut l'honneur de l'abriter sous son toit, tant que dura la restauration. Bientôt Louis Gillet eut animé des tons les plus doux le visage de Marie et celui de l'enfant Jésus ; puis il couvrit d'azur toute la partie inférieure, et sema cette robe céleste de fleurs de lys d'or.

Dès qu'on sut à la Châtre que cette gracieuse restauration était achevée, la joie et la ferveur éclatèrent dans tous les cœurs. On venait en foule à la maison de M. Pajot, dont le bonheur suscitait bien des jalousies ; aussi les principaux habitants demandèrent-ils que l'image sainte entrât également sous leur toit, regardant sa présence comme un gage assuré des bénédictions d'en haut.

« Qui ne serait surpris, dit Fontenay, d'apprendre que c'est la même image qui fut trouvée par cette bergère dans le marais de cette vaste solitude, qui subsiste encore ? Qui me dirait comment il peut se faire qu'une figure de bois puisse s'être conservée 700 et quelques années sans avoir été réduite en poudre par les vers ? Est-ce qu'elle serait faite de bois de sétim, comme l'arche d'alliance, pour être demeurée incorruptible pendant tant de siècles ? La partie inférieure de l'image, qui est vénérée dans cette chapelle, est informe, sans aucun trait de l'art, et quasi comme une souche de bois impoli ; ce qui ne serait pas, si ce n'était la même figure qui a été trouvée miraculeusement dans le bois par cette jeune fille. Car aurait-on oublié de perfectionner le corps de cette statue, tandis qu'on se serait étudié si attentivement à accomplir et rendre dans la dernière perfection la partie supérieure ? A voir son visage, on dirait que le peintre et le sculpteur ne viendraient que d'y mettre la dernière main : cependant aucun du métier n'y a touché depuis Louis Gilet (1). »

Le gracieux peintre de Troyes doit être compté parmi les bienfaiteurs de la dévote chapelle ; et n'est-il pas une preuve que les noms les plus obscurs se perpétuent par les bonnes œuvres dans la mémoire des hommes ?

Le 17 août 1630, par devant les vénérables chanoines de Saint-Germain de la Châtre, présidés par leur prieur et doyen, Etienne Thabaut, comparaît messire Bégot de Maumont, écuyer, seigneur du Bost et du Virollant, y demeurant, paroisse de Briante ; « lequel a fait savoir aux sieurs vénérables, que pour continuer la dévotion que ses prédécesseurs ont eue, de temps immémorial, à vénérer la Sainte-Vierge Notre-Dame, notamment dans la chapelle fondée en son honneur à Vauldhouan ; ainsi qu'il appert par plusieurs titres et contrats qu'il a sur ce sujet, notamment par un contrat fait entre les prédécesseurs desdits sieurs vénérables et les prédécesseurs et seigneurs dudit Virollant, passé le 25 mars 1575, dans lequel un de ses ancêtres manifeste la volonté qu'il demande à exécuter : de fonder, bâtir et joindre à la chapelle de Vauldhouan, une autre petite chapelle du côté de main droite, dans laquelle il désire tenir un banc, poser ses armes (2) et faire les sépultures de lui et ceux de sa maison, et qui devra être terminée en six mois au plus ; requérant lesdits sieurs vénérables de lui permettre ladite édification et construction de ladite chapelle avec lesdits privilèges. Afin de lui donner d'autant plus de sujet d'augmenter ses bienfaits et ses dévotions audit lieu, les sieurs vénérables, après en avoir mûrement délibéré, tous d'un avis unanime, consentent à accorder audit sieur de Maumont de faire construire ladite chapelle, d'y tenir un banc et placer ses armes, se réservant le droit d'y célébrer ou faire

(1) FONTENAY, p. 43.
(2) D'azur au sautoir d'or, cantonné de quatre tours d'argent maçonnées de sable.

célébrer la messe quand bon leur semblera; ce dont ledit sieur de Maumont a très-humblement remercié lesdits vénérables prieur et chanoines, qui n'entendent en façon quelconque déroger ni préjudicier par cette autorisation aux droits qu'ils ont audit lieu de Vauldhouan (1). » Le 30 octobre suivant, M. de Maumont, désireux de témoigner sa reconnaissance au chapitre de la Châtre, « permet, concède et octroye aux desservants de la chapelle, de faire clore et renfermer un petit morceau des communes et bois dudit lieu de Vauldhouan, étant proche et joignant ladite chapelle, afin d'y faire un jardin pour y recueillir des herbages (2). »

En 1635, un fermier des Aides, Bernard Blanchard, fit planter une double rangée d'arbres, qui allait des Sablonnières, nous dit Villebanois, jusqu'à la source, c'est-à-dire dans un parcours de près d'une lieue. Le chapitre reconnaissant fit graver le nom de Bernard Blanchard sur une pierre monumentale, qui fut placée d'abord à côté du maître-autel, puis transférée, en 1668, dans la sacristie, qu'on venait de construire.

Jaloux de tous ses droits, le chapitre n'en laissait usurper aucun, et ne reculait jamais devant les procédures. Pendant les froids de 1646, Aignan Rotinat, Aignan Bruneau et Jean Bionard, abattirent un chêne dans le bois qui entourait la chapelle. Le chapitre les cita, le 12 décembre, par devant le juge seigneurial de Briante (3), pour s'entendre condamner à leur payer douze livres tournois pour l'arbre et vingt livres de dommages et intérêts, avec défense de plus violer leur propriété. Aussitôt le seigneur du Virollant, Georges de Maumont, intervint, se prétendant seigneur fon-

(1) *Pièces justificatives*, pièce 14.
(2) *Pièces justificatives*, pièce 15.
(3) François Boniat, licencié ès-lois, lieutenant et juge ordinaire de la terre, seigneurie et justice de Briante pour Messire René de la Chastre, chevalier, seigneur de Breuillebaut, Fontancier, les Coûts et Briante.

cier du bois de Vaudouan. Mais, le 12 décembre 1646, le juge de Briante, écartant la prétention de M. de Maumont, condamna Rotinat et Bionard à payer le chêne qu'ils avaient abattu indûment et sans droit ; le prix devait en être fixé par des experts, et être ensuite affecté aux réparations de la chapelle (1). Salomon n'eût pas mieux jugé peut-être, pour ne donner tort ni au chapitre de la Châtre, ni au seigneur du Virollant. Leurs droits respectifs n'ayant pas été nettement définis à l'origine, il en résulte de perpétuels litiges suivis de concessions provisoires, et bientôt de prétentions inacceptables de part et d'autre. Le *statu quo* se prolonge jusqu'à nouveau conflit et amène quelque transaction. Mais il semble toutefois que l'aménité des relations, entre les vénérables chanoines et les turbulents seigneurs, ne souffre pas de ces procédures incessantes ; la fondation de 1630 en fait foi, aussi bien que les pieuses générosités des seigneurs du Virollant.

Ce fut en vain que le chapitre essaya de faire rapporter la sentence qui le condamnait à employer le prix de l'arbre abattu aux réparations et ornementations de la chapelle ; le juge de Briante la maintint en dépit de toutes les remontrances (2), et il est permis d'y voir certain côté épigrammatique qui dût doublement mécontenter les chanoines.

Vers 1648, la chapelle de Vaudouan fut encore victime d'un vol, moins criminel que celui de 1547, mais dont les conséquences ne sont pas moins regrettables. Un coffre, qui contenait les titres des fondations, miracles et *ex-voto* de Notre-Dame de Vaudouan, disparut sans retour (3). Que de

---

(1) *Arch. de l'Indre*. Fonds de Vaudouan. Orig. parch.

(2) Advertissement que bâillent et fournissent par devant vous Monsieur le bailly de Briante ou vostre lieutenant les sieurs venerables prieur et chanoines du chapitre Sainct-Germain de la Chastre. *Arch. de l'Indre*. Fonds de Vaudouan. Orig. pap.

(3) Villebanois veut que ce coffre ait été volé en la cure de

précieux documents disparurent avec lui, nous n'y pensons pas sans tristesse !

A présent que j'ai relaté les divers faits qui précèdent et dont l'importance est secondaire, j'arrive à l'une des phases les plus glorieuses de l'histoire de Vaudouan.

Digne héritier de Robert le Pieux, de Philippe-Auguste, de saint Louis et de Henri II, le roi Louis XIII, en 1638, avait pris la Sainte-Vierge pour protectrice de son royaume (1). Cinq ans plus tard, Louis le Juste avait le bonheur de mourir au cœur du mois de Marie, le 14 mai, le même jour que son glorieux père Henri IV.

« En 1643, dit M. l'abbé Caillaud, Louis XIII se trouvant dangereusement malade à Saint-Germain-en-Laye, se voua à Notre-Dame de Vaudouan, et envoya trois seigneurs de sa cour faire à pied ce pieux pèlerinage. Le roi étant mort peu de temps après leur départ, ils apprirent cette triste nouvelle en arrivant à Orléans. Ils crurent néanmoins devoir continuer leur voyage, et accomplir la sainte mission que le roi leur avait confiée. Comme ils voyageaient incognito, ils furent arrêtés à Saint-Août, à 18 kilomètres de la Châtre, comme des gens suspects ; et pour se faire mettre en liberté, ils furent obligés de déclarer leurs noms et d'exposer l'objet de leur mission. Arrivés à Vaudouan, ils demandèrent des prières pour le repos de l'âme de leur bon maître, firent leurs offrandes et repartirent incontinent (2). »

J'ai le regret de constater que nul historien du Berri ne rapporte ce vœu suprême d'un roi de France, si honorable cependant pour le Berri, et que je n'en ai trouvé trace dans aucune des relations qui suivent :

Discours funèbre, panégyrique et historique sur la vie

Briante ; il avait donc été auparavant enlevé par le curé de Briante. *Voyez* le chap. XII.

(1) Le vœu de Louis XIII fut confirmé par Louis XIV en 1650, et par Louis XV en 1738.

(2) CAILLAUD, p. 43 et 44.

et vertus, la maladie et la mort du roy très chrestien Louys le Juste, par messire Charles-François d'Abra de Raconis, conseiller du roi en ses conseils, prédicateur ordinaire de la reine, évêque de Lavaur. — Paris, 1643.

Mémoire fidèle des choses qui se sont passées à la mort de Louis XIII, roy de France et de Navarre, fait par Du Bois, l'un des valets de chambre de Sa Majesté, le 14 mai 1643.

L'Idée d'une belle mort, ou d'une mort chrestienne, dans le récit de la fin heureuse de Louys XIII, par le père Antoine Girard, jésuite. — Paris, imprimerie royale, 1656.

Cette dernière relation donne un récit détaillé jusqu'à la minutie de tous les actes de Louis XIII, depuis le jour où il se sentit malade jusqu'à sa mort, c'est-à-dire pendant quatre mois environ; et c'est avec le même regret que je constate le silence du père Girard sur le pèlerinage à Vaudouan des trois gentilshommes envoyés par Louis XIII.

Mais l'unanimité des historiens de Vaudouan et le ton de véracité de leur récit prouvent suffisamment, à notre sens, que le pieux fils de Henri IV eut réellement une suprême pensée pour Notre-Dame de Vaudouan, dont il avait dû connaître la populaire dévotion, lors de son séjour en Berry.

L'historien de Bury nous apprend que Louis XIII communia, le jour de l'Annonciation, à Saint-Germain; ce fut peut-être en ce jour solennel que le roi de France tourna ses regards vers l'humble sanctuaire de Vaudouan; car il était déjà si faible qu'il ne pouvait marcher sans le secours de deux de ses valets de chambre, et, grâce à la douce protection de Marie, celui qu'on appelait sur la terre Louis le Juste devint sans doute au ciel Louis le Saint.

CHAPITRE XI

Agrandissement de la chapelle. — Les capucins de la Châtre. — Le marquis de Thibouville. — Jean Baucheron. — *Non prævalebunt.* — Invention de reliques. — Inventaire de 1641. — Donations. — Jean Boucher. — Pèlerinages. — Fête du IIe dimanche après la Nativité de la Sainte Vierge. — De la dévotion à Notre-Dame de Vaudouan. — André Baucheron. — Confrérie de Vaudouan. — Mgr Léon de Gesvres.

« En 1648, dit M. l'abbé Caillaud, la dévotion à Notre-Dame de Vaudouan prenant de jour en jour de nouveaux accroissements, on sentit le besoin d'agrandir la chapelle. Le chapitre y consacra une somme de 320 francs, provenant de la vente qu'il avait faite à puissante dame Anne de la Forêt, épouse de messire Pierre de Chamborant, seigneur d'Ars, Montgivray et Neuvy-Saint-Sépulcre, de l'emplacement de la chapelle du prieuré, pour y bâtir le couvent des Capucins, et une somme de 50 francs par an fut allouée à M. Baucheron, chanoine en résidence à Vaudouan, pour surveiller les travaux..... Cette nouvelle construction fut bénite le 5 août 1668 (1). »

Il y a, selon nous, dans les lignes qu'on vient de lire, de légères erreurs, qu'il importe de rectifier.

En 1617, deux capucins, les PP. Jérôme, de la Flèche, et

---

(1) Caillaud, p. 19, 20 et 22.

Humble (1), de Dun-le-Roi, étaient venus prêcher à la Châtre la station quaresimale. Touchés de leur pieuse éloquence, les habitants proposèrent aux deux saints religieux de se fixer dans leur ville; ceux-ci en demandèrent la permission au R. P. Provincial de l'ordre, qui l'accorda sous l'agrément de Son Altesse le prince de Condé, seigneur et baron de la Châtre. Aussitôt, M. Bernard, l'un des échevins, fut député vers Henri de Bourbon, qui, ne se contentant point d'approuver le projet des habitants de la Châtre, fit don aux religieux de quelques sommes importantes. L'exemple du prince de Condé ne tarda pas à être suivi par l'élite de la noblesse des environs.

Dans le cours de la même année 1617, Anne de la Forêt de Proux (2) acquit du chapitre de la Châtre, pour une somme de 320 livres, une petite chapelle, vulgairement appelée le Prieuré, dont elle fit don aux Capucins (3).

Le chapitre décida que cette somme serait affectée à l'agrandissement de la chapelle de Vaudouan, dont l'exiguité se faisait depuis longtemps sentir, tant les pèlerins y accouraient en foule. Mais 320 livres ne devaient pas suffire à l'agrandissement projeté; avec cette patience confiante qui prend sa source en Dieu, le chapitre attendit que ses ressources se fussent suffisamment accrues. Un demi-siècle s'écoula de la sorte, non sans avoir grossi le trésor du chapitre; enfin, vers 1667, le marquis de Thibouville (4), alors

(1) Ou Romble *(Romulus)*.

(2) Veuve de Pierre de Chamborant, chevalier, seigneur d'Ars et Montgivray et baron de Neuvy-Saint-Sépulcre; dame d'honneur de l'archiduchesse d'Autriche et gouvernante des Dames de France, filles de Henri IV.

(3) L'auteur de l'*Hist. de la Châtre* en fait des Carmes. Or nous savons que la Châtre possédait un couvent de Carmes dès la fin du XVe siècle. *Voyez* le chap. IV.

(4) Henri de Lambert, seigneur d'Herbigny et marquis de Thibouville, maître des requêtes en 1660, intendant à Moulins en 1666, en Dauphiné en 1679, à Montauban en 1691, à Lyon en 1694, etc.

intendant de Moulins, ayant été guéri d'une dangereuse maladie par l'intercession de Notre-Dame de Vaudouan, fit don à la chapelle d'une somme de 300 livres, et le chapitre fit aussitôt commencer les travaux d'agrandissement.

Le vicaire de Vaudouan était alors Jean Baucheron, chanoine de Saint-Germain de la Châtre, vénérable prêtre animé d'un pieux désintéressement qui semble héréditaire chez les siens. — M. l'abbé Caillaud veut que M. Baucheron ait surveillé ces travaux en 1648, comme vicaire résidant à Vaudouan; mais ce ne fut qu'en 1665 qu'il afferma la chapelle, et c'est vraisemblablement à cette époque qu'il faut reporter le récit de M. l'abbé Caillaud, emprunté par lui aux historiens ses prédécesseurs.

Les nouvelles constructions furent solennellement bénites, en présence d'un immense concours de fidèles, le 5 août 1668, un siècle, mois pour mois, après l'incendie de Vaudouan par les huguenots. Le doigt de Dieu n'apparaît-il pas dans ce simple rapprochement de dates? *Non prævalebunt.*

Alors comme aujourd'hui, Notre-Dame de Vaudouan se composait d'un chœur, d'une nef, d'un porche, de deux chapelles latérales qui lui donnaient la forme d'une croix et d'une sacristie. L'église ayant été agrandie de treize pieds, on repoussa d'autant le maître-autel, adossé à une épaisse muraille, derrière laquelle se trouvait la sacristie, de vingt pieds carrés. — Enfin, en 1680, grâce à une riche offrande de M. Basty, de Saint-Martin de Pouligny, M. Baucheron fit lambrisser en entier l'église et la sacristie.

Les ouvriers avaient trouvé sous le maître-autel, en le déplaçant, une petite cassette en fer, toute remplie de reliques sans noms et sans authentiques; saints débris, peut-être préservés miraculeusement des flammes un siècle plus tôt! — M. Baucheron la fit incruster telle quelle dans le socle de la statuette de la très-sainte Vierge.

Les dons affluaient au sanctuaire, qui, depuis longtemps déjà, avait recouvré la prospérité des anciens jours, tant la persécution et l'outrage avaient peu affaibli la piété des populations.

Un inventaire de 1641 (1) nous montre de nombreux ornements de soie, de satin, de velours, des chasubles en drap d'argent, des chapes en drap d'or, des robes de dentelles pour la statuette miraculeuse, plusieurs calices d'argent, et de précieuses peintures. Les murs de la chapelle étaient littéralement tapissés d'ex-voto (2). « Il s'est fait à Notre-Dame de Vaudouan, nous dit Villebanois (3), des présents qui ont été de considération et de prix... Le sieur de Gamaches, au livre qu'il a fait, il y a plus d'un siècle, parle de chandeliers, de crucifix, de calices, de parements d'autels, le tout d'argent, qui y étaient pour lors... Je ne parlerai pas d'une couronne d'or du poids de dix-huit louis offerte à cette vierge par le père de madame de Treignac (4), auparavant femme du sieur de Villemort. M. André Audoux, président élu à la Châtre, a donné à la sainte Vierge de Vaudouan la plus grosse des deux lampes qui y restent, de quatre qu'il y voulait avoir. Le 12 février 1678, la marquise de Sarzay (5) y offrit deux chandeliers d'argent ; mais

(1) *Arch. de l'Indre.* Fonds de Vaudouan.
(2) Villebanois, p. 30.
(3) Villebanois, p. 38 et 39.
(4) Marie-Madeleine Lundault, fille de René, chevalier, seigneur de Lâge-au-Trudon, mariée : 1º à François d'Assy, chevalier, seigneur de Villemort et de Rochefolle, son cousin-germain; 2º à Jacques le Groing, chevalier, seigneur de Villebouche, Treignac et Herculat, appelé le marquis de Treignac. Par contrat du 20 octobre 1689, Jacques le Groing épousa en secondes noces Marie-Agnès de la Châtre, dame de Breuillebaut, Briante, etc., fille de Jean-Baptiste de la Châtre et de Jacqueline de Turpin. En 1709, Marie-Agnès était remariée avec Gaspard de May, seigneur des Salles et de la Vèdellerie, près Chambon, en Marche. Elle demeurait à la Châtre, en 1724.
(5) Jacqueline de Neuchèze-Villegongis, mariée, par contrat du 4 juillet 1645, à Léon de Barbançois, chevalier, marquis de Sarzay, mestre de camp du régiment de Conti, cavalerie.

le plus beau don qui s'y soit vu était, dit-on, un devant d'autel à fond d'or brodé d'argent, façon d'orfévrerie, très-pesant et difficile à plier pour son épaisseur et fermeté, qui était une pièce à admirer et qui charmait la vue. Une autrefois, une Notre-Dame d'argent... la ·Notre-Dame qui est au-dessus de la grande porte, tenant son petit Jésus d'une main et un cœur enflammé de l'autre, prise sur le naturel de celle de Maubranches, a été donnée par M. Barjou, sieur de Vouzet (1), bourgeois assez célèbre en Berry. » Enfin, un magnifique tableau représentant l'Annonciation, et dû au gracieux pinceau d'une illustration berruyère, Jean Boucher (2), de Bourges, — avait été donné par M. Rafflnat, curé de la Châtre, et placé au-dessus du maître-autel. Il est à regretter que l'œuvre du célèbre peintre ait été anéantie sous la Révolution; le pèlerin doit le déplorer amèrement, surtout s'il lève les yeux sur la burlesque peinture qui l'a remplacée de nos jours.

Des provinces les plus éloignées, on venait en pèlerinage à Notre-Dame de Vaudopan. La petite ville de Linas (3) y envoya

(1) Pierre Barjon (et non Barjou), écuyer, seigneur de Vouzay, marié à Marie d'Autry, dont il eut Marie Barjon qui, par contrat passé à Bourges le 5 juin 1656, épousa Jacques Dorsanne, écuyer, seigneur de Coulons, près Graçay, et de Montlevic, près la Châtre.

(2) La Thaumassière dit qu'il cultiva la peinture sous les principaux maîtres de l'Europe, qu'il fit plusieurs voyages à Rome, et que peu d'églises du Berry ne furent enrichies de ses œuvres. Il avait testé le 28 avril 1632, et mourut sans enfants en 1633. Page 95. — « J'estime ne devoir omettre, entre les hommes illustres de notre ville, Jean Boucher, peintre des plus excellents de nos âges, comme les beaux tableaux, desquels plusieurs églises sont ornées et enrichies, non seulement en notre province, mais aussi par toute la France, le témoignent. Il mérite que l'on fasse mention de lui en cet endroit puisque sa peinture est de telle grâce et ses inventions si copieuses qu'elles servent de patrons à ceux de son art. » Jean Chenu, *Antiquités*, p, 99.

(3) Seine-et-Oise.

un certain nombre de ses habitants, en 1654. « Il y a, dit Villebanois, des gens encore vivants qui les ont vus (1). » La même année, les villes de Sainte-Sévère, de Châteaumeillant et de Guéret vinrent processionnellement implorer la protection de Notre-Dame de Vaudouan ; et le 11 août, les pénitents de Châteauroux, dit M. l'abbé Caillaud (2), au nombre de plus de deux cents, presque tous nu-pieds, un cierge à la main, arrivèrent à la Châtre, suivis de plus de cent pèlerins, et se rendirent immédiatement à l'église de Saint-Germain, où M. Chechon, docteur de Sorbonne, curé de Saint-Denis et archi-prêtre de Châteauroux, les exhorta à se préparer pieusement au pèlerinage de Notre-Dame de Vaudouan. Le lendemain, à l'aurore, ils entendirent la messe ; puis ils partirent, deux à deux, pieds nus, le cierge à la main, chantant les louanges de Jésus et de Marie. Ils s'arrêtèrent à la croix des Prieux. « Là, M. l'archiprêtre de Châteauroux leur adressa un discours pathétique sur la puissance de Marie pour désarmer le bras de Dieu ; puis ils se rendirent à la fontaine, et de là à la chapelle. Ils y assistèrent à une grand'messe, où la plupart d'entre eux communièrent dévotement, et après avoir offert à la chapelle de magnifiques présents, ils revinrent à la Châtre dans le même ordre.» — Fontenay ajoute que le curé de Saint-Germain de la Châtre fit également prêcher à la croix des Prieux, en 1654. Il s'agit assurément d'une cérémonie extraordinaire, puisque le curé de la Châtre, accompagné de ses fabriciens et d'un grand nombre de ses paroissiens, se rendait processionnellement deux fois par an à Notre-Dame de Vaudouan, le lundi de la Pentecôte et le jour de la Nativité de la Sainte-Vierge. Deux cierges étaient offerts, l'un à la chapelle, l'autre à Saint-Aignan de Briante. — Quels temps de douce et courageuse ferveur, et quelles consolantes pensées évoquent ces pieux souvenirs !

(1) Page 26.
(2) Pages 41, 42 et 43.

Avant le vœu de Louis XIII, qui faisait du 15 août une fête toute française, en plaçant le royaume sous la protection de Marie, le chapitre de la Châtre, pour obéir à la fondation de Réginald Raimbues, se rendait processionnellement, le jour de l'Assomption, à Notre-Dame de Vaudouan ; mais à partir de 1638, le vœu du pieux chanoine et celui du pieux roi ne pouvant s'accomplir le même jour, le chapitre remit la fête de Notre-Dame de Vaudouan au deuxième dimanche après la Nativité de la Sainte-Vierge (1). Les chanoines, en ce jour solennel, allaient en chape jusqu'à la croix Séraphique.

« Là on pliait les bannières et l'on déposait tous les ornements dans un grand coffre confectionné pour cet usage, et on l'emmenait sur une voiture. Arrivés à la croix des Prieux, à l'entrée du bois de Vaudouan, les chanoines reprenaient leurs chapes, se mettaient un instant à genoux, et se dirigeaient ensuite en chantant vers la fontaine, puis de là vers la chapelle, où l'un d'eux célébrait la grand'messe (2). »

On peut se rendre compte de l'affluence de pèlerins qui venaient aux fêtes de la madone de Vaudouan par ces lignes de Villebanois : « Il est certain qu'annuellement à la fête de Notre-Dame d'août, il y arrive seulement d'Issoudun et de Châteauroux 200 carrioles de pèlerins, chacune contenant cinq personnes ou environ. Feu M. Pajot, notaire royal, en a compté jusqu'à 320 une fois en sa jeunesse. Entre les deux fêtes de Notre-Dame d'août et de septembre, c'est une sainte et perpétuelle foire de dévots à la chapelle de Vaudouan, qui commercent sans cesse des affaires de leur salut... Le lundi de Pâques annuellement est de la même force pour le nombre du peuple que le 15 août ; des trois et quatre mille personnes s'y trouvent (3). »

Dans le procès-verbal de la visite à Vaudouan de Mgr de

---

(1) *Pièces justificatives*, pièce 31.
(2) CAILLAUD, p. 39.
3) VILLEBANOIS, p. 24.

la Rochefoucauld, on lit « que tous les curés des environs, à sept et huit lieues, y viennent aussi en procession, en différents temps de l'année, avec les fidèles de leurs paroisses (1). » — Villebanois rapporte que, le mardi de Pâques, trente processions se rendaient à Notre-Dame de Vaudouan. Enfin il n'était pas de paroisse, à quatre ou cinq lieues de la chapelle, qui ne se fût obligée par vœu d'y venir tous les ans (2).

Quelle admirable dévotion ! Voyez-vous, dans le lointain du passé, ces milliers de pèlerins de tout rang s'approchant de la table sainte, sous le regard de Marie, et lui demandant de les protéger dans la vie et dans la mort ? Et puis comment s'étonner que Marie leur prodiguât les miracles ?

Les mères venaient implorer la guérison de leurs enfants ; les jeunes mariées plaçaient leur bonheur sous la garde de la sainte Vierge ; les infirmes s'en retournaient délivrés de tout mal ; sur la table du fond, dans la sacristie, les laboureurs apportaient du blé pour le faire bénir et le mêler ensuite à leurs semences. En un mot, il n'était de forme pieuse que ne revêtit cette tendre dévotion à Notre-Dame de Vaudouan.

Dès le commencement du xviiie siècle, André Baucheron, prêtre, chanoine de la Châtre et docteur de Sorbonne, avait succédé à N. Mosnier dans la vicairie de Vaudouan. Digne héritier des vertus et du zèle de son saint oncle, il mit tous ses soins à augmenter encore l'éclat du pèlerinage. Il fit d'abord construire un nouveau corps de logis pour le chapelain (3) ; il enrichit de tableaux l'église et la sacristie ; enfin, en 1705, il fonda la confrérie de Notre-Dame de Vaudouan, qui compta bientôt plus de deux mille agrégés.

---

(1) *Pièces justificatives*, pièce 31.
(2) FONTENAY, p. 58.
(3) Le logement actuel du chapelain. La grille du chœur et la galerie qui règne au-dessus de la grille du porche, datent certainement de cette époque.

En 1706, Léon de Gesvres (1), archevêque de Bourges, dans le cours de ses visites pastorales, vint à la Châtre, autorisa (2), le 9 juillet, l'établissement de la confrérie, et, sur la requête d'André Baucheron, lui permit « de placer sur l'autel de la chapelle de Vaudoüan un tabernacle propre et décent pour y garder les hosties consacrées dans un ciboire d'argent, au moins pour le dedans, pour y donner la communion aux personnes qui, par dévotion, viennent prier Dieu dans ladite chapelle, à condition néanmoins qu'on ne conservera des hosties que la veille des dimanches et festes, et que ce qui en restera lesdits jours de dimanches et festes passés sera consommé le lendemain par le prestre qui dira la messe dans ladite chapelle, sans qu'on puisse y en garder les autres jours. »

Cette autorisation formelle n'était que la conséquence de l'enquête faite en 1705 par l'official du diocèse, et peut-être d'une première visite à la Châtre de Mgr de Gesvres, le 7 mai 1706 (3).

Né en 1656, le jour même de l'Assomption, le vénérable prélat avait pour la sainte Vierge un culte d'une ferveur toute particulière ; aussi encourageait-il avec joie tout ce qui tendait à le propager.

Les pratiques de la confrérie de Vaudouan se trouvent consignées dans un document que j'ai eu plusieurs fois déjà l'occasion de citer (4). Elles consistaient à faire la procession

---

(1) Léon Pot'er de Gesvres, abbé de Bernay, archevêque de Bourges en 1694, cardinal en 1719, né le 15 août 1656, mort en 1744. Son portrait a été gravé par Picart en 1672, d'après Ant. Paillet ; par Gantrel, d'après François de Troy ; par Landry en 1674, et Trouvain en 1695.

(2) *Pièces justificatives*, pièce 18.

(3) *Pièces justificatives*, pièce 31. — Voyez la fin du procès-verbal.

(4) *Arch. de l'archevêché de Bourges*. Procès-verbaux des visites pastorales de Mgr de la Rochefoucauld, p. 215 et 216.

dans le bois, à boire de l'eau de la source, à se confesser et communier. Chaque agrégé payait 2 sols 6 deniers au chapelain, qui lui fournissait un cierge, avec lequel il assistait à la procession dans le bois, où l'on portait l'image de la Vierge. Au-dessus de la source, on avait formé une niche agreste, où se plaçait la statuette sainte recouverte de riches ornements. Après le sermon et la bénédiction, on la reportait solennellement à la chapelle. Il y avait deux fêtes par an, le lundi de Pâques et le second dimanche après la Nativité de la sainte Vierge, auxquelles la confrérie tout entière était tenue d'assister. « Il n'y a ni statuts ni règlements dans ladite confrérie, dit le *Procès-verbal* de 1734; mais il ne s'y commet aucun abus, ni rien de contraire à la piété et à la dévotion qui doit régner dans ces sortes d'associations. »

La fondation de Réginald Raimbues s'est relevée florissantes des ruines amoncelées par la Révolution ; hélas ! tel n'a pas été le sort de la fondation d'André Baucheron. Ces deux noms devraient être écrits en lettres d'or aux murailles de la pauvre chapelle. Pourquoi le noble et pieux archevêque, que nous voyons de nos jours à la tête du diocèse de Bourges, ne ressusciterait-il pas, après ce sommeil de moins d'un siècle, la confrérie de Notre-Dame de Vaudouan ? Ce serait ajouter un nouveau bienfait à ceux dont il a déjà comblé ce pèlerinage huit fois séculaire.

CHAPITRE XII

Procès entre le chapitre de la Châtre et le seigneur de Briante. — Sylvaine de Longbost. — Le droit de litre. — Sentence du siége royal d'Issoudun. — Procession du 15 août 1701. — Conflit entre le chapitre et le seigneur du Virollant. — Procès entre le chapitre et le curé de Briante. — Sentence du bailliage de Berry. — La dîme de sainte Catherine. — Pierre Collin, curé de Briante. — Procès. — Visite de l'official à Notre-Dame de Vaudouan. — Réclamation du seigneur du Virollant. — Inhumation de Sylvain de Cribleau. — Procès. — Le marquis de Villaines.

Je me suis laissé entraîner au-delà du XVII° siècle sans avoir fait mention d'un double procès qui surgit de 1664 à 1666 entre le chapitre de la Châtre et le seigneur de Briante.

Le 12 avril 1664, le chapitre adresse une « remonstrance à messieurs les esluz conseillers du roy, nostre sire, en l'eslection de ceste ville de La Chastre... En vénérance du sainct nom de la Vierge et de ses grands miracles, il vient au lieu de Vaudouhan quantités de voyageurs et pellerins en devotion, ordinairement et particulièrement les jours et festes de Nostre-Dame et lundy de Pasques... et sy trouvent des merciers qui vendent des chappellets et des boullangers, sur lesquels ledit seigneur de Briante a, sans aucun fondement, titre ni concession et de sa pure autorité, mis et prélevé un droict (1)... » — Défenses furent faites au seigneur de

(1) *Arch. de l'Indre.* Fonds de Vaudouan. Or. pap.

Briante de renouveler semblables usurpations; mais il n'en tint compte; car, le 2 février 1665, en la présence de Germain Dorguin, desservant de la chapelle, Sylvaine de Longbost (1), femme de René de la Châtre, seigneur de Breuillebaut et de Briante, « assistée de la nommée Dumay et autres ses domestiques, au préjudice des deffenses faites aux seigneurs de Briante et publiées à son de trompe audit lieu de Nostre-Dame de Vaudouhan, » préleva le même droit sur les merciers, boulangers et cabaretiers qui s'y trouvaient (2).

Sur ces entrefaites, Sylvaine de Longbost ayant perdu son mari, envoya quinze ou seize ouvriers pour peindre autour de la chapelle de Vaudouan une ceinture funèbre à ses armes, sous prétexte que le défunt, comme seigneur de paroisse et haut justicier, y avait droit de servitude. — On le voit, c'était exactement la prétention qu'en 1608 avait formulée déjà Baptiste de la Châtre, beau-père de Sylvaine de Longbost. Moins timorée que lui, elle voulut joindre l'acte à la prétention; mais le desservant de la chapelle, Jean Baucheron, aidé des habitants du hameau, chassa les ouvriers, brisa leurs outils et jeta bas leurs échafaudages (3).

Aussitôt, le chapitre et Sylvaine de Longbost portèrent simultanément le litige au siége royal d'Issoudun. Dans son mémoire au bailli de Berri, le chapitre repousse énergiquement la prétention de la dame de Briante, se fondant sur ce qu'il est seul et vrai seigneur et maître de la chapelle de Vaudouan. Faisant allusion au pillage de Gadiffer de la Couture, les chanoines exposent que leurs vénérables prédécesseurs risquèrent leurs biens et leur vie, pour obtenir

---

(1) Sylvaine (ou Sylvie), fille de Balthasar de Longbost, seigneur des Coûts et de Saint-Martin le Mau, et d'Hélène Tiercelin.

(2) *Arch. de l'Indre.* Fonds de Vaudouan. Or. pap.

(3) *Arch. de l'Indre.* Fonds de Vaudouan. Pièce du 2 septembre 1666. Or. pap.

justice contre des personnages puissants et qualifiés, qui avaient volé les calices et autres objets sacrés; ce que les chanoines n'eussent assurément pas fait, s'ils n'eussent été réellement seigneurs et maîtres de ladite chapelle. Enfin, les ancêtres de René de la Châtre, qui n'étaient pas moins grands seigneurs que lui, n'avaient jamais réclamé le droit de ceinture, ce qu'ils n'eussent manqué de faire s'il leur eût appartenu.

« La cour, répliquait-on, au nom de la dame de Briante, est suppliée d'observer qu'à l'égard de ladite demanderesse, elle ne fonde sa prétention que sur le droit de sa justice, au dedans de laquelle la chapelle est située, et sur ce que la qualité de haut justicier attribue le droit de litre (1) et ceinture funèbre en toutes les églises et chapelles construites dans l'étendue de la haute justice. »

Au bout de deux années d'enquêtes et d'interrogatoires, le siège d'Issoudun rendit sa sentence, qui condamnait les chanoines à souffrir la ceinture funèbre aux armes des seigneurs de Briante. Il est vrai qu'en manière de consolation, le chapitre était reconnu pour patron (2) et seigneur de la chapelle de Vaudouan; mais ce coup n'en fut pas moins sensible à son amour-propre (3).

Dès lors, en outre, les seigneurs de Briante, forts de la sentence du siège d'Issoudun, ne s'en tinrent pas au seul droit de ceinture funèbre, et prélevèrent régulièrement un impôt sur les marchands de Vaudouan (4).

---

(1) « *Litre*. Ceinture funèbre. C'est un droit honorifique qu'ont les seigneurs-patrons fondateurs, ou les seigneurs hauts-justiciers dans les églises qu'ils ont fondées, ou qui sont de leur seigneurie. Il consiste à faire peindre les écussons de leurs armes sur une bande noire, en forme d'un lé de velours, autour de l'église. » *Dict. de Trévoux*, t. IV, p. 290.

(2) Le droit de patronage s'acquérait par la fondation ou par la dotation.

(3) *Arch. de l'Indre*. Fonds de Vaudouan. — VILLEBANOIS, p. 44.

(4) Extrait d'un bail à ferme de la seigneurie de Briante en date

En 1701, de nouveaux déboires attendaient le chapitre; car le succès des seigneurs de Briante devait encourager les seigneurs du Virollant à renouveler plus hautement que jamais leurs vieilles prétentions, dont l'étrangeté présente un côté attristant.

Sylvain de Cribleau, seigneur du Magnou et du Virollant, avait épousé, en 1698, Anne de Valzergues (1), dont les ancêtres avaient également possédé la seigneurie du Virollant.

Le 15 août 1701, à Vaudouan, la procession solennelle de l'Assomption fut troublée par l'audacieuse agression d'un mandataire de Sylvain de Cribleau. Mais laissons la parole à un témoin oculaire :

« Aujourd'hui 15 août 1701, moi, notaire....., étant en la procession conduite par MM. les vénérables prieurs et chanoines de la Chastre, de l'église de la Chastre, à la chapelle de Notre-Dame de Vaudouan, distante d'une lieue, et de là à une fontaine dépendante d'icelle, située à environ trois cents pas de distance;

» Après avoir assisté à ladite procession, conduite premièrement au devant de la porte et principale entrée de la chapelle, avec croix et bannières, et de là à ladite fontaine par les dits vénérables, lesquels, arrivés autour de ladite fontaine, ont parachevé de chanter les litanies de la sainte Vierge et plusieurs oraisons ordinaires, à cause d'une image de la Sainte-Vierge, qui est dans une niche bâtie exprès dans le principal mur de ladite fontaine sur lequel est posée une croix.

« Certifié avoir été requis comme plusieurs autres d'être

---

du 11 septembre 1669 : «... Le droit appartenant au dit seigneur de Briante et qu'il a accoutumé de faire lever sur les cabaretiers, boulangers, merciers, et autres marchands qui exposent leurs marchandises en vente proche la chapelle de Vaudouan, terre et justice de Briante... »

(1) Fille de Marc, seigneur de la Chassaigne, et d'Éléonore de Chambon.

présent à la perception qu'ils prétendent faire pour et au lieu de M⁰ Jacquier, prêtre semi-prébendé en leur chapitre, desservant de ladite chapelle, et laquelle maintenant il occupe, des oblations et offrandes laissées à ladite fontaine, et près d'icelle par des personnes qui y ont dévotion à l'intention de Notre-Dame, à l'effet de se conserver la possession de laquelle ledit desservant, ses prédécesseurs et lesdits vénérables disent être de jouir et de profiter desdites oblations, et à laquelle possession le sieur curé de Briante ne les a jamais troublés ; à laquelle réquisition nous avons adhéré en présence des témoins cy-après nommés ;

» Ledit prieur, aussi lesdits vénérables, se seroient ensemble approchés d'un des côtés de ladite fontaine, à main sénestre, en y allant dudit Vaudouan, autour duquel étoit tendue une nappe en drap de toile, soutenue par deux planches, sur laquelle il y avait ladite image de Notre-Dame, qui a coutume d'être en la niche de ladite fontaine, laquelle a été ôtée et apportée sur ledit linge, avec un crucifix, étant entre une tasse propre à boire, un gâteau, et à côté plusieurs liards et menues monnaies qui, selon ce qui a pu être jugé, pouvoient monter à environ trois livres, et à la place de ladite image de Notre-Dame, et dans ladite niche, étoit une bouteille de vin ; lequel argent lesdits vénérables disant être à eux, ils se sont mis en devoir de le prendre, et en effet le dit sieur Selleron en auroit pris de sa main dix sols, et ledit sieur Carcat six sols avec plusieurs chandelles de cire jaune, et, se mettant en devoir de prendre le surplus, se seroit présenté un homme inconnu, vêtu d'une étoffe grise, blanche dans la doublure, et les manches sans rouge, lequel se seroit jeté dessus et les auroit empêchés, disant qu'il étoit là par l'ordre du sieur de Magnou, seigneur du Virollant, dont le château du Virollant n'est éloigné de ladite chapelle et fontaine que de six cents pas ; lequel valet a dit qu'icelui seigneur du Virollant prétendoit avoir les offrandes, et, par cette raison, auroit, par force et violence et malgré lesdits sieurs du chapitre, enlevé le surplus ;

« Dont et de tout ce que dessus lesdits vénérables du chapitre nous auroient requis de dresser procès-verbal, comme aussi de ce que ledit homme inconnu a dit se reconnaître valet ordinaire du sieur de Magnou, et que c'est lui qui a ainsi disposé ladite fontaine en sa parure, qu'il a sur-le-champ pris, dégarni et emporté tout ce qui est ci-devant exprimé, sauf lesdites deux petites sommes réservées par lesdits sieurs chanoines et ladite image, et n'a voulu dire son nom, de ce requis ; le tout de neuf à dix heures.

» Ce fait, lesdits vénérables ont signé, sont retournés en procession à la chapelle de Vaudouan et ont chanté la grand'-messe. »

Il ressort de ce document plusieurs faits sur lesquels il importe d'attirer l'attention. — Le chapitre percevait les oblations des fidèles, tandis qu'elles appartenaient de droit au vicaire desservant la chapelle. — Le chapitre allègue faussement qu'il n'a jamais été troublé par le curé de Briante dans la jouissance de ces oblations. — Enfin le seigneur du Virollant ne prétendait qu'aux offrandes déposées aux pieds de la madone de la source, parce que « c'est lui qui a ainsi disposé ladite fontaine en sa parure ; » prétention véritablement insoutenable, autrement que par la violence.

Ce fut le dernier conflit entre les chanoines de la Châtre et les seigneurs du Virollant. Peut-être le triomphe des seigneurs de Briante avait-il affaibli la confiance du chapitre dans son bon droit ; car il ne paraît pas que ce déplorable incident ait été plus loin que le procès-verbal qu'on vient de lire.

Anne de Valzergues mourut et fut inhumée à Vaudouan, dans la chapelle du Virollant. Sylvain de Cribleau se remaria avec Élisabeth de Béthoulat (1), mourut en 1712, et fut enseveli près de sa première femme. Deux ans après, Élisabeth

---

(1) Fille de François, écuyer, seigneur de Ranchoux, brigadier des gendarmes du roi, et de Marie Pelletier.

de Béthoulat le rejoignait dans le caveau de la chapelle du Virollant.

En lisant le procès-verbal du 15 août 1701, on s'aperçoit tout d'abord que la première pensée du chapitre avait été d'attribuer au curé de Briante l'agression violente du mandataire inconnu.

Il est permis d'y voir un pressentiment, justifié par les précédents comme par ce qui devait suivre ; car nous ne sommes pas au bout de ces perpétuels conflits de juridiction, de patronage, de seigneurie, de possession.

Dès l'année 1664, un conflit s'était engagé entre le curé de Briante et le chapitre de la Châtre, et ne devait se terminer, après de longues et pénibles péripéties, qu'un demi-siècle après, en 1713. — Guillaume Gaignère, suivant les traditions de ses prédécesseurs, contestait aux chanoines le droit de prélever les oblations de Notre-Dame de Vaudouan, et leur réclamait la portion congrue, sous prétexte qu'ils avaient dans sa paroisse une dîme de blé appelée la dîme de sainte Catherine. Il avait obtenu contre eux, le 5 mai 1664, « un jugement de provision pour ladicte portion congruèe au siége royal d'Issoudun comme aussy au siége de l'officialité de Bourges, » jugement confirmé (1), le 19 août 1669, par René Dorsanne, lieutenant général au bailliage de Berri. Mais le 12 avril 1670, le chapitre, désireux de mettre un terme aux différends qui surgissaient quotidiennement entre le curé de Briante et lui, crut y parvenir en lui abandonnant en toute propriété la dîme de sainte Catherine. Effectivement, Guillaume Gaignère cessa, de ce jour, d'inquiéter le chapitre de la Châtre ; mais, en 1684, Pierre Collin, qui lui avait succédé dans la cure de Saint-Aignan de Briante, fit opérer une saisie de la mense capitulaire, qui ne fut levée que par arrêt du 5 février 1685.

Remuant, énergique, convaincu sans doute et mettant au service d'une cause mauvaise toute la ténacité de la bonne

---

(1) *Pièces justificatives*, pièce 16.

foi, plus ambitieux que Pierre Mathé, plus adroit que Jean Breton, ses prédécesseurs, Pierre Collin ne tendait à rien moins qu'enlever au chapitre de la Châtre, au profit de l'église paroissiale de Briante, le patronage et la possession même de la populaire chapelle de Vaudouan; et, dès son installation au presbytère de Briante, on le voit commencer les hostilités, réclamer hautement la portion congrue et harceler le chapitre par d'interminables procédures. Une première sentence arbitrale du 30 janvier 1691 ayant donné raison au chapitre, Pierre Collin s'empressa d'en appeler, et, de fait, une seconde sentence du 21 avril de la même année (1) cassa la première et approuva les dires et prétentions du curé de Briante.

Quelques faits intéressants ressortent de la déposition des témoins appelés par Pierre Collin : Jacques Adenis, curé de Briante avant Guillaume Gaignère, demeurait au château du bourg, et, en retour de cette noble hospitalité, il tenait en ordre les archives de René de la Châtre-Breuillebault. A la mort de Jacques Adenis, son hôte fit saisir et emporter au château les papiers et terriers de la cure par deux de ses domestiques appelés de Brade et Lamarche, et il ne paraît pas qu'il ait ensuite restitué ceux qui ne le concernaient point. Enfin le « 25 mars, jour de l'Annonciation de l'année que messire Pierre Collin devint curé de Briante, » pendant les offices, Bertrand Gillet, maréchal de Briante, escalada le mur du presbytère, et vola le journal manuscrit du feu curé Gaignère, une obligation qu'il lui avait souscrite « et les exploits et procès verbaux faits en conséquence. » Bertrand Gillet était mort peu de temps après à l'abri du soupçon, et de tardives révélations ne servirent pas à faire retrouver les papiers qu'il avait soustraits. — Pierre Collin en profita pour avancer des prétentions qu'il disait

(1) Portée par André Perault et Étienne Villain, procureurs aux bailliage et baronnie de la Châtre. — *Arch. de l'Indre*. Fonds de Vaudouan.

ne pouvoir justifier, en raison de cette soustraction, mais qui étaient réellement injustifiables.

Une consultation signée de l'avocat Chevalier, de Bourges, et datée de 1694, les éclaire dans leur vrai jour. « La seconde question, y lisons-nous, pour les oblations de la chapelle de Vodouan se trouve décidée en faveur du sieur curé, tant par la déclaration du Roy du mois de janvier 1686, que par celle de 1690. Par la première, Sa Majesté règle la portion congrue des curés à 300 livres outre les offrandes, les honoraires et droits casuels, et, par la deuxième, il est expressément dit qu'outre la portion congrue due aux curés ils jouiront de toutes les oblations et offrandes...... parce qu'en droit, toutes les offrandes qui se font dans sa paroisse lui appartiennent, suivant le concile de 1208, tenu à Londres (1). »

Le bailliage et l'official repoussèrent, comme de raison, la prétention du curé de Briante; mais la concorde ne se rétablit point entre les parties. Qu'il me soit permis de passer sur divers incidents de cette lutte affligeante et d'arriver à l'année 1705.

A cette époque, le vicaire de Notre-Dame de Vaudouan était M. Mosnier, prêtre faible et négligent qui, toutefois, dans un louable esprit de conciliation, avait recherché l'amitié du turbulent curé de Briante (2). Pierre Collin s'était en effet adouci depuis que M. Mosnier desservait la chapelle; l'inhumation d'Anne de Valzergues, première femme de Sylvain de Cribleau, seigneur du Virollant, s'était faite sans troubles et sans querelles de préséance, en la présence même du curé de Briante (3). Mais la lutte n'était qu'assoupie.

(1) *Arch. de l'Indre.* Fonds de Vaudouan.
(2) *Arch. de l'Indre.* Fonds de Vaudouan. Pièce du 15 mai 1713. « ... Les sieurs Letellier et Mosnier, liés d'une étroite amitié avec ledit sieur Collin aussi bien qu'avec les sieurs Join, curé de Fuzine; le Grand, curé du Maigny; Raton, curé de Sarzay, et Boucheron, curé de saint Martin de Pouligny.. »
(3) *Pièces justificatives*, pièce 26.

Le 14 mars 1705, M. Jacquemet, vicaire-général et official du diocèse, visita minutieusement la chapelle de Vaudouan et s'enquit de tout ce qui la concernait. Le seigneur du Virollant se plaignit que le chapitre n'acquittât pas le service des trois messes hebdomadaires fondées par Réginald Raimbues, son prédécesseur, et promit de faire restaurer la chapelle dite du Virollant, complétement délaissée et délabrée. — Le curé de Briante se plaignit à son tour « de ce qu'on faisait dans la dite chapelle plusieurs fonctions curiales qui ne doivent estre faites que dans son églize, comme de recevoir les femmes après leurs couches et autres semblables fonctions. » M. Jacquemet défendit au desservant de Vaudouan d'y faire aucunes fonctions curiales, et « sur ce qui lui fut représenté que ledit sieur Collin retenoit indeuement une clef de la sacristie de ladite chapelle pour y entrer quand bon luy sembleroit, » le vicaire général ordonna que cette clef fut rendue au chapelain « avec défences d'en faire faire d'autres. » D'autres abus furent remarqués et corrigés par M. Jacquemet. Il condamna la dévotion des pèlerins pour la source miraculeuse, sans doute par une regrettable ignorance des origines de Vaudouan, et défendit qu'on y replaçât l'image de la sainte Vierge. — Assurément c'était empêcher le retour de contestations aussi déplorables que celles du 15 août 1701 ; mais n'était-ce point, hélas! porter un coup fatal à la popularité du pèlerinage?

Quant à la réclamation du seigneur du Virollant, le chapitre nia qu'il fût dans l'obligation de célébrer trois messes dans la chapelle de Vaudouan. Avait-il donc déchiré le testament du saint et généreux Raimbues ? — Triste exemple d'oubli et d'ingratitude (1)!

Vers le mois de septembre ou d'octobre 1704, l'archidiacre de Châteauroux, visitant la chapelle de Vaudouan, avait défendu d'y confesser et donner la communion. Le vicaire général leva ces défenses, en ordonnant toutefois

(1) *Pièces justificatives*, pièce 17.

que les hosties qui resteraient après la communion de la dernière messe seraient consommées par le célébrant (1). — Ces privilèges furent confirmés, on le sait, par Mgr de Gesvres, le 9 juillet 1706 (2).

Pendant cinq années environ, Pierre Collin s'abstint de toutes démarches hostiles ; mais il les renouvela brusquement vers la fin de 1711. Peut-être espérait-il faire bon marché des résistances du chapitre de la Châtre ; mais il vit aussitôt se dresser en face de lui un homme non moins ardent, non moins énergique et qui usa contre lui de toutes les forces de sa pieuse et active intelligence. C'était le chanoine André Baucheron, vicaire de la chapelle depuis 1706 et fondateur de la Confrérie des pèlerins de Vaudouan.

Pierre Collin basait ses prétentions sur l'argumentation même des seigneurs de Briante : la chapelle de Vaudouan, se trouvant sur le territoire de la paroisse de Briante, devait évidemment ressortir de son église paroissiale.

Une première consultation (3) de M⁰ Nouet, avocat de Paris, pour le chapitre de la Châtre, réduisit à néant cette captieuse argumentation. — Pierre Collin réclama alors trois cents livres de portion congrue et demanda que le chapitre de la Châtre fût tenu de payer toutes les réparations de l'église de Briante. A ces conditions, il condescendait à signer la paix, suivant le désir de Mgr l'archevêque (4).

Le chapitre répondait « qu'il savoit intervenu arrest au grand conseil en faveur de feu M⁽ʳᵉ⁾ Guillaume Ganier (Gaignère), vivant curé de Briante, qui luy adjugeoit pour sa

---

(1) *Idem.*
(2) *Pièces justificatives*, pièce 18.
(3) 22 janvier 1712. — *Pièces justificatives*, pièce 19.
(4) *Mémoire des raisons que le curé de Briantes réplique à ce que les sieurs du chapitre de la Châtre peuvent dire contre les pièces laissées entre les mains de MM. les grands-vicaires de Mgr de Bourges pour terminer leurs différends suivant l'intention de Mgr.* — Arch de l'Indre. Fonds de Vaudouan.

portion congrüe la somme de deux cents livres qui devoit estre payée par les décimateurs de sa parroisse à la réserve des sieurs dudit chapitre, au moyen de l'abandonnement du dixme de sainte Catherine par eux à luy fait et de toutes leurs dixmes sises en sa parroisse. » Forts de cette transaction, les chanoines n'hésitaient pas à qualifier de « frauduleuse » la conduite du sieur Collin (1).

Les choses en étaient là quand la mort de Sylvain de Cribleau, seigneur du Virollant, donna lieu à des faits lamentables. Le vendredi, 2 septembre 1712, « le sieur Collin, curé de Briante, accompagné des sieurs curés d'Urciers et Feuzines, à croix levée, se transporta vers la chapelle de Vaudouan pour y inhumer le corps de feu messire Sylvain de Cribleau, chevalier, seigneur du Virollant et autres lieux; il arriva sous le vestibule de ladite chapelle, accompagné de gens de main disposés à une violence (2). » André Baucheron et son suppléant, François Dupuy, firent aussitôt fermer toutes les portes de la chapelle « pour en conserver les droits et éviter le scandale, » et ce fut en vain que Pierre Collin se laissa aller aux injures et aux menaces : les portes demeurèrent closes devant lui. Il se retira avec ses acolytes, abandonnant le corps de Sylvain de Cribleau, qui fut alors inhumé dans la chapelle du Virollant par André Baucheron et François Dupuy.

Le 7 septembre, le curé Collin les assigna à comparoir par devant l'official de Bourges, pour avoir contrevenu au règlement établi par M. Jacquemet en 1705, en faisant des fonctions curiales dans la chapelle de Vaudouan, et notamment pour y avoir inhumé le corps du feu seigneur du Virollant, paroissien de Briante (3). — Le chapitre intervint

(1) *Supplique des prieur, chanoines et chapitre de St-Germain de la ville de la Châtre à Mgr de Bourges.*—*Arch. de l'Indre. Fonds de Vaudouan.*

(2) *Pièces justificatives*, pièce 22.

(3) *Pièces justificatives*, pièce 20.

immédiatement, prit fait et cause pour André Baucheron (1), et chargea son prieur, Antoine Deligny, d'aller soutenir ses droits devant l'official de Bourges. En inhumant le sieur de Cribleau, disait-il (2), André Baucheron n'avait fait qu'user d'un droit qui appartenait au chapitre depuis plus de 400 ans ; car il est le seul maître de la chapelle de Vaudouan, et nul n'a droit d'y faire fonctions que lui-même.

L'official admit l'intervention du chapitre, malgré les efforts contraires du curé Collin, et ordonna que, jusqu'à sentence définitive, les inhumations seraient faites dans la chapelle de Vaudouan par le vicaire ou ses fondés de pouvoir (3).

Le 8 octobre, l'avocat Nouet donna une nouvelle consultation pour le chapitre. Le curé de Briante, y est-il dit, avait le droit de faire lever le corps de M. de Cribleau et de le faire transporter à l'église paroissiale ; mais le droit d'inhumation appartenait sans conteste au chapelain de Vaudouan. Le curé de Briante n'a droit à aucune des oblations, puisqu'elles sont faites spécialement pour la chapelle. Les bénédictions de fruits, graines, chapelets, ne sont pas des fonctions curiales. Enfin Me Nouet ne laissait debout aucune des accusations du sieur Collin.

L'intervention du chapitre n'avait point affaibli l'activité d'André Baucheron. Le 25 septembre, il écrit à M. Mosnier, ancien desservant de Vaudouan, devenu curé de Segry, et lui demande des détails précis sur ce qui s'était passé à l'inhumation d'Anne de Valzergues, première femme de Sylvain de Cribleau. M. Mosnier ne lui répondit que le premier novembre (4), par une lettre plus timide encore que tardive.

(1) *Pièces justificatives*, pièces 21, 24 et 25.
(2) *Supplique en intervention à Mgr l'official.* — Arch. de l'Indre. Fonds de Vaudouan.
(3) *Pièces justificatives*, pièce 21.
(4) *Pièces justificatives*, pièce 26.

Dans le courant d'octobre, André Baucheron écrit lettre sur lettre (1) à M⁰ Asse, procureur près l'officialité de Bourges, pour lui signifier l'intervention du chapitre et sa prise de fait et cause. Le 4 novembre, en effet, Antoine Deligny, prieur du chapitre, se présente à Bourges au greffe de l'officialité et se fait délivrer un acte de présence (2). Enfin le 20 mai 1713 (3), l'official rend une sentence longuement motivée (4), qui déboute le curé de Briante de toutes ses prétentions.

Avec quelle douce ferveur le vicaire de Vaudouan dut remercier Marie de cette faveur nouvelle ! Avec quelle solennité, quelle reconnaissance, fut célébrée cette fête du 31 mai, qui confondait tous les cœurs du Berri dans un même chant d'amour pour la sainte mère de Dieu !

Virgo mater, natum ora
Ut nos juvet omni hord !...

Le chapitre de la Châtre vivra désormais en paix avec les hauts justiciers de Briante, les petits seigneurs du Virollant et les curés de Saint-Aignan de Briante. En 1740, le marquis de Villaines acquiert successivement Briante et le Virollant (5), et use librement des droits contestés à ses prédécesseurs. Toutes les divisions s'assoupissent, comme à l'approche de quelque immense catastrophe. Encore peu d'années, *la nation* confisquera chapelles et manoirs (6), et 93 écrasera sous les ruines les ambitions et les rivalités séculaires !

(1) *Pièces justificatives*, pièces 24 et 25.
(2) *Pièces justificatives*, pièce 27.
(3) M. Veillat fait donc erreur quand il dit après M. l'abbé Caillaud : « Ce fut seulement en 1711 que les curés de Briante abandonnèrent la partie, à la suite d'une dernière sentence de l'officialité diocésaine. » Page 306.
(4) *Pièces justificatives*, pièce 28.
(5) *Pièces justificatives*, pièces 37 et 38.
(6) *Pièces justificatives*, pièces 32, 33, 34, 35 et 36.

CHAPITRE XIII

Les bienfaiteurs de la chapelle. — M. Chevalier du Coudray. — M. Raveau. — La marquise de Villaines. — Topographie de Vaudouan. — Déprédations. — Visite à Vaudouan de Mgr de la Rochefoucauld. — Son portrait. — Ingrate ignorance. — Le xviiie siècle. — Règlement archiépiscopal. — Douloureuses révélations. — Mgr Phélypeaux. — Sac et pillage de la chapelle. — 1793. — Profanations sacriléges. — La statuette est brûlée. — M. Perichot. — De la mort des persécuteurs. — Vente nationale de la chapelle. — Jean Lafond et Jean Mauduit. — La Vendée et le Berri.

J'ai eu l'occasion, dans le cours de ce récit, de citer un grand nombre des bienfaiteurs de la chapelle de Vaudouan ; il me reste à en compléter la liste autant qu'il est en mon pouvoir.

En 1719, M. Chevalier du Coudray fait un don de 120 livres (1). Plus tard, M. Raveau (2) fonde « une messe basse qui s'aquitte le jour de saint Michel (3). » En 1731, dans l'année même où le chanoine de Fontenay réchauffe par une pieuse publication la dévotion à la Vierge de Vaudouan, la

---

(1) *Arch. de l'Indre.* Fonds de Vaudouan. *Pièces justificatives*, pièce 29.

(2) Ou Rabeau.

(3) *Archives de l'archevêché de Bourges.* — *Pièces justificatives*, pièce 31.

marquise de Villaines. (1), pour attirer les bénédictions de Marie sur l'union qu'elle vient de contracter, fait don à la statuette miraculeuse d'une robe de damas richement brodée.

Là s'arrête notre liste des bienfaiteurs de Vaudouan, liste évidemment incomplète, et combien nous regrettons de ne pouvoir la grossir de tant de noms perdus pour les hommes, sinon pour Dieu! L'image miraculeuse, au dire de Fontenuy, avait « de très-belles toiles bordées de dentelle très-fine, avec des robes très-riches pour toutes les saisons de l'année. » C'est un précieux témoignage de la générosité des fidèles.

« Vaudouan, nous dit le même historien, est au midi de la Châtre, au sein d'un vaste désert, au milieu d'une douce vallée en forme de plaine, couverte de châtaigniers et d'ormeaux qui forment à l'envi des berceaux naturels. » Mais d'amers regrets font bientôt place, sous sa plume, aux gracieuses descriptions.

» De toute l'argenterie dont parle M. de Gamaches, on n'en voit aucun reste, quoiqu'il n'y ait pas 170 ans que cette savante plume vivait. Il y avait une image d'argent de la Très-Sainte-Vierge, une couronne d'or qui pesait dix-huit louis, donnée à l'Enfant-Jésus par M. de Villemort. Que me servirait de demander où sont passées trois lampes d'argent dont la plus considérable fut présentée à la Sainte-Vierge, par M. André Audoux? Où sont les deux chandeliers que madame de Barbançois-Sarzay envoya, en 1678, par le R. P. Jacques Piedfort de Châteauroux. Je ne parle pas d'un superbe devant d'autel brodé en or. Rien de plus nu, de plus simple, de plus pauvre maintenant. Qu'y voit-on? Deux faibles calices d'argent, des chandeliers, des lampes,

---

(1) Marie Tixier, fille de Léon, chevalier, seigneur du Cluseau, Breuillebaut, Crevant, Chassignoles, etc., et de Perpétue Godard, — mariée, par contrat du 4 juillet 1730, à Nicolas-Pardoux, chevalier, seigneur et marquis de Villaines, etc. — PALLET, *Histoire de Berry*.

une croix avec un encensoir de cuivre. On y aperçoit encore quelques banderolles de coquillages avec des couronnes de plomb que les jeunes gens de ce pays, à leur retour du pèlerinage de Saint-Michel, offrent à la Très-Sainte-Vierge en actions de grâces de ce qu'elles les a préservés d'accidents pendant leur voyage (1). »

Le souffle empesté de la Régence se faisait sentir dans ces déprédations sacrilèges et ce refroidissement de la dévotion à Marie. André Baucheron n'était plus, et il semble qu'il eût emporté avec lui dans la tombe cette ardente et généreuse ferveur qui entraînait les âmes.

Il ne fallut rien moins que la présence du premier pasteur du diocèse pour rendre à Notre-Dame de Vaudouan un peu de l'éclat des autres siècles. — Le vendredi 24 septembre 1734, cinq jours après la célébration solennelle du vœu de Réginald Raimbucs, Mgr de la Rochefoucauld (2) vint à Vaudouan, où il fut reçu par Antoine Deligny, prieur du

---

(1) FONTENAY, p. 77. — Fontenay était chanoine de la Châtre, il ne faut pas l'oublier; il ne pouvait donc accuser le chapitre dont il faisait partie. On lit en effet dans une pièce de 1697 (Arch. de l'Indre, fonds de Vaudouan), que Sylvain de Cribleau, seigneur du Virollant, se prétendant seigneur fondateur de la chapelle de Vaudouan, demandait par devant l'official du diocèse que le chapitre fût condamné : 1º à dire trois messes par semaine à l'intention des fondateurs de la chapelle de Vaudouan; 2º *à rapporter les lampes et chandeliers d'argent et les ornements*, et s'engager par serment qu'il n'en retient aucun; 3º à ce qu'il y ait un prêtre résidant en ladite chapelle pour recevoir les aumônes; 4º à ce qu'il y ait un registre où seront écrites les aumônes pour être examiné par le sieur archidiacre faisant sa visite, etc. — Le règlement de l'official, du 14 mars 1705, fait droit à quelques-unes des réclamations de M. de Cribleau. — *Pièces justificatives*, p. 17.

(2) Frédéric-Jérôme de la Rochefoucauld, fils de François, comte de Roucy et de Royo, seigneur de Pierrepont, lieutenant général des armées du roi, et de Catherine Françoise d'Arpajon ; né le 16 juillet 1701, mort le 29 avril 1757.

chapitre de la Châtre, et Germain Laisnel, chanoine et vicaire de la chapelle.

Dès le berceau, Frédéric de la Rochefoucauld avait été destiné à l'Église, et, plus tard, la vocation s'était trouvée conforme aux vues paternelles. D'abord pourvu de plusieurs bénéfices importants, puis vicaire-général de l'archevêque de Rouen, il avait été nommé à l'archevêché de Bourges, en 1729, sur la démission du cardinal de Gesvres. Mgr de la Rochefoucauld n'avait pas encore trente ans ; mais le génie et la piété lui avaient fait une expérience précoce. Il n'était de voix qui ne vantât les vertus du jeune prélat, sa droiture, ses lumières, son caractère ferme et conciliant, son habileté, son inépuisable charité. Il employait son crédit en faveur des malheureux, et s'associait de toutes ses forces à tout ce qui pouvait développer la prospérité du Berri (1).

Mgr de la Rochefoucauld trouva la chapelle de Vaudouan « en fort bon état de réparation, proprement décorée et suffisamment fournie de vaisseaux sacrés, linges et ornements nécessaires à la célébration du service divin (2). » Mais quelles navrantes réflexions suscite la lecture du procès-verbal de la visite pastorale ? Le nom de Réginald Raimbues est à peine connu du chapitre de la Châtre, dont le prieur commet de révoltants anachronismes, tristes indices de la plus ingrate ignorance ! « La chapelle, dit-il encore, a deux légères fondations, l'une d'une messe basse fondée pour le sieur Raveau, qui s'acquitte le jour de Saint-Michel, et une autre aussi, d'une messe basse et un *Libera* à la fin, qui s'acquitte le second dimanche d'après la Nativité de la Vierge, pour le sieur de Rambœuf. Le chanoine qui est commis par le chapitre pour desservir la chapelle, est chargé de dire ou faire dire une messe basse toute l'année ;

---

(1) *Journal économique*, octobre 1768, p. 444.
(2) *Procès-verbal* de la visite de Mgr de la Rochefoucauld. — *Pièces justificatives*, p. 31.

ces messes ne sont point d'obligation, mais seulement pour satisfaire à la dévotion des fidèles... »

Ainsi les seigneurs et maîtres de Vaudouan n'avaient plus de la généreuse et sainte fondation de Raimbues qu'un souvenir vague et dénaturé. Que ne se trouvait-il un prêtre austère, énergique, un Pierre du Bost pour remettre sous les yeux des oublieux chanoines les clauses et les charges de la donation de Réginald Raimbues ?

L'influence délétère du xviii° siècle, si dignement inauguré par les turpitudes de la Régence, avait pénétré jusqu'au cœur de notre vieux pèlerinage, et l'attention du noble archevêque devait être captivée à Vaudouan par des fautes bien autrement graves que l'ignorance ou l'ingratitude des chanoines de la Châtre. — Laissons parler Mgr de la Rofoucauld lui-même :

« Notre promoteur nous a remontré que le grand concours de peuple qui se rencontre différents jours de fête à ladite chapelle occasionne des jeux, des danses, des cabarets où l'on se livre à la débauche et à des ivrogneries qui souvent causent des querelles, des disputes, des batteries, même des homicides, ainsi qu'il est arrivé l'année dernière et cette présente, requérant qu'il nous plaise y pourvoir par les voies que nous croirons le plus convenables. Sur quoi faisant droit, nous ordonnons que les règlements faits par Son Éminence Mgr le cardinal de Gesvres, lors de sa visite le 7 mai 1706, et celui fait par le sieur Jacquemet, vicaire général et official, le 14 mars 1705, seront exécutés suivant leur forme et teneur; au surplus, avons défendu au sieur chapelain de célébrer en ladite chapelle et souffrir qu'il y soit célébré la nuit et le jour de Noël : lui enjoignons de tenir la main à ce que, dans la suite, il n'y ait aucune danse ni jeu aux environs de ladite chapelle, à ce que les cabaretiers ne donnent point à boire et à manger, les jours d'apport et de concours, passé deux heures après-midi, sous peine d'interdit de ladite chapelle ; ce qui sera exécuté, en cas d'appel, nonobstant opposition ou appellation quelconque, attendu qu'il s'agit de police ecclésiastique (1). »

Quelles douloureuses révélations dans ce peu de lignes ! La débauche et le meurtre souillaient la terre bénie de Vaudouan, et la Nativité du sauveur, par-dessus toutes les autres fêtes religieuses, n'était plus qu'un prétexte à l'orgie !

Les sages défenses de Mgr de la Rochefoucauld n'apportèrent au mal qu'un remède de courte efficacité ; car l'atmosphère philosophique du XVIIIe siècle faisait germer partout le désordre et l'impiété.

Un demi-siècle plus tard, en 1782, Mgr Phélypeaux (2), qui avait succédé à Mgr de la Rochefoucauld sur le siège archiépiscopal de Bourges, défendit aux processions de sortir de l'enceinte de leurs paroisses, tant s'étaient généralisés les désordres signalés naguère à son illustre prédécesseur. « Cette mesure générale, dit M. l'abbé Caillaud, était sans doute sage et utile ; mais, pour Vaudouan en particulier, elle était nuisible. Les trente paroisses des environs qui y venaient tous les ans, bannières déployées, durent respecter la défense de l'autorité : la plupart continuèrent d'y venir en pèlerinage ; mais il n'y avait plus cette solennité, cet éclat extérieur qui plaît et qui entraîne ; bientôt le zèle se refroidit, et ces pèlerinages furent moins nombreux (3). »

Mgr Phélypeaux, comme Mgr de la Rochefoucauld, n'avait que vingt-huit ans lorsqu'il fut nommé par Louis XV à l'archevêché de Bourges, le 15 août 1757. C'était une date du plus doux augure, et le saint prélat ne manqua pas à ce qu'elle semblait promettre. Sa dévotion à la Sainte-Vierge

(1) *Procès-verbal* de la visite, etc.
(2) Georges-Louis Phélypeaux, fils de Georges-Louis, chevalier, seigneur d'Herbault, et d'Anne-Louise de Kerouartz, né le 25 décembre 1729, mort en 1788.
(3) CAILLAUD, p. 105 et 106.

était proverbiale dans le Berri, et c'était bien de lui qu'on pouvait dire avec le poëte (1) :

Le pauvre allait le voir et revenait heureux !

De 1734 à 1792, la chronique de Vaudouan est muette; c'est le calme précurseur de la tempête.

A la veille des spoliations et des massacres de 93, la chapelle de Notre-Dame de Vaudouan fut saccagée et pillée par un petit nombre de forcenés, conduits par trois habitants de la Châtre, les citoyens Thabaud, Lesure (2) et Plassat (3). Les vases et les ornements sacrés furent grossièrement profanés, brisés à coups de pierres, foulés aux pieds, et leurs débris devinrent ensuite la proie de ces vandales. La Révolution s'était chargée de donner de dignes successeurs aux bandits et aux incendiaires du xvie siècle.

L'un des hommes que j'ai nommés, guidé par une rage impie, ne craignit pas de porter des mains sacriléges sur l'image sainte de la Vierge, sur la statue miraculeuse devant qui, depuis huit siècles, s'étaient agenouillés des millions de pèlerins ! Il l'attacha outrageusement à la croupe de son cheval, revint triomphalement à la Châtre, scia publiquement la statuette en deux morceaux, et les jeta dans un feu de joie improvisé.

Quelle joie horrible! quel délire infernal ! Croyaient-ils donc, ces héros révolutionnaires, en brûlant cette sainte image fleurdelisée, anéantir du même coup dans les cœurs et l'honneur et la foi? Espéraient-ils étouffer dans le sang et sous les ruines toutes les traditions chrétiennes et natio-

---

(1) BLIN DE SAINMORE, *Éloge historique de l'archevêque de Bourges*. Paris, 1783.

(2) Il signe indifféremment, dans les actes, Lesure, Leseure ou Lescurre.

(3) Le premier devint procureur-syndic du district de la Châtre, et le second administrateur du directoire du même district. — Quels temps et quels hommes !

nales ? Les générations ne devaient-elles hériter de ces hommes de meurtre et de vol que le respect de la spoliation et de l'athéisme ? Une société nouvelle, enfin, pouvait-elle donc naître de cette monstrueuse négation du droit et de la foi ?

La tourmente de 93 était la punition, le dénoûment inévitable des crimes du xviii⁰ siècle; le bras de Dieu s'appesantissait sur son peuple. Il ne permit point que l'image de sa très-sainte Mère sortît victorieuse du bûcher révolutionnaire, comme deux siècles plus tôt elle avait triomphé des torches hérétiques! Mais il se trouva des mains pieuses (1) pour recueillir les cendres et les débris de la statuette miraculeuse de l'an 1013, et ce sont eux que le pèlerin de Vaudouan vénère particulièrement de nos jours, car ces précieuses reliques ont été pieusement enchâssées dans le socle de la moderne madone de Vaudouan.

« Les spoliateurs de la chapelle, dit M. l'abbé Caillaud, ne tardèrent pas à porter la peine de leur crime, et la dévotion de Notre-Dame de Vaudouan sortit victorieuse et triomphante de toutes ces épreuves. Celui qui avait apporté et jeté au feu la statue miraculeuse fit, peu de temps après, une maladie qui le conduisit aux portes du tombeau et à la suite de laquelle il resta courbé vers la terre; son buste se trouvait dans une position pour ainsi dire horizontale : la colonne vertébrale avait perdu sa flexibilité, en sorte qu'il lui était impossible de se redresser (2). Je l'ai vu moi-même très-souvent dans ma jeunesse, et j'ai toujours

---

(1) A la faveur du tumulte, M. Périchot enleva la petite cassette pleine de reliques qui avait été trouvée sous le maître-autel de Vaudouan, au xviii⁰ siècle, et la conserva pieusement jusqu'à ce que la chapelle fût rendue au culte.

(2) M. l'abbé Caillaud eût pu ajouter que le citoyen Lesure se coupa la gorge. Le troisième, M. Thabaud, racheta le passé par une pénitence exemplaire :

Frère, le repentir est une autre innocence!

entendu dire hautement, même par des personnes très-peu religieuses, qu'il portait la peine de l'outrage qu'il avait fait à Notre-Dame de Vaudouan, ce qui paraissait d'autant plus vraisemblable qu'il avait été atteint précisément à l'endroit qu'avait touché la statue miraculeuse lorsqu'il l'amenait derrière lui sur son cheval : ce fait est encore aujourd'hui de notoriété publique dans la ville de la Châtre. Du reste, les punitions de ce genre ne sont pas sans exemple. On a remarqué que les persécuteurs de la religion et les spoliateurs des églises, en 1793, sont généralement morts misérablement : et cette remarque n'était pas nouvelle, Lactance l'avait faite il y a plus de 1500 ans ; il composa même un livre intitulé : *De la mort des persécuteurs,* dans lequel il raconte la fin misérable de tous les persécuteurs de la primitive Église. Ainsi en fut-il des trois principaux persécuteurs de la religion, dans la ville de la Châtre; la main de Dieu s'est visiblement appesantie sur eux dès ici-bas (1). »

Le 17 pluviôse, an II de la République une et indivisible, le *directoire* du district de la Châtre mit en vente la chapelle de Vaudouan. Cinq acquéreurs se présentèrent : Jean Lafond, dit Mirat, demeurant à la tuilerie de Vaudouan (2); Jean Mauduit, garde, demeurant au bourg de Briante ; Pierre Chaumette, Desfousses-Fraigne et Sylvain Demay, demeurant au Virollant. Ces acquéreurs venaient évidemment dans une pieuse intention. Le 1er pluviôse, les autorités révolutionnaires avaient en vain cherché un acquéreur ; nul ne s'était présenté; les municipalités mêmes des environs s'étaient abstenues d'assister à la vente, malgré d'instantes sommations (3). Le 17, sept feux furent brûlés, et la

---

(1) CAILLAUD p. 81 et 82.

(2) Cette tuilerie existe toujours, et fournit annuellement un certain nombre de tuiles à la commune de Briante en échange de la terre qu'elle tire des communaux.

(3) (*Pièces justificatives*, pièce 33.

chapelle fut adjugée à Jean Lafond et Jean Mauduit (1).

Et comment douter de leurs sentiments religieux, quand on les voit respecter la dévotion de ces milliers de paysans, qui, chaque année, bien que la chapelle eût subi de pénibles transformations, n'en faisaient pas moins le pèlerinage de Vaudouan? Fidèles quand même à la foi de leurs pères, ils célébraient, en dépit des burlesques et féroces décrets de la République, les saints anniversaires du passé ; ils s'agenouillaient devant ces murs profanés, devant ces portes closes, demandant à Dieu de les rouvrir à leur amour. Quelle foi courageuse et fière! Croire alors, c'était vouloir mourir; mais rien plus que les épreuves n'affirme notre divine religion.

Être républicain en ces temps lamentables, c'était être dénonciateur; on risquait sa vie à respecter la fidélité et le malheur; et cependant Jean Lafond et Jean Mauduit couvrirent d'un silence sympathique toutes ces catholiques manifestations.

Je ne crois pas me tromper en considérant cette époque si douloureuse pour la France comme la plus glorieuse pour le pèlerinage de Notre-Dame de Vaudouan. Ce sont les paysans, ces premiers soldats du travail, qui, au risque de leurs jours, ont sauvé de l'abîme révolutionnaire ce vieux et saint pèlerinage; car si le Berri n'eut pas les indomptables élans de la Vendée, il eut du moins le même cœur et la même âme, le même honneur et la même foi.

(1) *Idem*, pièce 31.

CHAPITRE XIV

Les miracles de Notre-Dame de Vaudouan. — La source. — M. de Fay. — Le voleur sacrilége. — Les possédés. — Les vingt cavaliers. — L'enfant aveugle. — Le fou furieux. — Le voiturier d'Issoudun. — Marie Thabaud. — Marie Morier. — Les Ex-voto. — Jadis et aujourd'hui.

La terre de Vaudouan, terre privilégiée de Dieu et des hommes, a été sanctifiée en tous temps par d'incontestables miracles. L'aurore même de sa légende est une auréole trois fois miraculeuse, dont chaque siècle doit accroître les célestes rayons. La Sainte-Vierge semblait ne pouvoir être sourde à aucune prière, à aucun vœu, dans ce doux et modeste sanctuaire consacré à sa gloire. Un grand nombre des miracles de Notre-Dame de Vaudouan nous sont parvenus à travers les siècles, et déjà nous en avons relaté plusieurs dans le cours de ce pieux récit : les spoliateurs de 1547, retenus par une main invisible à quelques pas de la chapelle qu'ils venaient de piller; la statuette de la Vierge sortant intacte du bûcher des huguenots de 1568; le marquis de Thibouville sauvé de la mort par l'intercession toute-puissante de Notre-Dame de Vaudouan; Fontenay, notre pieux historien, ressuscité par elle! Mais combien de miracles nous avons à raconter encore, et combien d'autres, hélas! se sont effacés de la mémoire des hommes!

J'ai négligé jusqu'ici de parler de la source du bois de

Vaudouan ; le bois n'existe plus, mais la source jaillit encore. Les pèlerins se précipitaient en foule pour boire de cette eau vénérée, où la bergère de Briante avait trouvé l'image de Marie. Le chapitre résolut d'obvier aux nombreux inconvénients, accidents ou dégradations qu'amenait la dévote affluence des pèlerins. A trois mètres de la source, il fit creuser un bassin de six pieds carrés, qu'on entoura de pierres de taille pour en fermer l'accès aux troupeaux. Le mur du fond présentait une niche où se trouvait une statuette de Marie, et au-dessus de laquelle se dressait une croix (1). Il ne reste plus même de vestiges de ces travaux du xiv⁼ siècle ; mais nous savons qu'ils se soutinrent, non sans réparations assurément, jusqu'au commencement du xviii⁼. C'est en vain aussi que nous avons cherché, près de la croix des peupliers, la chaire de pierre, « la chaire du prédicateur, » du haut de laquelle, tous les ans, le lundi de Pâques, le prêtre qui avait prêché la station quarésimale à la Châtre, redisait les louanges de la Sainte-Vierge à la multitude des pèlerins. Plus tard, soit que le mauvais temps contrariât la coutume, soit que la chaire fût ruinée, le sermon se fit dans la chapelle ; et même, au xviii⁼ siècle, si nous en croyons Fontenay, « on ne prêchait plus ni dans l'un ni dans l'autre endroit, au vif regret du public (2). »

Vers 1400, une femme de Vaudouan (3) « s'en alla bonnement et sans dessein de mal faire, laver son linge, selon les uns dans la fontaine, selon les autres dans la fosse qui est au-dessous ; mais à peine eut-elle commencé, que l'eau cessa de couler. Étonnée, elle s'arrête un instant : l'eau s'étant mise à couler de nouveau, elle recommence à laver ; l'eau

---

(1) Voyez le chapitre XII. *Procès-verbal* de la procession du 15 août 1701.

(2) Fontenay, p. 42. — Caillaud, p. 31.

(3) M. l'abbé Caillaud dit que c'était la femme de l'hôtelier de Vaudouan ; mais l'hôtellerie ne fut construite que plus d'un siècle après. — Voyez le chapitre VII.

ayant cessé de couler une seconde fois, elle comprit que la Sainte-Vierge ne voulait pas que l'eau de cette fontaine servît à des usages profanes. Plusieurs personnes à qui elle raconta ce qui lui était arrivé, s'étant rendues à la fontaine, le prodige se renouvela en leur présence, et on en dressa des procès-verbaux en bonne forme (1). »

« Cette bonne personne, dit Fontenay, en donna avis au chapitre qui avait été une autre fois informé d'un semblable fait; il fit défense d'y rien laver à l'avenir (2). »

Un nouveau miracle se produisit à la fontaine de Vaudouan vers le commencement du XVIIᵉ siècle, alors qu'André Baucheron était vicaire de la chapelle; il a été relaté par M. l'abbé Caillaud, à la page 30 de son histoire.

Vers la fin du XVIᵉ siècle, M. de Fay (3) reçut un coup d'arquebuse à la jambe. La gangrène s'étant déclarée, les chirurgiens décidèrent l'amputation. Mais le blessé ne voulut pas s'y résoudre avant de s'être fait porter de Neuvy à Vaudouan. Pendant que M. de Fay se trouvait en prière devant la Vierge miraculeuse et que le chapelain célébrait le saint sacrifice, la balle tomba soudain de la plaie, et, peu de temps après, le pieux blessé était complétement guéri (4).

En 1600, un mendiant força le tronc de la chapelle pour en voler les offrandes; mais quand il voulut retirer sa main, elle était frappée d'inertie et d'immobilité : Dieu le punissait dans l'acte même de son crime, dit un des historiens de Vaudouan. Le chapelain accourut à ses cris, et se mit en prière pour obtenir sa délivrance, qui ne tarda point.

« Il y eut, dit Fontenay, peu de personnes à Vaudouan qui ne le virent dans cette juste peine. » — « Tout autant de larrons qui ont volé Vaudouan ont été pris et punis sans

---

(1) CAILLAUD, p. 29 et 30. VILLEBANOIS, p. 32.
(2) FONTENAY, p. 44.
(3) Pierre Thibaudin, écuyer, seigneur de Fay, près Neuvy Saint-Sépulcre, marié à Anne de Barbezières.
(4) VILLEBANOIS, p. 31, d'après Gamaches.

jamais pouvoir se sauver, dit Villebanois...., de façon qu'il leur en prend peur à présent, Dieu châtiant sévèrement les larrons du bien des chapelles de sa Mère. »

« En 1465, dit M. l'abbé Caillaud, dont le zèle pour Notre-Dame de Vaudouan me pardonnera certainement les nombreux emprunts de ce chapitre, un homme de Saint-Denis de Jouhet, s'étant permis de travailler le dimanche, le démon s'empara de lui. Les prières de son pasteur étant impuissantes pour chasser le malin esprit, on parla de le conduire à Vaudouan. Cet homme ou plutôt le démon par sa bouche, déclara en faisant des serments exécrables qu'il n'y consentirait jamais. On l'attacha sur une voiture, mais au milieu du chemin les bœufs s'arrêtèrent, sans qu'il fût possible de les faire avancer, et le possédé déclara qu'il ne voulait pas aller à Vaudouan parce que le *grand-prêtre* de la Châtre y arrivait. Deux capucins, qui se trouvèrent par hasard en ce lieu, s'étant mis en prières, les bœufs se mirent à marcher et le conduisirent à Vaudouan. Nouvelles difficultés à l'entrée de l'église; enfin on parvint à le conduire devant M. Raffinat, curé de la Châtre, qui se mit en devoir de l'exorciser: le démon furieux raconta tout haut toutes les fautes de la jeunesse du vénérable archiprêtre. Celui-ci répondit qu'il en avait fait pénitence et somma le malin esprit de sortir du corps de ce possédé. Le démon se retira en faisant sortir de la bouche de cet homme une fumée noire et épaisse, et en ébranlant si fortement les vitres de la chapelle que tous les assistants en furent saisis de frayeur. Villebanois ajoute que l'église était pleine de spectateurs qui crièrent tous, miracle, miracle (1). »

L'année suivante, Pierre Raffinat, curé de la Châtre, exorcisa victorieusement un autre possédé, et sa réputation de sainteté et d'expérience en ces matières, lui valut d'être appelé aux exorcismes des religieuses de Loudun (2).

(1) CAILLAUD, p. 60. VILLEBANOIS, p. 36.
(2) VILLEBANOIS, p. 32. CAILLAUD, p. 61.

En 1649, la guerre civile était allumée dans toute la France et particulièrement en Berry, dont le gouverneur, M. le prince de Condé, était mal en cour, vingt cavaliers s'étant réunis pour aller en marche, tombèrent dans une embuscade dressée par une bande de quarante-cinq voleurs qui avaient choisi un lieu si favorable et si bien pris leurs mesures, qu'à la première décharge ils en jetèrent dix-neuf par terre. Dans ce péril extrême, celui qui restait seul debout, fit vœu, s'il échappait d'un si grand danger, d'aller en pèlerinage à Notre-Dame de Vaudouan. Vivement poursuivi par ces brigands, il essuya de nouvelles décharges, mais par une protection visible de la Sainte-Vierge, il ne reçut pas une seule blessure. Plein de reconnaissance pour sa libératrice, il se rendit directement à Vaudouan, et là, comme il proclamait à haute voix les louanges de Marie, on lui demanda ce qui lui était arrivé et il en fit le récit : « Grand monde qui se trouvait là, dit Villebanois, étant accourus près de lui, il se dépouilla de ses vêtements devant eux et fit tomber plus de cent balles de calibre d'entre sa peau et sa chemise, qui n'avaient percé que ses vêtements, mais nullement offensé la peau. Il y a encore, ajoute-t-il, des gens vivants qui ont été spectateurs de ce miracle. »

« Pour être spectateur de ce miracle, il n'était pas nécessaire de constater le nombre des balles qui tombèrent de ses vêtements, il suffisait de voir ces vêtements en lambeaux, portant de tous côtés la trace des balles qui les avaient transpercés, et c'est là un de ces faits sur lesquels de nombreux témoins ne peuvent se faire illusion (1). »

« En 1706, une femme de Châteaumeillant mit au jour un fils aveugle. Lorsque cet enfant eut atteint l'âge de cinq ou six ans, cette mère désolée, mais pleine de foi, le voua à Notre-Dame de Vaudouan, fit faire une neuvaine dans cette chapelle, et à la fin de la neuvaine, elle fit célébrer une

---

(1) CAILLAUD, p. 62. VILLEBANOIS, p. 34.

messe pour obtenir la guérison de son fils. Ses prières furent exaucées et son fils recouvra la vue. « Cette bonne personne, dit Fontenay, fit présent à la chapelle d'une chasuble violette, d'une robe et d'un parement d'autel de même couleur en actions de grâces de ce bienfait. » Fontenay n'écrivait que vingt-cinq ans après l'événement et devait être parfaitement renseigné sur ce miracle. Du reste, le don de la mère corrobore son témoignage, car ce don prouve qu'elle était convaincue de la guérison miraculeuse de son fils, et la cécité est un fait matériel sur lequel l'amour maternel lui-même ne peut pas se faire illusion (1). »

« En 1712, un charron de Chéniers (Creuse), à la suite d'une altercation avec un homme pour lequel il avait travaillé, et qui lui avait fait des menaces, tomba dans un état de démence et de fureur si violent, qu'il fallait quatre hommes pour le tenir. On le conduisit à Vaudouan où, après avoir entendu la messe, il demanda à se confesser. M. Baucheron, alors chapelain de Vaudouan, l'entendit, et après cette confession qu'il fit avec de grands sentiments de religion, il n'éprouva plus aucun accès de folie. »

« Je ne parle pas, ajoute M. l'abbé Caillaud, d'un voiturier d'Issoudun qui conduisait à Vaudouan plusieurs personnes et qui, s'étant endormi, tomba par terre.

» Villebanois raconte que la roue lui passa sur le corps, et que, bien que la voiture fût lourde, il n'eut aucun mal, ce qu'on attribua à la protection de la Sainte-Vierge. Je ne parle pas de plusieurs dames de Châteauroux qui, ayant dédaigné d'aller à l'offrande, versèrent à moitié chemin de Vaudouan à la Châtre. On remarqua qu'elles eurent toutes de graves contusions, à l'exception d'une seule qui était allée rendre ses hommages à Marie. Ceci arrivait en 1701, et Fontenay dit que ces dames ne lui étaient pas inconnues. Je ne parle pas non plus des deux personnes de la Châtre

---

(1 Caillaud p. 68. Fontenay, p. 72.

qui avaient insulté l'image miraculeuse un jour qu'on l'apportait dans cette ville. Fontenay dit que la justice de Dieu ne cessait de les poursuivre et qu'elles n'étaient pas sorties d'une mauvaise affaire qu'elles retombaient dans une autre. Ces faits et plusieurs autres du même genre ne sont pas racontés avec assez de précision et de détails pour qu'on puisse faire ressortir clairement ce qu'ils ont de miraculeux (1). »

« En 1817, une fille originaire de Nohant-Vicq, Marie Thabaud, en service à la Châtre, chez madame Claveau, étant devenue percluse de tous ses membres, au point qu'elle était obligée de marcher avec des béquilles, et qu'elle éprouvait des souffrances atroces, fut guérie instantanément et sans aucun remède, par la protection de Notre-Dame de Vaudouan. Voici comment sœur de Buchepot, directrice du Séminaire ou maîtresse des Novices de Saint-Vincent-de-Paul, qui a beaucoup connu cette fille, raconte le fait dans une lettre qu'elle m'a fait l'honneur de m'écrire le 8 mai 1857 : « A la suite d'une maladie, Marie Thabaud resta percluse, ne se traînant qu'avec une peine extrême et à l'aide de deux béquilles : elle ne pouvait pour ainsi dire prendre aucune nourriture. Pleine de confiance en la Sainte-Vierge, elle fit une neuvaine à Notre-Dame de Vaudouan. Le jour de la grande fête, elle se mit en route dès les deux ou trois heures du matin pour se rendre à la chapelle. Forcée de s'arrêter de distance en distance, elle n'arriva que pour la grand'-messe, et y fit la Sainte Communion. Après la messe, comme elle était d'une faiblesse extrême, un confrère en eut pitié et lui fit boire le vin qui était resté dans la burette et qui lui donna un peu de force. C'était le moment où la procession passait. Elle se disait en elle-même : Si je la suivais avec les autres ! Puis, tout d'un coup elle jete ses béquilles, se mêle dans la procession et marche ferme, ce

---

(1) CAILLAUD, p. 69, 70 et 71. FONTENAY, p. 71.

qui surprit tout le monde. Après l'office, elle revint à la Châtre mourant de faim, fit une grosse soupe et l'avala tout entière au grand étonnement de sa maîtresse qui ne pouvait comprendre ce qui se passait. Plus tard quelqu'un lui dit qu'elle aurait dû laisser ses béquilles à la chapelle de Vaudouan, elle les y porta et je les ai vues, lorsque je visitai cette chapelle il y a trente et quelques années. A cette époque, en souvenir du miracle, cette bonne fille était appelée par tout le monde Marie de Vaudouan ou de Vaudevant. C'était une fille de grande foi, et qui servait Dieu avec beaucoup de fidélité et d'amour : elle était fort ignorante des choses de ce monde, mais fort éclairée dans les choses de Dieu. » Tous les faits consignés dans ce récit si plein d'intérêt, sont à la connaissance de M. Appé, curé du Blanc. Cette fille, après sa guérison, fut longtemps en service chez sa mère. Plus tard elle vint à Bourges où, comme à la Châtre, elle n'était connue que sous le nom de Marie de Vaudouan. Elle servit à l'Hôtel-Dieu. Parvenue à un âge avancé, elle entra chez les Petites Sœurs des pauvres, où elle mourut en 1854. J'ai souvent eu occasion de voir cette fille, et j'ai toujours entendu raconter sa guérison comme la raconte si bien sœur de Buchepot (1). »

« En 1818, une jeune fille de Montgivray. Marie Morier, née le 2 avril 1799, au village de Vieille-Ville, fut aussi guérie miraculeusement. Vers l'âge de douze ans, un jour qu'elle gardait ses troupeaux dans les champs, elle fut tout à coup frappée d'une cécité complète et percluse des deux jambes. Tout cela arriva si subitement que ses parents crurent qu'elle était victime de quelque maléfice, tandis qu'elle ne l'était vraisemblablement que de quelque imprudence. On s'adressa à tous les médecins des environs, mais ce fut sans succès. Après avoir épuisé les ressources de l'art, on fit à son intention le pèlerinage de Sainte-Solange, on fit

(1) CAILLAUD. p. 108-111.

plusieurs voyages à la chapelle de Notre-Dame de Vaudouan, qui était alors fermée ; toutes ces démarches furent inutiles : Marie Morier resta sept ans dans ce triste état. Notre-Dame de Vaudouan voulut sans doute attendre que sa chapelle fût ouverte pour donner au miracle une plus grande publicité. Ayant appris que Marie Thabaud avait été miraculeusement guérie l'année précédente, la pauvre aveugle et percluse manifesta le désir d'aller à Vaudouan le jour de la grande fête ; elle s'y prépara par le jeûne et par une neuvaine en l'honneur de la Sainte-Vierge. Le jour venu, sa mère, qui était veuve alors, l'y conduisit. Lorsque la procession sortit de l'église, la pauvre infirme était assise sur la pierre qui se trouve au pied de la croix en face de la grande porte de l'église. Au moment où la Sainte-Vierge, portée par les confrères, franchit le seuil de l'église, elle s'écria : « Oh ! que la robe de la Sainte-Vierge est belle ! laissez-moi marcher. » Le miracle était accompli ; elle désigna la couleur des vêtements de la Sainte-Vierge, se mit à marcher et suivit la procession sans le secours de personne. L'un des acquéreurs de la chapelle, M. Périchot, la précédait pour écarter la foule qui se précipitait pour la voir. M. le curé de la Châtre en fut immédiatement averti et interrogea cette fille, sa mère et quelques autres personnes qui connaissaient sa double infirmité et fit sur-le-champ chanter un *Te Deum* en action de grâces d'un si éclatant miracle. La vue de cette jeune personne ne fut jamais aussi bonne que dans son enfance, mais le miracle est incontestable. Avant son pèlerinage à Vaudouan, toute la paroisse savait qu'elle était privée de l'usage de ses jambes et qu'elle était complétement aveugle, et le jour de sa guérison, elle revint dans son village sans le secours de personne, et à dater de ce jour jusqu'à sa mort, qui arriva le 24 février 1852, elle marchait librement et voyait suffisamment pour vaquer à tous les travaux de la campagne et même pour faire des travaux d'aiguille. Avant sa guérison, sa mère et ses sœurs étaient obligées de pourvoir à sa subsistance ; lorsqu'elle fut guérie elle se suffisait à elle-même, elle filait, elle tricotait ou allait travailler dans les champs. Cette fille fut pendant toute sa vie d'une moralité irréprochable ; elle s'approchait des sacrements cinq à six fois par an, et eut toujours une tendre dévotion pour la Sainte-Vierge et spécialement pour Notre-Dame de Vaudouan. M. Panzani, curé de Montgivray, qui l'a assistée dans ses derniers moments, disait que c'était une sainte. « Tous ces faits, m'écrivait récemment (13 novembre 1857), le curé actuel de cette paroisse, m'ont été attestés par ses deux sœurs, par son oncle, trésorier de la fabrique, ancien maire et ancien adjoint, par plusieurs autres personnes honorables et je n'ai rien voulu changer à ce qu'elles m'ont rapporté. Ces faits sont encore aujourd'hui de notoriété publique dans la paroisse. » Plusieurs prêtres et plusieurs autres personnes dignes de toute confiance m'ont raconté les faits de la même manière. En présence de témoignages si explicites et si nombreux, il est impossible de révoquer en doute la vérité des faits : or, de la vérité des faits découle la certitude du miracle. Comment croire, en effet, que c'est naturellement que cette jeune fille, qui avait perdu la vue depuis sept ans, l'ait recouvrée instantanément et sans aucun remède, et qu'elle ait en même temps recouvré l'usage de ses jambes, dont elle était percluse depuis la même époque? Comment ne pas voir là le doigt de Dieu (1)? »

Un volume ne suffirait pas pour publier tous les miracles dont la Sainte-Vierge honora son sanctuaire de Vaudouan. Aussi les murs autrefois étaient-ils littéralement tapissés de pieux et éloquents ex-voto. Du temps de M. de Gamaches, « il y avait beaucoup de potences et de béquilles ». —« Les vœux, dit Villebanois, tapissaient à double le dedans de la chapelle. Il y a beaucoup de bâtons de boiteux (2). » — « Je ne parlerai pas, dit Fontenay, d'un très-

(1) CAILLAUD, p. 111-116.
(2) VILLEBANOIS, p. 30 et 31.

rand nombre de corps de petits enfants, de jambes, de pierres qu'on a tirées de leurs corps et qu'on voit en cire autour de cette sainte image en actions de grâce de leur guérison. Je passe aussi sous silence deux potences que deux boiteux ont laissées dans la chapelle après avoir reçu de Dieu la même grâce que saint Pierre accorda au boiteux du temple de Jérusalem (1). » — « Les jambes, les bras, les têtes, les môles, les béquilles, les potences et autres semblables signes dont cette chapelle était autrefois presque entièrement revêtue...., n'annoncent-ils pas que la Mère des miséricordes a obtenu pour ceux qui ont eu recours à elle dans ce saint temple les secours temporels et spirituels dont ils avaient besoin (2) ? » .

Hélas ! le seul ex-voto que le pèlerin aperçoive aux murailles de la chapelle de Vaudouan est une petite jambe de cire. Et cependant Marie ne cesse de prodiguer ses grâces, aujourd'hui comme autrefois. « Tous les jours, me disait récemment M. le curé de Briante, des personnes viennent me prier de dire une messe d'actions de grâces pour remercier la Sainte-Vierge des faveurs qu'elle leur a accordées. Combien de fois n'ai-je pas entendu moi-même, et tout récemment encore, des personnes me dire que c'était à Notre-Dame de Vaudouan qu'elles étaient redevables, l'une de la naissance d'un enfant, l'autre de l'exemption de son fils du service militaire ou de sa guérison d'une maladie dangereuse, et me le dire avec un accent de foi qui accuse des convictions bien profondes (3). »

Que sont devenus ces milliers d'ex-voto qui témoignaient aux plus incrédules de la miraculeuse intercession de la Sainte-Vierge ? Ceux des siècles passés auront été brisés ou pillés en 1793; mais où sont allées, par exemple, les béquilles de Marie Thabaud ? « Elles restèrent quelque temps

(1) FONTENAY, p. 70.
(2) LISSAUNAY, p. 44
(3) CAILLAUD, p. 116 et 117.

suspendues aux murs de la chapelle, et c'était là un précieux enseignement, un livre où les ignorants comme les savants lisaient que la Sainte-Vierge avait guéri une personne percluse de ses jambes. Qui a pu être assez mal inspiré pour les faire disparaître? (1) ».

Dans ce dénûment d'ex-voto, il y a pour le pèlerin de Vaudouan quelque chose d'attristant, comme l'égoïsme ou l'ingratitude, qui rend plus sensibles à ses yeux les menaçantes lézardes des vieux murs ébranlés. Mais, je ne crains pas de le dire, qu'à l'édifice ruiné succède une église nouvelle, et sa robe blanche, par une pieuse émulation, ne tardera pas à se consteller d'ex-voto, comme aux plus beaux jours de la foi!

(1) CAILLAUD, p. 118.

CHAPITRE XV

Le xixᵉ siècle. — La chapelle est réouverte au culte. — Les croix de bois. — Touchant repentir. — L'abbé Porcher de Lissaunay. — Les propriétaires nationaux. — Mgr de Mercy. — Procession du 15 août 1816. — Générosité de la famille royale. — MM. Périchot et Rotinat. — Restauration du pèlerinage. — Achat de la chapelle par le curé de la Châtre. — Fête de Notre-Dame de Vaudouan. — Procès entre le curé de la Châtre et le curé de Briante. — L'abbé Rouchon. — Spoliations. — Pèlerinages. — La commune de Briante achète la chapelle de Vaudouan. — Décret présidentiel. — Donations. — Le vicomte et la vicomtesse de Maussabré de la Motte-Feuilly.

Aux derniers éclats de la tempête révolutionnaire le premier consul rendit à la France la plus précieuse de ses libertés, la liberté des cultes, que la République avait confisquée avec tant d'autres, d'ailleurs. C'était noblement inaugurer le xixᵉ siècle. Animées d'un pieux enthousiasme, les populations se portèrent à Vaudouan avec un redoublement d'ardeur, comme pour obtenir d'en haut le pardon des injures récentes. L'aspect de la pauvre chapelle, transformée en grange et dépouillée de tous les ornements du culte, leur inspira le louable désir de lui rendre l'éclat des temps passés et de ressusciter, pour ainsi dire, l'un des plus vieux pèlerinages du Berri.

La chapelle fut louée sans difficultés par ceux qui l'avaient acquise *nationalement* peu d'années auparavant. Une madone en bois sculpté, haute de deux pieds et toute semblable (1) à celle qui avait été sacrilégement brûlée, fut placée à côté du maître-autel. Les croix de pierre, qui se dressaient sur le chemin de la Châtre à Notre-Dame de Vaudouan, et celle de la source, avaient été abattues et mises en morceaux; elles furent remplacées par des croix de bois (2). Les offrandes des fidèles servirent à rendre à la chapelle tous les objets sacrés dont elle avait été dépouillée. La statuette qu'avait donnée M. Barjon de Vouzay, et qu'on voyait naguère au-dessus du portail, avait été brisée à coups de pierre; elle fut remplacée par une statuette coloriée, dont l'ensemble rappelait l'ancienne madone de Vaudouan. Sur le socle, on lisait encore, il y a quelques années, ce quatrain peu prosodique, mais inspiré par un profond repentir à M. Thabaud, donataire de cette statuette :

> Reine des Cieux, agréez le repentir
> Que le pécheur qui fournit cette image
> Sentit d'avoir contribué à l'outrage
> Dont ce saint temple eut longtemps à gémir.

Ainsi, l'un des coryphées révolutionnaires, par qui avait été profanée et saccagée la chapelle de Vaudouan, dix ans après, était l'un des premiers à coopérer à sa restauration ! Ne voyez-vous point là quelque rayon de l'auréole miraculeuse de Marie?

Le curé de la Châtre était alors l'abbé Porcher de Lissaunay, l'un des pieux historiens de Notre-Dame de Vaudouan, naguère chanoine du chapitre de Saint-Germain de

(1) Moins les fleurs de lys d'or.
(2) La croix de la source a été plusieurs fois remplacée depuis lors, parce que les pèlerins en coupent des fragments qu'ils conservent pieusement comme un gage de la protection de Dieu et de Marie.

la Châtre, prêtre saint et éclairé dont je m'étonne qu'aucun ecclésiastique n'ait encore retracé la vie.

Le chapitre n'existait plus et la législation nouvelle attribuait aux curés le service de toute chapelle sise dans l'étendue de leur paroisse; aussi le curé de Briante, M. Perrot, desservait-il Notre-Dame de Vaudouan sans que le curé de la Châtre y mit opposition. Mais l'affluence des pèlerins ne devait point tarder à attirer au curé de Briante les déplorables contestations qu'avaient autrefois subies les chanoines de la Châtre. — Les hommes se suivent et se ressemblent, hélas! en dépit de ce qu'ils appellent le progrès; à toute époque, ce sont les mêmes passions qui les animent; changez les noms, faites la part des nuances, et tous les siècles semblent copiés l'un sur l'autre. Sur la scène de l'histoire comme sur un théâtre plus restreint, on retrouve les mêmes appétits et les mêmes fautes. Ainsi, il prit fantaisie aux propriétaires *nationaux* de la chapelle de Vaudouan de jouer aux seigneurs et de renouveler les inacceptables prétentions des anciens seigneurs du Virollant.

Jean Lafond et Jean Mauduit réclamaient hautement la moitié du casuel. J'avoue avec tristesse qu'elle leur fut comptée pendant trois ou quatre ans; mais, en 1806, Mgr de Mercy, archevêque de Bourges, instruit et choqué de ce partage simoniaque, y mit un terme en frappant la chapelle d'interdit.

C'était comme une aggravation des maux de la Révolution.

« Cette décision, dit Lissaunay, fut regardée dans le pays comme un coup de foudre et un sujet de désolation qui ne put empêcher le peuple de conserver la vénération qu'il avait pour cette chapelle, et d'y venir, tout abandonnée qu'elle était, s'y recommander à la mère de Dieu (1). »

La dévotion de Notre-Dame de Vaudouan avait été offi-

(1) LISSAUNAY, p. 45.

ciellement transférée à Saint-Aignan de Briante; mais la foule des pèlerins n'en continua pas moins à venir prier devant l'humble et déserte chapelle, bien qu'elle eût été transformée en magasin de paille et de bois. N'est-ce pas une admirable preuve de la sainte popularité de Notre-Dame de Vaudouan, et ne semble-t-il pas ici que l'éternité soit acquise aux sanctuaires consacrés par des miracles?

Dix années s'écoulèrent, dix années de deuil et de prières. Enfin, le 15 août 1816, les vicaires-généraux capitulaires permirent au clergé de la Châtre d'aller en procession à Vaudouan et d'y faire une neuvaine pour demander à la Sainte-Vierge la cessation de la pluie. On n'a pas oublié que l'année 1816 fut désastreuse entre toutes, car elle ajoutait encore aux calamités des années précédentes; la famille royale abandonna généreusement les deux tiers de sa liste civile, pendant que le clergé de France multipliait partout les prières et les aumônes.

La madone fut reprise à l'église de Briante et solennellement reportée dans la chapelle, au milieu d'un immense concours de peuple.

Le 3 septembre suivant, deux habitants de la Châtre, bien connus pour leurs sentiments religieux, MM. Périchot et Rotinat, firent l'acquisition de la chapelle, et vingt jours après, le second dimanche après la Nativité de la Sainte-Vierge, le clergé de la Châtre, assisté des curés des environs, célébra la réouverture du sanctuaire et la fête traditionnelle de Vaudouan. Environ huit mille pèlerins se pressaient sur les pas de leurs pasteurs et préludèrent, par leurs nombreuses oblations, à un admirable essor de la dévotion de Vaudouan.

M. de Lissaunay, le vénérable curé de la Châtre offrit à MM. Périchot et Rotinat de leur acheter la chapelle, ce qu'ils acceptèrent à des conditions qui étaient une preuve nouvelle de leur piété. Le clergé et les habitants de la Châtre multiplièrent à l'envi les offrandes, et l'on eut de nouveau la consolation de voir l'un des spoliateurs de 93, que j'ai déjà nommé, donner publiquement des preuves de son repentir et s'employer le plus ardemment à la restauration de la chapelle. Le tableau du maître-autel, l'*Annonciation*, de Jean Boucher, avait subi tous les outrages du temps et de la Révolution ; il fut retouché par un artiste dont le nom s'est déjà perdu dans l'oubli ; mais cette retouche, évidemment superficielle, ne devait pas résister à un demi-siècle. La Révolution avait rasé le bois de Vaudouan et la double rangée d'arbres plantés en 1635 par Bernard Blanchard ; on replanta autour de la chapelle des ormes et des marronniers, et, au bord de la source, deux peupliers, qui, de nos jours encore, se dressent au sein de la lande de Vaudouan comme deux géants gardiens de cette solitude. Enfin, en 1835, la fabrique de Saint-Germain de la Châtre fit reconstruire la façade de la chapelle ; de plus, on briqueta le sol et l'on refit la toiture. — Ainsi restaurée, Notre-Dame de Vaudouan suffisait à toutes les exigences. Les pèlerins, il est vrai, n'y trouvaient plus à toute heure, comme par le passé, un ou plusieurs vicaires desservants ; mais on avait eu soin de rétablir, dans le porche, une porte à claire-voie qui permettait aux pèlerins de s'abriter en cas d'orage et de contempler l'image miraculeuse.

« Depuis l'ordonnance de Mgr de la Rochefoucauld jusqu'en 1840, dit M. l'abbé Caillaud, ce pèlerinage avait conservé son carractère exclusivement religieux. Il n'en était pas de cette assemblée comme de tant d'autres, où les jeux, les danses et l'ivrognerie ont pris la place de la fête religieuse. J'ai plusieurs fois assisté à la grande fête, lorsque j'étais séminariste ; vers les deux ou trois heures toutes les tentes se pliaient, et vers quatre ou cinq heures toute cette foule immense avait disparu : on n'y chantait jamais les vêpres. Plusieurs fois, vers cette époque, les danses cherchèrent à s'y introduire, mais M. Périchot ou M. Rotinat, l'un et l'autre très-pieux et très-zélés, allaient les interdire avec douceur, et l'on déférait à leurs désirs. J'ai vu un jour M. Périchot se lever de table et revenir tout joyeux du succès de sa démarche. Depuis une quinzaine d'années, quelques filles de la Châtre se rendent à Vaudouan dans l'après-midi et y dansent toute la soirée. L'autorité religieuse ne peut plus recourir aux moyens qu'employait Mgr de la Rochefoucauld pour conserver à cette fête son caractère exclusivement religieux. La pelouse qui environne la chapelle appartient aujourd'hui à la commune de Briante; son maire seul a le droit de fixer l'heure à laquelle les aubergistes doivent plier leurs tentes; mais, hâtons-nous de le dire, les pèlerins qui viennent à Vaudouan par dévotion restent étrangers à ces divertissements profanes; aussitôt qu'ils ont accompli tous leurs exercices de religion, ils prennent un repas simple et frugal, et se retirent. »

Le curé de Briante, dont la Révolution avait fait un instant triompher les aspirations traditionnelles, n'avait pu voir sans un certain mécontentement la chapelle de Vaudouan rentrer aux mains du clergé de la Châtre. En 1838, M. l'abbé Rouchon, curé de Briante, introduisit auprès du siége archiépiscopal une requête tendant à ce que le service de la chapelle lui fût attribué, Vaudouan étant situé sur le territoire de la paroisse de Briante. La fabrique de la Châtre répondit que la chapelle étant sa pleine et entière propriété, il était naturel qu'elle fût desservie par son clergé. L'archevêque de Bourges, Mgr de Villèle, ayant condamné les prétentions du curé de Briante, celui-ci en appela au conseil d'État, et obtint gain de cause. Il ne pouvait d'ailleurs en être autrement aux termes de la législation moderne. On doit regretter que ce litige ait donné lieu, dans certains journaux, à des polémiques plus ou moins acerbes, et que par suite la chapelle ait été de nouveau fermée pendant plusieurs années; mais je suis heureux de constater qu'autant la législation antérieure à la Révolution condamnait les prétentions des curés de Briante, autant la législation ultérieure les justifiait.

En 1842, la chapelle fut rendue pour la troisième fois au culte et M. l'abbé Rouchon célébra la fête solennelle de

Notre-Dame de Vaudouan. Une pieuse multitude accomplit le pèlerinage du mois de septembre, suivit la procession de la source et chanta le *Libera* de Réginald Raimbues. Je m'empresse de noter que tant que la chapelle avait été fermée, les fidèles n'en étaient pas moins venus prier à ses portes, à genoux sur la terre et la tête découverte. — Mais le mal doit être dit comme le bien ; l'historien consciencieux ne laisse rien dans l'ombre, et recueille l'ivraie aussi bien que le blé. Pendant ces années de désolation, Notre-Dame de Vaudouan avait été dépouillée de la plupart de ses ornements, et ceux qu'avait dédaignés la cupidité des spoliateurs étaient complétement hors d'usage. — Mais jetons un voile sur cette période attristante.

En 1831 et en 1849, alors que le choléra sévissait sur les populations, un grand nombre de pèlerins vinrent implorer Notre-Dame de Vaudouan, pour qu'elle conjurât l'horrible fléau. — En 1851 et en 1855, les paroisses de Notre-Dame de Pouligny, Crozon, Crevant, la Châtre, Montgivray, Lourouer, Thevet et Sainte-Sévère se rendirent processionnellement à Vaudouan pour obtenir de la Sainte-Vierge la cessation de la pluie ; six mille pèlerins y furent comptés dans un seul jour. — En 1856, enfin, les habitants de Chassignoles, décimés par une cruelle maladie, allèrent se jeter aux pieds de la madone de Vaudouan, qui, comme toujours, exauça leurs prières.

En 1850, la fabrique de Saint-Germain de la Châtre consentit à vendre la chapelle à la commune de Briante, et l'expertise faite le 10 février l'évalua à 1,700 francs, y compris ses dépendances. Le 18 octobre 1851, un décret du président de la République autorisa le trésorier de l'église curiale de la Châtre à vendre la chapelle, et la commune de Briante à l'acquérir et à s'imposer extraordinairement une somme de 700 fr., qui, joints aux 600 que promettaient la fabrique et le curé de Briante et à certaines autres ressources, devaient servir à l'acquisition de la chapelle. L'acte en fut passé le 24 février 1852. — L'article IV du décret présidentiel disait : « La chapelle de Vaudouan (Indre) est érigée en chapelle de secours. Le culte y sera célébré sous la direction du desservant de la succursale de Briante et sous l'administration de la fabrique de cette église. »

La générosité des fidèles suffit depuis ce temps à l'entretien de Notre-Dame de Vaudouan; ainsi, en 1850, madame Chauvet, de la Châtre, guérie par l'intercession de Marie d'une maladie contre laquelle avaient échoué tous les secours de l'art, fit don à la chapelle d'une belle bannière blanche portant en relief l'image de Marie, d'une robe de moire blanche brodée d'or pour la statuette miraculeuse, et de deux élégantes couronnes, l'une pour la Sainte-Vierge et l'autre pour l'Enfant-Jésus. En 1860, une vieille et pieuse paysanne des environs de Vaudouan, Marie Demay, légua 2,000 francs à la chapelle et autant à l'église de Briante. Mais si ces généreuses donations assuraient le service de Notre-Dame de Vaudouan, elles ne suffisaient point pour en permettre la reconstruction. — L'édifice actuel date de la fin du XVIe siècle, et se courbe vers la terre comme un vieillard fatigué par les ans; il m'a rappelé modestement les tours de Pise et de Bologne; quand la foule se presse dans son enceinte ruinée, on craint de voir les vieux murs délabrés se fendre à leurs côtés pour leur livrer passage. Il fallait une noble et pieuse initiative pour semer les prémices de la reconstruction de Notre-Dame de Vaudouan, et Dieu la suscita bientôt.

J'ai nommé M. le vicomte et madame la vicomtesse Abel de Maussabré.

Depuis vingt ans, on les a vus multiplier les donations, les encouragements, les appels à la générosité des fidèles. Ce vieux nom des Maussabré devrait être écrit en lettres d'or au fronton de la nouvelle chapelle, à côté de ceux de Raimbues et de Baucheron. Le pauvre n'entre jamais en vain au château féodal de la Motte-Feuilly (1), qui compte

(1) La tradition veut que Louis le Gros ait campé à la Motte-Feuilly. Le château date du XIIIe siècle; mais des modifications et

parmi ses anciens seigneurs les Seuly, les Vaudenay, les sires de Culan, Charlotte d'Albret, la vertueuse épouse de César Borgia, les la Trémouille, les Bourbon-Busset, les Chabannes, les Fradet de Saint-Août, comtes de Châteaumeillant; les Plessis-Châtillon, le fameux marquis de Brunoy, les Béthune et les Maussabré. — Dans la petite église de la Motte-Feuilly se voyait naguère le magnifique tombeau de Charlotte d'Albret (1); il n'en reste plus que d'informes et douloureux vestiges; les stupides vandales de la Révolution ont encore passé par là (2). LL. AA. RR. Mgr le duc d'Angoulême et madame la duchesse de Berri avaient envoyé pour sa restauration 1,200 francs, qui furent confisqués par

restaurations successives ont naturellement transformé sa physionomie primitive. La Motte-Feuilly est, croit-on, une altération de la Motte-Seuly ou Sully; on trouve cependant, à peu de distance du château, un domaine qui porte de toute ancienneté le nom de Feuilly. Les anciennes cartes portent la Motte-Fully, la Motte-Follye, la Motte-Fueilly, la Motte-Seuilly, ou simplement la Motte. Les auteurs des *Esquisses de l'Indre* croient que le changement de Seuilly en Feuilly, remonte à moins de deux siècles. C'est évidemment une erreur, puisque Chaumeau, qui écrivait au milieu du xvi° siècle, parle de la « Mothe-Fully. » Le *Bituricum Ducatus* (Manuscrits de la bibliothèque de Paris) cite la « Motte-Follye. » Nicolaï, qui écrivait à la même époque que Chaumeau, c'est-à-dire il y a trois cents ans, met indifféremment la « Mothe » ou la « Mothe de Fueilly. »

(1) Voyez la *Revue des Sociétés savantes des départements*, mai 1859; — Le *Compte rendu des travaux de la Société du Berri*, 1858-59, p. 187; — RAYNAL, t. III, p. 225, et t. IV, p. 516; — VEILLAT, *Pieuses légendes*, p. 454, et *Duguesclin à Sainte-Sévère*, suivi de *La Dame de la Motte-Feuilly*; — la *Revue archéologique*, t. XVIII, 1853, — CHAUMEAU, p. 268; La THAUMASSIÈRE, p. 407; — PIERQUIN DE GEMBLOUX, *Lettre sur le château de la Motte-Feuilly*. Ce dernier ouvrage fourmille d'erreurs.

(2) Ils brisèrent un tombeau et respectèrent un chevalet de justice! O logique révolutionnaire!

le gouvernement de Juillet. Mais avant peu de temps, croyons-nous, d'autres Bourbons, de concert avec le vicomte Abel de Maussabré, auront rendu, dans l'église de la Motte-Feuilly, un solennel hommage à la mémoire de la sainte et infortunée Charlotte d'Albret!

CHAPITRE XVI

Visite à Vaudouan de S. Em. le cardinal Dupont. — Visite de Mgr de la Tour-d'Auvergne. — Le 20 septembre 1863. — Sermon de Mgr de la Tour-d'Auvergne.—Souscription pour la reconstruction de la chapelle. — Poésie. — Le *Libera* de Réginald Ralmhues. — Loterie. — Don de Pie IX. — Donateurs. — Beaux traits. — Quête à Notre-Dame des Victoires. — Projet de reconstruction — Conclusion.

Le 21 juin 1857, le cardinal Dupont, archevêque de Bourges, consacra, dans la matinée, la nouvelle église de Crozon, et vint, dans l'après-midi, à Vaudouan, où il donna la confirmation à environ quatre cents personnes des paroisses de Briante, de Chassignoles et de Montlevic. « Son Éminence, dont la tendre piété pour la Sainte Vierge est si connue, fut heureuse, dit M. l'abbé Caillaud, de trouver cette occasion de témoigner sa profonde vénération pour le pèlerinage de Notre-Dame de Vaudouan. »

Six années s'étaient à peine écoulées que l'humble chapelle revoyait dans ses vieux murs le premier pasteur du diocèse. Je craindrais d'offenser la modestie de Mgr de la Tour-d'Auvergne, si je disais du noble et pieux prélat tout ce qu'en pense le Berri ; qu'il me suffise d'appliquer au successeur de Mgr Menjaud, le portrait que, dans un chapitre précédent, j'ai tracé de Mgr de la Rochefoucauld.

Le 20 septembre 1863, second dimanche après la Nativité de la Sainte-Vierge, Mgr de la Tour-d'Auvergne, officia pontificalement dans la chapelle de Vaudouan. J'avais le bonheur d'assister à cette solennité religieuse, et ce que j'en écrivais alors suffira pour faire partager mes douces impressions :

« Encore une belle page à ajouter à la chronique déjà si parfaite de Notre-Dame de France! Au sein de ce vieux Berri, si riche en nobles souvenirs, je viens d'assister à l'un des plus émouvants et des plus consolants spectacles; un pèlerinage neuf fois séculaire amenant au milieu d'une lande déserte, autour d'une chapelle en ruine, plus de quinze mille paysans fidèles à la foi de leurs pères, fidèles à l'antique dévotion du Berri pour Notre-Dame de Vaudouan.

» J'aurais voulu voir là quelques-uns de ces dédaigneux esprits forts, qui ne croient plus et qui ne croient pas qu'on puisse croire; peut-être, comme cette multitude animée d'un pieux enthousiasme, eussent-ils fléchi le genou dans la poussière et confessé que ce jour-là il passait à Vaudouan comme un souffle d'en haut. En présence de ces grandes et traditionnelles manifestations, l'âme chrétienne se sent mystérieusement réconfortée, et l'on oublie, dans sa joie, tout ce qui pourrait faire désespérer de l'honneur et de la foi au beau pays de France.

» Mgr de la Tour-d'Auvergne, archevêque de Bourges, comme Mgr de la Rochefoucauld en 1734, avait voulu relever par sa présence l'éclat de cette solennité religieuse. La pauvre chapelle délabrée et la vaste lande qui l'entoure suffisaient à peine à contenir des milliers de paysans, qui se pressaient avec autant d'ardeur que de recueillement pour entendre la messe pontificale. A l'heure de la procession, c'était vraiment d'un aspect magnifique que ces vingt paroisses marchant avec bannières déployées, de ces mille jeunes filles vêtues de blanc au milieu de qui l'on portait la statuette miraculeuse de Notre-Dame de Vaudouan parée de dentelles et de fleurs; de ce long cortége de prêtres derrière qui s'avançait en habits pontificaux, la crosse pastorale en main; le noble et pieux archevêque, visiblement heureux de bénir toute cette foule émue et respectueuse. La procession se dirigea vers la fontaine miraculeuse de Vaudouan, qui se trouve à quelques centaines de mètres de la chapelle, entre deux peupliers, dans la plaine. Des arcs de triomphe de verdure, des mâts pavoisés, des guirlandes de feuillage reliées entre elles par des arbres verts gracieusement distribués, tout ce que les champs peuvent offrir de richesses avait été prodigué pour augmenter la pompe de cette fête si éminemment populaire. Du haut d'une humble estrade champêtre, Sa Grandeur, s'inspirant des douces émotions que lui donnait l'aspect de cette foule immense qu'il dominait, fit entendre ces belles et touchantes paroles :

« *Et nomen Virginis Maria.*
» Et le nom de la Vierge était Marie.

» Mes frères,

» Quel beau et magnifique spectacle en ce moment ! Vraiment, ne se croirait-on pas transporté aux grandes et catholiques époques du moyen âge ! De toutes parts nos yeux aperçoivent des flots de population, des tentes qui blanchissent au loin dans la campagne. Pourquoi cette foule, ce mouvement, ce concours dans cette lande déserte, au sein de cette solitude d'ordinaire si calme, si tranquille, si paisible ? Pourquoi ces bannières déployées, ces processions sans fin, ces prêtres vénérables qui m'entourent et font cortége à leur évêque ? Pourquoi tout cela ?... C'est qu'ici nous sommes sur la terre des miracles ; c'est qu'ici, sur cette terre, plane un souvenir béni ; c'est qu'ici, sur cette terre, un nom sans égal parmi tous les noms de ce monde fait vibrer les âmes et les attire... nom auguste et sacré que vous savez, que vous connaissez, que vous aimez ; qui est dans tous les cœurs, sur toutes les lèvres... Ce nom, c'est le nom de la Vierge Marie. *Et nomen Virginis Maria.*

» Oui, si tous nous sommes rassemblés ici, prêtres et fidèles, pasteurs et troupeaux, c'est pour honorer ce nom puissant et doux que jamais nous ne bénirons, nous n'exalterons, que jamais nous ne glorifierons assez, parce que c'est le nom de la Vierge Marie. *Et nomen Virginis Maria.*

» Ah! il faut en convenir, mes frères, Marie a pris possession de nos contrées comme une reine; sur ce sol que vous foulez aux pieds, elle a laissé une empreinte vivante, souveraine, indestructible. Par un triple miracle elle a manifesté la volonté d'être honorée dans ces lieux. A la suite de pieux chroniqueurs, une plume exercée et savante a retracé minutieusement l'histoire de Notre-Dame de Vaudouan. Pour nous, qu'il nous suffise de rappeler en ce moment, qu'en l'an 1013, de pauvres et pieuses bergères découvraient, flottant sur les eaux de cette fontaine, une petite statue de la Sainte-Vierge, dont la figure était admirablement sculptée. Elles la recueillent avec respect; elles la portent au curé de Briante, qui la reçoit comme un trésor et la dépose dans son église, le lendemain elle avait disparu et pour la seconde fois on la trouvait flottant sur les eaux de la fontaine. On a prend de nouveau avec respect, on la porte aux chanoines de Saint-Germain de la Châtre (1). A leur tour ils la déposent dans leur église, dont ils ferment soigneusement les portes. Pendant la nuit le précieux dépôt disparaissait encore, et pour la troisième fois la statue de Marie était retrouvée flottant sur les eaux. Dès lors, plus de doute : il était évident que la Reine du ciel voulait être honorée dans ce lieu désert. On se met à l'œuvre immédiatement ; une église s'élève comme par enchantement ; en six mois elle est terminée, et bientôt elle devenait le centre d'un de ces grands pèlerinages comme le Berri en compte plusieurs, et qui firent, au moyen âge, la gloire et le bonheur de nos pères. Depuis lors, l'antique sanctuaire a vu bien des orages passer sur ses murs ; le temps, l'hérésie, le feu, la tourmente révolution-

(1) Mgr de la Tour-l'Auvergne suit, on le voit, la version des divers historiens de Notre-Dame de Vaudouan. — Voyez le chap. II.

naire ont successivement exercé leurs ravages... toujours il est resté debout, défiant les siècles, relevant ses ruines ou réparant ses désastres. Malgré tout, le pèlerinage a continué, et après huit siècles écoulés, nous, enfants du Berri, nous venons avec le même empressement, la même foi, la même religion que nos devanciers, porter à Notre-Dame de Vaudouan le tribut de notre amour, de notre confiance, de notre vénération.

» Oh! que nous sommes heureux en voyant ces grands pèlerinages reprendre leur cours! Oh! que nous jouissons dans notre cœur d'évêque en les voyant, non pas seulement se maintenir, mais grandir et se développer, ébranlant aujourd'hui comme autrefois les peuples, pour les amener aux pieds de Marie! Il semble en assistant à de pareils spectacles, que notre vieille terre du Berri, si féconde en pieux et illustres souvenirs, se réveille d'un long sommeil, ou plutôt renaît et rajeunit. Ah! elle peut être fière à bon droit! elle peut secouer avec orgueil la poussière du temps, et montrer avec une sainte ostentation les fleurons splendides que la piété de ses enfants a attachés à son antique couronne! Notre-Dame de Cluis, Notre-Dame de Déols, Notre-Dame de Vaudouan, quels titres de gloire! Certes, ils nous permettent de soutenir la comparaison avec les contrées même les plus privilégiées sous ce rapport. Soyons donc fiers de nos gloires religieuses, bons et pieux habitants du Berri! Mais surtout ne dégénérons pas; restons ce qu'ont été nos ancêtres, de fidèles et dévots serviteurs de Marie. Comme eux, venons invoquer sa puissance, solliciter son amour, bénir et vénérer son saint nom : c'est le nom de la Vierge Marie. *Et nomen Virginis Maria.*

» Mais, d'où vient, mes frères, d'où vient que ce nom sacré, ici comme ailleurs, a le privilége d'ébranler les masses et de les attirer en foule autour des sanctuaires de Marie? Pour répondre à cette question, nous pourrions vous dire que Marie est une mère, et ajouter avec saint François de Sales, que de toutes les mères c'est la plus aimante, la plus

aimable, la plus aimée... Mais, nous renfermant dans le sujet qui nous occupe, nous aimons mieux vous dire tout simplement : Si Marie attire ici les multitudes, c'est qu'elle a fait dans ce lieu de grandes choses, de grandes choses dans le passé, de grandes choses dans le présent. Lisez, lisez l'histoire de Notre-Dame de Vaudouan : à chaque page, pour ainsi dire, vous verrez éclater les merveilles de sa puissance et de son amour. Conversions, guérisons, secours inespérés, miracles de toute sorte, c'est une suite interminable de faveurs célestes, où les miséricordes des anciens jours sont suivies et égalées par les miséricordes du temps présent. Oh! oui, mes frères, vous avez bien raison de venir en foule invoquer Notre-Dame de Vaudouan. Son cœur de mère n'a pas changé, elle est aujourd'hui ce qu'elle était autrefois, toujours aussi bonne, aussi tendre, aussi puissante. Venez, venez encore, venez toujours, la prière sur les lèvres, l'espérance au cœur; dites-lui vos besoins, vos misères, vos désirs, vos vœux... et pour les résumer dans une formule courte et facile, aimez à vous servir de cette pieuse invocation, empruntée à saint Ephrem, qu'une main sacerdotale a gravée sur une petite image qui bientôt, je l'espère, deviendra populaire parmi vous : « O mère très-
» miséricordieuse du très-doux Sauveur Jésus, nous vous
» invoquons; soyez-nous propice, secourez vos pauvres et
» indignes serviteurs; faites éclater en nous vos miséricordes
» anciennes et aujourd'hui les merveilles de votre amour. »

» Mais ne vous bornez pas, frères bien-aimés, à prier Marie en ce jour : en présence de cette immense multitude, accourue de tous les points du diocèse, je sens le besoin de vous demander quelque chose de plus. Voyez ce vénérable sanctuaire, voyez comme il est pauvre! il semble qu'il s'affaisse sous le poids des années; il demande à être rajeuni et renouvelé! C'est le trésor de vos contrées... le laisserez-vous disparaître? C'est la demeure choisie de la Reine du ciel! la laisserez-vous s'écrouler? C'est l'arche sainte de vos espérances! la laisserez-vous périr? Non, non, vénérable sanctuaire, vous ne périrez pas ; j'en ai pour garant la foi de ce peuple immense qui m'écoute. Non, vous ne périrez pas ; non, il ne sera pas dit qu'à nos yeux vous serez tombé de vétusté sous les coups du temps ; non, il ne sera pas dit qu'au XIXe siècle nous serons moins ardents, moins généreux que nos pères du XIe et du XVIe. Au XIe siècle, ils ne mirent que six mois à construire l'église, et quand, en 1568, elle fut incendiée par les protestants, ils la réédifièrent en moins de deux ans. Voilà de grands exemples : imitons-les ! Je le sais, de pieux et charitables efforts ont été déjà tentés ; je les bénis, je les encourage. Mais cela ne suffit pas... il faut un effort commun, général, universel ; il faut qu'une vaste souscription s'organise ; il faut que tous donnent, grands et petits, riches et pauvres, chacun selon ses ressources, sa piété, son cœur. Allons ! bons habitants du Berri, un effort, un effort pour Notre-Dame de Vaudouan, c'est votre évêque qui vous le demande ; lui-même vous donnera l'exemple ; aujourd'hui même il inscrira son nom en tête des listes de souscription et déposera son offrande entre les mains du digne et zélé pasteur de cette paroisse. Que cet exemple soit suivi, mes frères, et bientôt ce sanctuaire béni, rajeuni et renouvelé par nos efforts communs, rendra témoignage au loin de votre amour, de votre piété, de votre dévotion envers l'auguste Reine du ciel... Alors, ayant travaillé pour elle, vous pourrez avec plus de confiance que jamais lui dire du fond de votre cœur : O Mère très-miséricordieuse du très-doux Sauveur Jésus, nous vous invoquons, soyez-nous propice, secourez vos pauvres et indignes serviteurs, faites éclater en nous vos miséricordes anciennes et aujourd'hui les merveilles de votre amour. Ainsi soit-il ! »

« Quand Monseigneur eut cessé de parler, il se produisit dans la foule comme un frémissement de joie et d'admiration. Jeune encore, Mgr l'archevêque de Bourges a su captiver tous les suffrages par sa grande piété, son excessive bienveillance, sa haute intelligence et la grâce exquise de ses manières; son éloge, en Berri, est dans tous les cœurs, et, depuis le peu temps que le prince de la Tour-d'Auvergne est à la tête du diocèse de Bourges, son noble nom attire déjà un concert de louanges et de bénédictions. Une souscription ayant été ouverte pour la reconstruction de la chapelle de Vaudouan, par M. l'abbé Semelet, l'actif curé de Briante, chapelain de Vaudouan, Sa Grandeur a daigné s'inscrire en tête de la liste pour une somme de 500 francs. Comment de pareils traits de générosité ne feraient-ils pas chérir l'illustre prélat? D'autres noms ont aussitôt tenu à honneur de suivre celui de Mgr de la Tour-d'Auvergne : le vicomte et la vicomtesse de Maussabré de la Motte-Feuilly, dont l'inépuisable charité est proverbiale dans cette partie du Berri, et dont le zèle éclairé aura contribué puissamment à la réédification de Notre-Dame de Vaudouan; le comte et la comtesse de Beaufranchet, le marquis et la marquise de Villaines, la comtesse de Lichy, M. Langlois, sous-préfet de la Châtre, madame de Fontenay, etc., etc. Il faut aussi rendre hommage à l'infatigable curé de Briante, dont je viens d'écrire le nom et à qui nous serions bien heureux d'assurer le succès dans sa pieuse entreprise. En résumé, j'emporte de ce vieux pèlerinage de Vaudouan un doux et ineffaçable souvenir. Dieu permettra que ces solennelles manifestations populaires se renouvellent souvent en notre France, et nous ne pourrons plus douter de son avenir (1). »

Plus tard, au souvenir de la fête de Vaudouan, j'écrivais de modestes vers, que je demande la permission de reproduire ici, en réclamant l'indulgence du lecteur :

<blockquote>
Au sein du vieux Berri, là-bas,
Il est une lande déserte,
Terre bénie et toujours verte
Où Dieu guida souvent mes pas.
</blockquote>

(1) *Mercure de France*, 27 septembre 1863.

C'est là qu'aux heures de souffrance
Le chrétien va s'agenouiller,
Là qu'on entend toujours prier,
Prier pour ce qu'aime la France !

J'ai vu, sous le modeste abri
De la vieille et sombre chapelle,
Se presser, ô peuple fidèle !
Des milliers d'enfants du Berri.

Les bannières saintes flottaient
Entre des tourbillons de fleurs,
Et, vers le ciel, de tous les cœurs,
L'encens et l'hosanna montaient.

Le pontife majestueux
Passait, charmant les foules frémissantes
Et, de ses deux mains bénissantes,
Rappelait des temps plus heureux !...

Au bord des eaux miraculeuses.
Miraculeuses tant de fois,
A l'ombre de la vieille croix
Qui fléchit sous les mains pieuses,

Le pontife, élevant la voix,
Parla des saints pèlerinages
Qui bravèrent le flot des âges
Et florissent comme autrefois.

Oh ! oui, Dieu protége la France,
Puisqu'après tant de mauvais jours
Elle aime et vénère toujours
La vierge de Bonne-Espérance ;

Puisqu'il n'est pas un nom plus doux,
Plus doux à la bouche qui prie,
Que le chaste nom de Marie,
Notre céleste Mère à tous ;

Puisque cette pauvre chapelle,
Dont la ruine tremble au vent,
Comme autrefois revoit souvent
Une foule émue et fidèle ! —

C'est vous, ô pieux paysan,
Qui, de votre modeste obole,
Rendez son antique auréole
A Notre-Dame de Vaudouan ;

Et c'est de vos mains courageuses
Qu'Elle verra se relever
Pour des siècles et s'achever
Ces murailles miraculeuses...

Fiers chrétiens, nous vous connaissons,
Vous croyez comme ont cru vos pères ;
Dieu vous donne des champs prospères,
Et bénit vos rudes moissons.

Vous allez mourir pour la France,
Quand le sort vous en fait la loi ;
Mais vous mourriez pour votre foi
Avec une même vaillance.

Sur vos chemins, comme autrefois,
Laissez les croix au doux langage :
La vie est un pèlerinage
Où chacun rencontre sa croix ;

La route est parfois bien amère,
Les yeux sont rougis par les pleurs,
Mais la Vierge sème des fleurs
Partout où passe la prière !

Un jour, je reviendrai là-bas,
Au sein de la lande déserte,
Terre bénie et toujours verte
Où vous avez guidé mes pas,

Et près de la mystique enceinte,
Sous son ombrage verdoyant,
J'écrirai la légende sainte
De Notre-Dame de Vaudouan (1).

En traçant ces lignes aujourd'hui, je ne fais donc que remplir le vœu que je formais naguère dans la brande bénie de Vaudouan, alors que Mgr de la Tour-d'Auvergne entonnait, au bord de la source miraculeuse, le *Libera* de Réginald Reimbues ! Que de pensées consolantes suscite en l'âme chrétienne cette admirable perpétuité de la reconnaissance et des prières de l'Église !

Vingt prêtres ne suffiraient point pour servir la foule pieuse qui, les jours de fête, se presse dans la pauvre chapelle. « On y vient prier comme dans les jours de foi : on s'y fait réciter un évangile, on entend la sainte messe; plusieurs communient, donnent des honoraires de messes, font brûler un cierge, boivent ou emportent de l'eau de la fontaine, et tous assistent à la procession. Le jour de la grande fête, surtout, dès six heures du matin, arrivent les pèlerins de huit à dix lieues; tous les chemins sont couverts de fidèles en habits de fête, qui y viennent, les uns à pied, les autres à cheval ou en voiture. Jusqu'au moment de l'office public, chacun vaque à ses pratiques particulières de dévotion. A onze heures commence la grand'messe, à laquelle tous assistent; puis la procession se met en marche; quatre hommes, en tunique blanche, portent la statue vénérée; le clergé, entouré des chantres des paroisses voisines, chante les litanies de la Sainte-Vierge, et une foule compacte le précède ou le suit dans le plus parfait silence, priant Dieu, un livre ou un chapelet à la main. Arrivés près de la fontaine, on chante un *Libera* pour Reynaud Raimbues, le fondateur du pèlerinage, et une antienne à la Sainte-Vierge; on bénit tout le peuple à genoux avec la

(1) *Mercure de France,* 7 novembre 1863.

croix, et l'on s'en revient en chantant le *Te Deum*. Tel est le spectacle qu'offre chaque année Notre-Dame de Vaudouan, avec cette différence que le nombre des pèlerins semble toujours s'accroître (1). »

Grâce à la pieuse initiative de M. le vicomte et de madame la vicomtesse Abel de Maussabré, une loterie s'organisa pour la reconstruction de la chapelle de Notre-Dame de Vaudouan. Pie IX, ce glorieux pontife qui honorerait la papauté si elle ne personnifiait le génie et la vertu, Pie IX, suivant les généreuses traditions de Paul II, daigna envoyer à la loterie de Vaudouan un témoignage de sa paternelle munificence. L'Impératrice des Français offrit un des plus beaux lots, et je dois dire qu'on en comptait près de sept cents, donnés par S. G. Mgr le prince de la Tour-d'Auvergne ; Mgr Dupanloup, évêque d'Orléans ; Mgr Bartolini, camérier de Sa Sainteté ; MM. les vicaires généraux ; M. Paul Langlois, sous-préfet de la Châtre, et madame Langlois ; le vicomte et la vicomtesse Abel de Maussabré, le comte de Montalembert, le marquis et la marquise de Villaines, madame de Buchepot, supérieure du noviciat des Filles de Saint-Vincent de Paul ; la baronne Daumesnil, surintendante de la maison de Saint-Denis ; M. Octave Feuillet, de l'Académie française ; la baronne de Fournas ; la comtesse de Poli ; mesdames Le Tellier, madame de Froment, madame de Fontenay, madame de Boissieu, madame Simons, madame Dorguin de la Vau, madame Bellanger, madame Pajot, madame de Nous, M. et madame Jules Quantin, madame Vergne, madame Duvernet, madame de Champdavid, mesdemoiselles de Baranowska, mademoiselle Raoux, madame

---

(1) HAMON, t. II, p. 84 et 85. — J'ajouterai que chaque pèlerin se fait un devoir d'emporter une ou plusieurs médailles et images de Notre-Dame de Vaudouan. C'est une pieuse innovation due au zèle éclairé de M. l'abbé Semelet, qui a succédé dans la cure de Briante au vénérable abbé Chauvet, aujourd'hui curé de la Berthenoux.

Pinet, madame Bideron, M. Jules Péaron, mademoiselle Tourtat, M. et madame Meunier, madame Mignot, madame Vermanth, etc., etc. — Des pages entières ne suffiraient pas s'il me fallait redire tous les noms des donataires, et tous les beaux traits auxquels donna lieu cette loterie pour la reconstruction de Notre-Dame de Vaudouan.

Tel ouvrier y consacrait une journée de salaire par semaine ; tel soldat envoyait un mois de solde ; toutes les classes de la société coopéraient à l'œuvre pieuse avec un empressement, un accord au-dessus de mes humbles éloges. C'était un spectacle profondément consolant que cette unanimité d'hommages adressés à la Vierge Marie ; la pensée se reportait avec bonheur aux plus beaux jours de la foi, et n'avait rien à leur envier.

A l'aurore du doux mois de Marie, le dimanche 8 mai 1864, une quête fut faite, à Paris, dans l'église de Notre-Dame des Victoires, pendant tous les offices de la journée, « pour aider à la pieuse restauration d'une chapelle dédiée à Notre-Dame de Vaudouan (en Berri) ». On me saura gré de consigner ici les noms des quêteuses : mesdames la comtesse de la Guette, la comtesse de Moynier, Lebel, de la Bastida, Navas, Renier, d'Auteroche, Clemann ; mesdemoiselles Guillemette et Marie de Villefosse, Berthe de Mirabal et Octavie Lejeune. — La quête ne produisit qu'environ 200 francs.

Aujourd'hui les fonds recueillis pour la reconstruction de la chapelle s'élèvent à une dizaine de mille francs ; or, il en faudrait trente mille.

On a parlé de restaurer au lieu de reconstruire ; une restauration me paraît impossible dans l'état de ruine complète où se trouvent les murs du vieux sanctuaire. Il y a deux vandalismes, a-t-on dit, l'un qui consiste à détruire, l'autre à réparer ; et, à mon sens, ce dernier n'est pas toujours le moins coupable. Il faut une église à Vaudouan, gracieuse autant que spacieuse, une église assez belle pour être digne de la Mère de Dieu, assez vaste pour offrir un abri à la multitude des pèlerins. — Déjà, nous le savons, un habile architecte, joignant au talent un noble désintéressement, a de lui-même fait parvenir à Mgr l'archevêque de Bourges un plan de reconstruction, dont il se charge de diriger les travaux « *gratis pro Maria*. » Pourquoi sa modestie nous interdit-elle de livrer son nom à l'admiration et à la reconnaissance des fidèles ?

Les ressources sont insuffisantes actuellement pour jeter les fondements du nouvel édifice ; mais ne désespérons pas de la Providence et de la dévotion généreuse du Berri. (1) Le premier pasteur du diocèse l'a dit à Vaudouan même, et nous ne saurions trop répéter ses belles paroles : « Je le sais, de pieux et charitables efforts ont été déjà tentés ; je les bénis, je les encourage. Mais cela ne suffit pas..... il faut un effort commun, général, universel ; il faut qu'une vaste souscription s'organise ; il faut que tous donnent, grands et petits, riches et pauvres, chacun selon ses ressources, sa piété, son cœur. Allons, bons habitants du Berri, un effort, un effort pour Notre-Dame de Vaudouan ! c'est votre évêque qui vous le demande !...... »

Non, le chaleureux appel de Mgr de la Tour-d'Auvergne n'aura pas été infructueux, et le Berri ne voudra pas rester en arrière de son généreux exemple. — Le 18 septembre 1864, j'assistais à la fête de Vaudouan ; la foule pieuse inondait, comme toujours, le sanctuaire, ou sillonnait en flots compactes le chemin de la source miraculeuse. Là, quelque chose disait à mon cœur qu'avant peu d'années on verrait ses eaux protégées, comme au passé, par un mur surmonté de la croix et orné de l'image sainte de Marie, et, dans une douce vision de l'avenir, je contemplais déjà le haut clocher de la nouvelle église de Vaudouan !...

(1) Ces lignes étaient tracées depuis plusieurs mois, quand par une lettre du vénérable curé de Briante j'appris, à ma grande joie, que S. G. Mgr de la Tour-d'Auvergne bénirait la première pierre de la nouvelle chapelle de Vaudouan le 30 avril 1865.

Que ces modestes pages fassent pénétrer dans les âmes le sentiment qui les a dictées, qu'elles y réchauffent une suave et traditionnelle dévotion, c'est la plus belle récompense et la seule que j'ose ambitionner.

A. M. M. G.

PIÈCES JUSTIFICATIVES

PIÈCE 1re

Testament de Réginald Raimbues (1291)

Universis præsentes litteras inspecturis, officialis Bituricensis vacante sede, salutem in Domino. Noveritis nos, anno Domini millesimo ducentesimo nonagesimo quarto, die martis post quasimodo, vidisse, tenuisse, et diligenter vidisse, et inspexisse quasdam litteras, sigillo curie bituricensis sigillatas, non rasas, nec, abolitas, nec in aliquâ sui parte viciatas, quarum tenor sequitur in hec verba : Universis presentes litteras inspecturis, officialis bituricensis, salutem in Domino. Noveritis quod, presens propter hoc coram Johanne Ballivi, presbytero, perpetuo vicario in ecclesiâ de Castra, jurato nostro, vice nostrâ, et a nobis habente mandatum, cui fidem plenariam adhibemus, Reginaldus Raymbues, canonicus dicte ecclesie de Castra, providus et consultus, ut dicebat, ex merâ libertate et pro anime sue parentumque suorum remedio et salute, fecit et instituit quamdam perpetuam vicariam de rebus et bonis suis, inferius annotatis et expressis, deserviendam in perpetuum in capèlla sua de Vaudoan, ad opus quidem cujus vicarie institute, predictus institutor dedit, legavit, contulit in perpetuum et concessit predictam capellam suam de Vaudoan, et domos, et casalia sua dicti loci, cum omnibus et singulis terris, pratis, nemoribus, censibus, redditibus, juribus et rebus aliis ad dictam capellam de Vaudoen spectantibus et pertinentibus, quecumque sint et quocumque nomine censeantur.

Item, casale suum de pascuis de Castra, et pratum et hortum dicto casali contiguos, et quamdam petiam vinee sitam ibidem juxta dictos casale, pratum et hortum, contigue. Item, quamdam petiam vinee sitam ibidem que quondam fuit dicta la Baconere. Item, quamdam olchiam, que quondam fuit defuncti dicti Ponelli, sitam juxta vinetum ecclesie de Castra. Item, vineas suas, que quondam fuerunt predicti Ponelli, sitas in territorio de Vavre. Item, sex quarteria vinearum sitas in territorio de Chastelier, juxta vineas monialium de Blattac, ex una parte, et juxta vineas Rogerii Aigrini, domicelli, ex altera. Item, vineas suas, que quondam fuerunt defuncti dicti Buellac, que site sunt in territorio de Comba-Garnault, juxta vineas que quondam fuerunt dicti Laceron. Item, quoddam cellarium cum torquulari interpositum et cum tribus doliis continentibus, videlicet quolibet dolio, trigenta duodenas vini; et cellarium situm est in magno vico de Castra juxta domum dicti Saol barbitonsoris. Item, omne bladum reddituale, quod habet idem institutor, et habere consuevit, in parrochiis et villis de Chassagnoliis, et de Crosennio, et de Joec, et in circumstantiis dictarum parrochiarum. Item, voluit dictus institutor, quod, de bonis suis, ematur et deliberetur, ad opus dicte vicarie unum missale et unum breviarium bonum et sufficiens. Item, voluit dictus institutor quod vicarius, qui dictam vicariam institutam tenebit, et omnes alii qui dictam vicariam successive per tempora possidebunt, census, costumas, redditus et omnia in rebus superius annotatis existentia, annis singulis, solide teneant; et in dicto loco de Vaudoen facere residentiam personalem, et celebrare, vel facere celebrare, qualibet septimana, in perpetuum, in dicta capella de Vaudoen, tres missas, pro remedio et salute anime ipsius institutoris parentumque suorum. Item, voluit et preceptum dedit institutor, coram dicto Jurato, specialiter et expresse, quod dicta vicaria instituta semel conferatur per Petrum de Archignac, et Germanum de Podio, canonicos ecclesie de Castra, et Guiotum Lumbard, exequutores testamenti predicti institutoris, ut dicebat idem institutor, cuidam persone ydonee, videlicet presbytero ydoneo, prout ipsi exequutores melius, secundum Deum et remedium anime dicti institutoris, judicaverint expedire. Et quod, post mortem dicte persone, a dictis exequutoribus eligendam seu electam ad dictam vicariam institulum deserviendam, collatio dicte vicarie, quocies ipsam vacare contigerit ad priorem et capitulum ecclesie de Castra, in perpetuum, nullo medio, deveniet et pertinebit. Et quicquid dictus institutor, in premissis vel aliquo premissorum, juris, proprietatis et dominii habebat, vel habere poterat, aut debebat, ratione qualibet seu causâ cum rebus predictis, ad opus dicte vicarie, dedit, legavit, cessit in perpetuum et quittavit, et de predictis rebus et bonis ad opus dicte vicarie concessit, et de jure et proprietate earumdem se desaesiens, idem institutor penitus et ex toto coram dicto jurato, predictos Petrum, Germanum et Guiotum, exequutores suos et eorum quemlibet, in solidum, corporaliter investivit ad opus et nomine dicte vicarie institute, nichil juris penitus retinens in eisdem, promittens idem institutor, per fidem suam in manu dicti jurati prestitam, se contra premissa vel aliquid premissorum, per se vel per alium, de cetero non venturum. Immoratum habebit, inviolabiliter observabit, obligans et jurisdictioni Bituricensis curiæ supponens, quod observacionem omnium premissorum, se, et heredes suos, et omnia bona sua mobilia et immobilia, presentia cum futuris, et bonorum suorum omnes possessores, renuncians per fidem, quoad hec actioni doli mali, et in factum, et conditioni sine causa vel ob causam non validam, et omni auxilio juris, et facti, et consuetudinis, seu statuto patrie vel loci, huic facto, contrariis, et omnibus et singulis aliis exceptionibus, deceptionibus, rationibus et allegationibus quibuscumque, rei coherentibus aut persone, que contra premissa vel aliquid premissorum proponi possent, objici sive dici. Que omnia dictus juratus nobis retulit, et propria manu scripsit, cui et cujus relationi fidem plenam adhibemus. In cujus rei testimonium sigillum dicte curie Bituricensis presentibus duximus apponendum.

Datum die jovis post dominicam diem qua cantatur *Lætare Jerusalem* anno Domini millesimo ducentesimo nonagesimo primo. Datum et sigillo curie Bituricensis sigillatum, in signum et testimonium visionis predicte, anno et die dicte visionis primo datis.

J. ROGERII.

Vidisse et facta collatio.

(*Archives de l'Indre. Fonds de Vaudouan*, (Or, parch.)

PIÈCE 2

Bulle de Paul II. (1466).

Paulus episcopus, servus servorum Dei. Dilectis filiis, Abbati monasterii sancti Ambrosii Bituricensis et priori secularis et collegiatæ ecclesiæ sancti Ursini Bituricensis, ac officiali Bituricensi, Salutem et Apostolicam benedictionem. Significavit nobis dilectus filius Petrus de Bosco rector, vicarius nuncupatus capellæ de Vauduoan sitæ infra limites parrochiæ parrochialis ecclesiæ de Brienta, Bituricensis diocesis, quod nonnulli iniquitatis filii, quos prorsus ignorat, decimas, primitias, census, fructus, redditus, proventus, domos, hortos, terras, possessiones, prata, pascua, nemora, vineas, grangias; lectos, culcitras, linteamina; vini, ceræ, fœni, frumenti, siliginis, avonæ, hordei, fabarum, pisorum et aliorum seminum, auri, argenti monetati et non monetati quantitates; breviaria, missalia, calices, patenas, casulas, superpellicia, et alia ornamenta ecclesiastica; litteras, chartas, obligationes, quittantias, instrumenta publica, documenta, recognitiones, et alias scripturas publicas et privatas, jura, testamenta, codicillos, debita, credita, legata, pecuniarum summas et nonnulla alia mobilia et immobilia bona, ad eum tam ratione personæ suæ et dictæ capellæ quam obtinet, nec non successionis hereditariæ parentum et consanguineorum suorum defunctorum quorum heres existit, quam alias legitimo spectantia, temere et malitiose occultare et occulta detinere præsumunt, non curantes ea præfato Petro exhibere, in animarum suarum periculum dictique Petri non modicum detrimentum : super quo idem Petrus apostolicæ sedis remedium imploravit.

Quocirca discretioni vestræ per apostolica scripta mandamus, quatenus omnes hujusmodi occultos detentores decimarum, primitiarum, censuum, fructuum, reddituum, proventuum et aliorum bonorum prædictorum, ex parte nostra, publice in ecclesiis coram populo, per vos vel aliam seu alios, moneatis ut, infra competentem terminum quem eis præfixeritis, ea præfato Petro a se debita restituant et revelent, ac de ipsis plenam et debitam satisfactionem impendant; et si id non adimpleverint, infra alium competentem terminum, quem eis ad hoc peremptorie duxeritis præligendum, ex tunc in eos generalem excommunicationis sententiam proferatis et eam faciatis, ubi et quando expedire videritis, usque ad satisfactionem condignam solemniter publicari. Quod si non omnes hiis exequendis potueritis interesse, duo aut unus vestrum ea nichilominus exequantur. Datum Romæ apud Sanctum Marcum, anno Incarnationis dominicæ, millesimo quadringentesimo sexagesimo sexto, tertio nonas Septembris, Pontificatus nostri anno secundo.

PIÈCE 3

Bulle de Paul II (13 septembre 1466)

Paulus episcopus, servus servorum Dei. Dilectis filiis abbati monasterii S. Ambrosii, et priori sæcularis et collegiatæ S. Ursini, ac archidiacono de Narzena majori ecclesiarum Bituricensium, salutem et apostolicam benedictionem. Humilibus supplicum votis libenter annuimus eaque favoribus prosequimur opportunis exhibita. Si quidem nobis nuper pro parte dilecti filii de Bosco, rectoris vicarii nuncupati capellæ de Vaudoan, infra metas parrochiæ parrochialis ecclesiæ de Brianta, Bituricensis diocesis, magistri in artibus, petitio continebat quod, licet olim præfata capella quam dictus Petrus obtinet per quemdam Reginaldum Raimbuez, canonicum ecclesiæ S. Germani, loci de Castra dictæ diocesis, canonice fundata et pro uno rectore qui personalem residentiam facere et tres missas qualibet septimana inibi celebrare teneretur, dotata fuerit; tamen quia propter guerras et alios sinistros eventus quibus partes illæ diutius afflictæ fuerunt, capellam ipsam pro tempore obtinentes in loco dictæ capellæ personalem residentiam non fecerunt nec missas in ipsa capella celebrarunt; capella ipsa in tantum contemptum et diminutionem devenit, ut fructus, redditus et proventus, ac jura, observationes et emolumenta, bona dictæ capellæ fere omnia per priorem et capitulum dictæ ecclesiæ S. Germani de Castra solitæ gubernari, ad quorum præsentationem dicta capella spectare dinoscitur, occupata et per septuaginta annos et ultra indebite percepta fuerint. Qui quidem prior et capitulum missas ibidem juxta voluntatem fundatoris hujusmodi celebrari nichilominus minime fecerunt, neque faciunt de præsenti. Quare, pro parte dicti Petri qui, ut asserit, venerabilis fratris nostri Joannis archiepiscopi Bituricensis familiaris continuus commensalis extitit, et capellam predictam ad suum primævum et debitum statum reducere affectat, nobis fuit humiliter supplicatum ut omnia et singula bona mobilia et immobilia, nec non jura ac fructus, redditus et proventus, ad ipsam capellam spectantia, et per priorem et capitulum præfatos aut quoscumque alios indebite occupata, ad jus et proprietatem dictæ capellæ reservari et illi restitui mandare de benignitate Apostolica dignaremur. Nos igitur, de præmissis certam notitiam non habentes, hujusmodi supplicationibus inclinati, discretioni vestræ per apostolica scripta mandamus quatenus vos vel duo aut unus vestrum, vocatis priore et capitulo præfatis, ac aliis qui fuerint evocandi, in præmissis et circa ea summarie, simpliciter et de plano, sine strepitu et figura judicii, sola facti veritate inspecta, auctoritate nostra procedatis, et exequamini, prout de jure fuerit faciendum.

Datum Romæ apud Sanctum Marcum, anno Incarnationis Dominicæ millesimo quadringentesimo sexagesimo sexto, Idus Septembris, Pontificatus nostri anno secundo.

PIÈCE 3 bis

Sentence de Martin du Breuil (1467).

Martinus de Brolio, in legibus licenciatus, prior sæcularis et collegiatæ Sancti Ursini et sanctæ metropolis ac primitialis Bituricensis ecclesiarum canonicus prebendatus, Judex et commissarius in hac parte a sancta sede apostolica, una cum quibusdam aliis nostris in hac parte collegis, cum illa clausula :

Quatenus. Vos vel duo aut unus vestrum vocatus et specialiter deputatus, universis et singulis capellanis, et ecclesiarum rectoribus, presbyteris, clericis, notariis et tabellionibus publicis, juratis et apparitoribus quibuscumque in civitate et diocesi Bituricensi constitutis, ad quem seu quos nostræ præsentes litteræ pervenerint exequendæ, Salutem in domino, et mandatis nostris, imo verius apostolicis firmiter obedire. Litteras sanctissimi in Christo patris et Domini nostri Domini Pauli, divina Providentia papæ secundi et moderni, ejus vera bulla plumbea, cum cordula anapis impendenti, more romanæ curiæ, bullatas; sanas, et integras omnique prorsus vitio et suspicione parentes, ut primâ facie videbatur; nobis pro parte venerabilis viri magistri Petri de Bosco, in artibus magistri, rectoris vicarii capellæ de Vaudoan, infra metas parrochiæ parochialis ecclesiæ de Brienta, dictæ Bituricensis diocesis, in eisdem litteris principaliter nominati, exhibitas et præsentatas cum ea qua decuit reverentia recipisse noveritis, quarum quidem litterarum tenor de verbo ad verbum sequitur, et est talis.

(*Suivent les bulles précédentes.*)

Sic signatum suprà plicam marginis inferioris *A. Detouques....* post quarum quidem litterarum apostolicarum premissarum exhibitionem, præsentationem, et receptionem nobis et per nos, ut præmittitur, factas, fuimus, pro parte dicti magistri Petri de Bosco, rectoris vicariæ profatæ, debita cum instantia requisiti, quatenus ad executionem earum et contentorum in ipsis juxta ipsarum seriam, formam et tenorem procedere curaremus; quindi nos mandatis apostolicis, ut tenemur obedire volentes, ac unicuique jus et justitiam præstare possetenus cupientes vobis, omnibus et singulis supradictis et vestrum cuilibet in solidum, ita quod ad hoc faciendum alter vestrum alterum non expectet nec unus pro alio vel per alium se excuset, in virtute sanctæ obedientiæ et sub excommunicationis pœna quam in vos et vestrum quemlibet ferimus in iis scriptis, si in præsenti mandato nostro exequendo negligentes fueritis, vel remissi, districte præcipiendo, auctoritate apostolica supradicta sua fungimur in hac parte, tenore præsentium, committimus et mandamus, quatenus ad instantiam dicti magistri de Bosco, rectoris vicariæ profatæ, citetis priorem coram nobis in dicta Bituricensi ecclesia, hora prima ad diem decimam quintam, a die executionis, citationis nostræ, hujusmodi factæ seu executæ computandam vel ac diem sequentem non feriatam si dicta dies fuerit feriata, venerabiles viros dominos priorem et capitulum ecclesiæ secularis sancti Germani de Castra, Bituricensis diocesis, quos nos etiam tenore præsentium sic citamus ut ipsi per se vel per procuratorem seu procuratores ad hoc ab eis legitime constitutum, seu constitutos, coram nobis compareant veniantque, præfato magistro Petro de Bosco nomine et ad causam dictæ suæ rectoriæ, vicariæ præfatæ capellæ de Vaudoan, super contentis in dictis litteris apostolicis præinsertis earumque circunstantiis et dependentiis, quod justum fuerit responsuri, visurique et audituri, per nos procedi ad executionem dictarum apostolicarum litterarum, summarié, simpliciter et de plano, sine strepitu et figura judicii, sola facti veritate inspecta, prout per dictas litteras apostolicas nobis mandatur, juxtaque formam et tenorem earumdem, et prout juris fuerit et rationis; de iis autem quæ in præmissis feceritis, seu fecerit vestrum alter, nos per vestras litteras vel alias debite ædificare curetis.

Datum sub sigillo curiæ archidiaconi Bituricensis quo utimur in hac parte, die decima septima mensis martis, anno domini millesimo quadragintesimo sexagesimo sexto indictione decima quinta, pontificatus dicti D. nostri Papæ anno tertio, præsentibus ibidem et audientibus venerabilibus viris magistro Joanne Chambelini, canonico et archidiacono de Buzanciaco, in dicta Bituricensi ecclesiâ, et D. Ludovico Saraceni, curato ecclesiæ parochialis de Oratorio, Bituricensis diœcesis, testibus specialiter ad præmissa vocatis, et rogatis ut constat mihi de rasura vocabulorum illorum.

Datum ut supra.

Signé : GARNIER.

PIÈCE 4

Sentence d'excommunication (1468)

Jacobus de Mucciarellis, de Bononia, utriusque juris doctor, Basilicæ principis Apostolorum de Urbe ac Bononiensis ecclesiæ canonicus, sanctissimi domini nostri Papæ capellanus, ipsiusque et ejus camerarii, necnon curiæ causarum Cameræ Apostolicæ generalis auditor, venerabilibus et circumspectis viris dominis Bituricensi et Lemovicensi officialibus, ac universis et singulis dominis tam cathedralium quam collegiatarum canonicis, parrochialiumque ecclesiarum rectoribus, capellanis, curatis et non curatis, ac locatenentibus eorumdem; necnon conventuum Fratrum Prædicatorum, Minorum, Carmelitarum et Augustinensium prioribus, guardianis et fratribus per civitates et diœcesis Bituricensis et Lemovicensis ac aliis ubilibet constitutis et cuilibet vestrum in solidum, ad quem vel ad quos præsentes nostræ litteræ exequendæ pervenerint, Salutem in Domino, et nostris hujusmodi, imoverius apostolicis, firmiter obedire mandatis.

Pro parte venerabilis viri Domini Petri de Bosco, presbyteri, perpetui vicarii capellæ de Vaudouem, Bituricensis diœcesis, quam quondam dominus Reginaldus Raimbues fundavit multisque campis, vineis, pratis, terris, casalibus, censibus, redditibus, juribus, et bonis aliis mobilibus et immobilibus, dotavit et oscleavit, hoc per ipsum Reginaldum pacto, quod in quadam domo perpetuus vicarius dictæ capellæ personnaliter inhabitare teneretur; quæ domus situatur prope dictam capellam de Vaudouem, relinquens collationem, provisionem et omnimodam aliam dispositionem ipsius capellæ priori et capitulo ecclesiæ collegiatæ S. Germani de Castra, ejusdem diœcesis. Nunc autem ipsi prior et capitulum nomen dictæ capellæ de Vaudoan in institutionibus per ipsos factis tacuerunt, temerariaque sua auctoritate bona prædicta detinuerunt, uti detinent de præsenti. Eapropter nos Jacobus, auditor præfatus, instanter et debite requisiti, discretionibus vestris et cuilibet vestrum, tenore præsentium, committimus et sub excommunicationis pœna quam, canonica monitione præmissa, in vos et vestrum quemlibet, nisi feceritis quæ vobis in hac parte committimus, districte præcipientes, mandantes, quatenus, statim receptis præsentibus, vos vel quicumque vestrum qui super hoc fueritis requisiti, seu fuerit requisitus, per vos vel alium seu alios ex parte nostra, auctoritate apostolica, videlicet vos domini Officiales, dum causarum audientias tenebitis, vosque priores, guardiani et fratres in vestris sermonibus publicis, dum verbum Dei fideli populo ibidem assistenti prædicabitis, ac vos rectores, capellani curati et non curati, in vestris ecclesiis, dum Missarum celebrabuntur solemnia et Christi fidelium populus ibidem convenerit ad divina audiendum officia, moneatis primo, secundo, tertio; et peremptorie, publice et in generali, altaque et intelligibili voce omnes et singulas utriusque sexus personas, exemptas et non exemptas, cujuscumque dignitatis, status, gradus, ordinis vel conditionis existant vel quacumque præfulgeant dignitate, et præsertim dictos priorem et capitulum dictæ ecclesiæ collegiatæ Sancti Germani de Castra, quos et eorum quemlibet nos etiam, tenore præsentium, monemus, eisque nihilominus sub eadem excommunicationis pæna quam, canonica monitione præmissa, in eos et eorum quemlibet ex nunc ferimus in iis scriptis, nisi mandatis et monitionibus nostris hujusmodi, imoverius apostolicis, paruerint realiter et cum effectu; districte præcipimus et mandamus ac vos etiam eisdem præcipiatis et mandetis quatenus, si sit ipsorum aliquis qui clam, furtive, latenter, occulte et alias, indebite ac injuste habuerit, receperit, levaverit, occultaverit, occupaverit, retinuerit, subtraxerit et sibi indebite appropriaverit, habeatque, detineat, colet, occultet, occupet, ac sibi indebite appropriet aliqua de bonis mobilibus et immobilibus dicti domini Petri conquerentis, sicuti aurum, argentum monetatum et non monetatum, calices, patenas, sanctorum reliquias, cruces et alia ornamenta ecclesiarum vel capellarum; missalia, breviaria, gradualia, libros, jocalia; decimas, census, fructus, redditus, proventus; fundationes, servitia, laudemia, venditiones, jura; litteras, cartas, cedulas, notas, compota, contractus, recognitiones, testamenta, legata, codicillos, clausulas, ultimas voluntates et alias scripturas tam publicas quam privatas; frumentum, bladum, avenam, siliginem, hordeum, pisa, fabas, et alia legumina; debita, creditas, legata, donationes, pecuniarum summas; domos, campos, vineas, prata, terras, pascua, casalia, rupturas, hortos possessiones, nemora, silvas, jurisdictiones; molendina, aquas, aquarum decursus, piscarias; arbores, arborum fructus et alias hereditates; oves, boves, vaccas; equos, equas, porcos, agnos, mutones, capras, hircos et alia animalia et quorumque alia mobilia et immobilia bona, ad præfatum Petrum conquerentem, tam ratione personæ suæ et successionis hereditariæ omnium parentum suorum ac Capellæ de Vaudoeum prædictæ, quam alias legitime ac quovismodo, spectantem et pertinentem in quibuscumque locis seu rebus consistant, aut sciant seu sciat aliquem seu aliquos dicta bona aut ex ipsis aliqua habuisse vel habere ac detinere, occupare, occultare, et sibi indebite appropriare, ipsæ personæ dicta bona aut ex ipsis aliqua habentes, detinentes, occupantes, usurpantes et sibi indebite appropriantes, reddant et restituant realiter et cum effectu, infra quindecim dierum spatium a die monitionis sic factæ proxime computandorum, seu postquam hujusmodi monitio ad ipsorum malefactorum notitiam devenerit. Scientes vero dicta bona aut ex ipsis aliqua habentes, detinentes, occupantes, usurpantes, et sibi indebite appropriantes, revelent et significent ea præfato conquerenti aut alicui alias idoneæ personæ et fideli, per quam seu mediante, qua possit eidem conquerenti fieri restitutio seu condigna satisfactio de bonis et rebus prædictis aut alias amicabiliter se conveniant, et concordent cum eodem conquerenti, quod merito valeat contentari. Alioquin lapso dictæ monitionis termino, omnes et singulas personas sic monitas, dicta bona aut ex ipsis aliqua habentes, detinentes, occupantes, et non restituentes, scientesque et non revelantes, quas et earum quamlibet ob hanc causam in hiis scriptis excommunicamus, appellatione et oppositione cujuslibet remotis et tamdiu in vestris ecclesiis, monasteriis et capellis, ac aliis locis publicis, singulis diebus dominicis et festivis, dum missarum et aliorum divinorum officiorum celebrabuntur solemnia et fidelium populus ibidem convenerit ad divina audiendum officia, pulsatis campanis, candelis accensis et demum exstinctis ac in terram projectis, sic excommunicatas, ob hujusmodi causam publice nuntietis et ab aliis, quantum in vobis fuerit, nuntiari faciatis. Et si forsan hujusmodi excommunicationis sententiam post denuntiationem prædictam per vos seu alterum vestrum sic factam per quindecim dies, animis, quod absit, sustinuerint induratis, nec de præmissis satisfacere et ad gremium sanctæ Matris Ecclesiæ redire curaverint, nos tunc attendentes quod earumdem personarum crescente contumacia et inobedientia, merito crescere debet et pœna, ipsas personas omnes et singulas supradictas sic excommunicatas et denuntiatas, ex nunc prout ex tunc et ex tunc prout ex nunc, duximus aggravandas et tenore præsentium aggravamus, vobisque nihilominus, omnibus et singulis supradictis et vestrum cuilibet, sub pœnis et sententiis supradictis mandantes quatenus omnes et singulas personas sic excommunicatas et aggravatas, lapsis dictis quindecim diebus post denuntiationem prædictam tam in vestris ecclesiis, monasteriis et capellis ac locis aliis prædictis, ter in missa et in vesperis, ut moris est, pulsatis campanis, candelis accensis et demum exstinctis et in terram projectis, ob dictam causam denuntietis publice et denuntiari faciatis, donec aliud a nobis super hoc receperitis in mandatis. Verum, si præfatas excommunicationis et aggravationis sententias per alios quindecim dies immediate sequentes sustinuerint et ut eis insorduerint nec ad mandata sanctæ matris ecclesiæ redire curaverint, de præmissis satisfactionem impendentes, ipsos et earum quamlibet ac sententias prædictas ex nunc prout ex tunc, et e contra duximus reaggravandas et præsentium tenore reaggravamus, vobisque insuper omnibus et singulis supradictis, etiam sub dictis pœnis et sententiis mandantes et committentes quatenus, lapsis dictis ultimis quindecim diebus post denuntiationem dictæ reaggravationis, ipsas omnes et singulas personas supradictas de præmissis culpabiles et per nos reaggravatas, tamdiu in vestris ecclesiis, monasteriis ac singulis capellis, diebus dominicis et festivis, dum missarum et aliorum divinorum officiorum celebrabuntur solemnia et fidelium populus ibidem convenerit ad divina audiendum officia, etiam ter in missa, ut moris est, ac in sero, hora completorii, pulsatis campanis, more tractus mortuorum, candelis accensis et demum extinctis ac in terram projectis, sic denuntiatas, excommunicatas, aggravatas et reaggravatas ob dictam causam publice nuntietis seu nuntiari faciatis, donec et quousque aliud a nobis super hoc habueritis in mandatis. Demum, si præfati malefactores excommunicati, aggravati et reaggravati, post denuntiationem hujusmodi ad eorum notitiam, deductis, per quindecim dies, animis, quod absit, sustinuerint induratis, quia exigit perversorum audacia præsumptiva, ut unica pœna non contenti, fortioribus arceantur, pœnis ne forte fides illorum lædatur, qui semper obedientiam debitam suis superioribus impenderunt, ex nunc prout ex tunc, et ex adverso processus nostros multipliciter reaggravamus, vosque omnes et singulos, supradictos, quibus præsentes nostræ litteræ diriguntur, modo et forma præmissis, requirimus et monemus, ac sub pœnis et sententiis prædictis præcipimus et mandamus, quatenus, singulis diebus dominicis et festivis, quotiens et quando pro parte dicti domini Petri, fueritis requisiti seu alter vestrum fuerit requisitus, infra missarum solemnia, populo fideli ibidem, ut præmittitur, congregato, prædictas excommunicationem, aggravationem et reaggravationem et multiplicet reaggravationem innovando, campanis pulsatis, candelis accensis, et demum exstinctis ac in terram projectis, cruce erecta et Religione inducta, aquam benedictam aspergendo ad fugandum dœmones qui eos sic detinent alligatos et suis laqueis cathenatos, orando quod Dominus noster Jesus Christus ipsos ad catholicam fidem et sanctæ matris Ecclesiæ gremium reducere dignetur, ne eos in tali duritia et perversitate permittat dies suos finire, cum decantatione responsorii : *Revelabunt cœli iniquitatem*, inde item ac psalmi : *Deus, laudem meam ne tacueris*, item et antiphonæ, *Media vitam morte sumus*, item et hujusmodi responsorio, psalmo et antiphona præfatis totaliter finitis, ad januas ecclesiarum vestrarum una cum clericis et parrochianis vestris accedendo, ut eo citius ad obedientiam sanctæ matris Ecclesiæ redeant, tres lapides versus domos ipsorum malefactorum projiciatis in signum maledictionis æternæ quam Deus dedit Dathan, Cayn et Abiron quos terra vivos absorbuit, etiam post missam et in vesperis ac aliis horis, et sermonibus ac prædicationibus prædictis, solemniter publicetis et publicari ab aliis faciatis, donec aliud a nobis vel superiori nostro super hoc habueritis in mandatis. Ut autem omnia et singula præmissa ad ipsarum personarum notitiam verisimiliter deducantur, copiam præsentium in valvis ecclesiarum vestrarum etiam vestris sigillis, si opus fuerit, munitam affigi volumus et mandamus, ne de prædictis ignorantiæ causam prætendere valeant seu etiam allegare; quam si quis ausu temerario amovere vel lacerare præsumpserit seu quovis modo contra prædicta contraire, sententiam excommunicationis prædictam incurrere volumus ipso facto. Diem vero monitionis hujusmodi, atque factam executionem, et quidquid in præmissis feceritis per vestras patentes litteras, harum seriem seu sufficientem designationem in se continentes aut instrumentum publicum, remissis præsentibus fideliter intimare curetis; absolutionem omnium et singulorum qui præfatas nostras sententias aut earum aliquam incurrerint sive incurrerit, quoquomodo nobis vel superiori nostro tantummodo reservamus.

Datum Romæ, in domo nostræ solitæ residentiæ, sub proprii sigilli dictæ curiæ causarum cameræ Apostolicæ, quo in talibus utimur, appensione, Anno a nativitate Domini millesimo quadringentesimo sexagesimo octavo, indictione prima, die vero prima mensis Junii, Pontificatus sanctissimi in Christo patris et domini nostri domini Pauli, divina providentia papæ secundi, anno quarto.

A. DE VULTERRIS,
dictæ curiæ causarum notarius.

Taxatum ad g xiii

JA. DE MUCCIARELLIS,
Auditor.

PIÈCE 5

Ordonnance de l'official (1468)

Officialis Bituricensis, omnibus et singulis capellanis Ecclesiarum rectoribus, ceterisque personis Ecclesiasticis in civitate et diœcesi Bituricensi constitutis, ad quos præsentes litteræ pervenerint, Salutem in Domino. Litteras venerabilis et scientifici viri Domini Jacobi de Mucciarellis de Bononia, utriusque juris doctoris, sanctissimi Domini nostri Papæ Capellani, ipsiusque et ejus camerarii, necnon curiæ causarum Camerœ apostolicœ generalis auditoris, præsentibus annectas, debitæ executioni demandare curetis, juxta earum seriem seu formam, nihil de contingentibus omittentes.

Datum die xxj mensis Augusti anno Domini millesimo quadringentesimo sexagesimo octavo.

Signé : RAPPETBRONI.

PIÈCE 5 (BIS)

Sentence de l'official (1469)

...Quasdam suæ oppositionis causas (capitulum) in scriptis coram nobis officiali edidit sub hac forma : ad obtinendum dici, declarari, et pronuntiari per vos Dominum officialem Bituricensem, ex delegatione apostolica huc in parte cognoscentem, pro intentione venerabilis capituli opponentis contra magistrum Petrum de Bosco ; contraque certas litteras apostolicas, monitorias, vestræ hujusmodi prætensæ delegationis, videlicet hujusmodi litteras fuisse ac esse per eumdem magistrum Petrum suggesta falsitate, tacitaque veritate et alias indebite et injuste impetratas, super eo quod earumdem litterarum tenore et rigore protendit se rectorem, seu vicarium capellæ de Vaudoan, vultque percipere et habere reditus et proventus illius; ac per hoc declarari nullas seu cassari et annullari cum omnibus inde secutis; præfatum impetrantem ab intentione sua prætensa tanquam inadmissibili seu minus justa penitus repellendo; præfatosque opponentes legitime se adversus eam dictarumque litterarum executionem opposuisse declarando.

Imprimis dicunt esse verum et notorium dictam capellam de Vaudouan revera prope dictum locum de Castra situatam, a triginta, quadraginta et centum annis et ultra notorie ad jus et proprietatem dictæ ecclesiæ collegiatæ spectasse et pertinuisse, spectareque et pertinere, et dictos venerabiles tanquàm dominos ac veros proprietarios illius in spiritualibus et temporalibus præfatam capellam spexisse per se et alios, necnon oblationes quæ in ea obvenerunt et integro per se aut alios per ipsos deputatos, percepisse, absque eo quod dictus impetrans aut quivis alius a dicto tempore in regimine capellæ se intromiserit et ullas oblationes in ea venientes sub nomine rectoris illius capellæ perceperit, quoniam dicta capella nunquam, in sui ad titulum beneficii, devenit per institutionem vicarii specialis, sed solum a tali et tanto tempore ad jus et proprietatem dictæ ecclesiæ pertinuit et pertinet de præsenti; unde constat dictum impetrantem, dum dictam capellam in titulum beneficii assumpsit, se rectorem seu vicarium illius nominando, ut horum medio dictam capellam in præjudicium dictorum venerabilium usurparet, sibique oblationes prædictas applicaret, falsitatem suggessisse ac etiam veritatem quam sciebat omnibusque notoriam, et his quæ dicta sunt, tacuisse, et quibus petunt, requirunt, et concludunt memorati opponentes, prout melius possunt et debent, de jure, ex promissis, et aliis quæ constabunt per processum, probare, offerendo sufficientem probationem; ac super omnibus et singulis, officium juris et justitiæ implorando, non se astringendo ad probationem superfluam, cum protestatione declarandi, addendi, et diminuendi prout opus erit.

Pars actoris quasdam ejus rationes in scriptis contra ipsos reos coram nobis edidit sub hac forma :

Ut litteræ monitoriæ pro parte venerabilis et discreti viri magistri Petri de Bosco, in artibus magistri, ac vicarii perpetui vicariæ perpetuæ vulgariter nuncupatæ de Vaudouan, impetratæ, suum sortiantur effectum tam contra Dominos priorem et capitulum ecclesiæ collegiatæ de Castra quam alios quoscumque detentores et usurpatores redituum...... dictæ vicariæ, ita ut litteræ aggravatoriæ per vos venerabilem et circumspectum virum dominum officialem, auctoritate apostolica in hac parte delegatum, contra eosdem priorem et alios quoscumque concedantur nec quovis modo a sententiis per eos incursis et vi dictarum litterarum absolvantur saltim donec restitutionem et satisfactionem de iisdem reditibus ipsius vicariæ eidem impetranti fecerint, et tandem dicantur ipsi venerabiles male, indebite ac injuste se opposuisse nec ad talem oppositionem audiendos fore, et potissime restitutionem ac in expensis factis et faciendis in prosecutione præsentis causæ condemnentur.

Dicit impetrans quod olim per defunctum nobilem virum dominum Reginaldum Rambuez de Virolenc, dum viveret canonicum dictæ Ecclesiæ de Castra, extiterunt duæ vicariæ seu capellaniæ perpetuæ fundatæ, una videlicet in eadem capella per ipsum fundatorem specialiter in dicta ecclesia ad honorem sancti Martini, constructa, in qua idem fundator, prope et ante altare ipsius, postmodum sepultus et inhumatus, ut moris est ; et altera in capella sua de Vauduoan quam specialiter construi fecerat una cum domo prope sita, et quam etiam per testamentum suum specialiter fundavit. Item dictas duas capellas seu vicarias perpetuas de suis bonis tam mobilibus quam immobilibus dotavit idem fundator.

Item pro fundatione et dotatione dictæ vicariæ seu capellaniæ vocatæ de Vaudouan, inter cætera legavit et donavit idem defunctus, in suo testamento, ad opus ipsius vicariæ suam prædictam capellam de Vaudouan, cum domibus et casalibus dicti loci.....

Item voluit et ordinavit præfatus fundator medio fundationis hujusmodi, quod 1° conferatur perpetua vicaria de Vaudouan per executores sui testamenti cuidam idoneo qui eidem deserviret et deinde per obitum talis sit institutus per prædictos priorem et capitulum de Castra, quoties locus vacationis occurreret.

Item quod a tempore dictæ fundationis extiterunt in eadem vicaria seu capellania de Vaudouen, successis temporibus, plures vicarii seu capellani, per eosdem priorem et capitulum de Castra instituti, et inter alios quidam Dominus Joannes Bruere, postmodum Dominus Sthephanus Meillot, postea Dominus Joannes Bordessol, deinde Dominus Joannes Torthoulx, insuper Dominus Guillermus Gadiot, qui eam obtinuit per obitum dicti domini Joannis Torthoulx, illius vicarii pacifici, et deinde eidem moveri facienti, ex causa permutationis factæ cum dicto Gadiot fuit collata, sed ad causam illius feré per decem annos litigavit cum quodam magistro Joanne de Puymont pictavi studente, et usque ad tempus obitus illius qui fuit anno domini 1464, et ultra post obitum dicti Puymond, habuit et obtinuit dictam vicariam seu jus quod in eadem protendebat dictus Puymond, habuit et obtinuit dictam vicariam, seu jus, per medium permutationis factæ cum Ludovico Chastein acolyto.

Item et pariter fuit altera dictarum vicariarum fundata in capella et ad altare beati Martini dicte ecclesie de Castra. Et tandem per eosdem priorem et capitulum de Castra cuidam domino Johanni Ragot presbytero de Castromeillam collata ; qui quidem Ragot eamdem vicariam vulgariter vocatam sancti Martini ut possessor pacificus a viginti quinque, ymo a triginta annis citra tenuit et possedit, adhucque tenet et possidet pacifice cum suis juribus.

Item et licet, dicti domini prior et capitulum de Castra in suis licteris collationis seu provisionis prelibatæ vicariæ de Vaudoan non nominaverint expresse seu formaliter eamdem vicariam de Vaudoan, quod forte ad cauthelam fecerunt et verisimiliter, ita videtur, ut sic usurpare possint bona et jura illius, attamen revera est illa quæ per eosdem exstitit eidem impetranti, et eidem Tortoulx, et aliis supranominatis collata, et quequidam vicaria suo proprio nomine vocatur seu vocari debuit et censeri de Vaudoan. Item et talis etiam videlicet de Vaudoan nomine tenetur, habetur et reputatur, palam, publice, communiter et notorie. Item quod de predicta vicaria et ejus nomine ignorantiam aliquam pretendere non valent ipsi opportuniter alia ratione, quia citra festum Penthecostes quod fuit anno domini millesimo quadringentesimo sexagesimo sexto, ipsi domini prior et capitulum, occasione cujusdam litis de quodam onere ad quod dicebant eumdem moveri facientem teneri ad causam dicte vicarie, licteras fundationis dicte vicarie per se vel saltem per alium exhibuerunt et sibi ostenderunt in quibus vocatur et nominatur expresse vicaria de Vaudoan. Et quasquidam litteras in archivis seu in archa thesauri dicte ecclesie ceperunt. Item et exinde comperto per dictas litteras quod ad nullum onus, saltem de quo conquerebatur, tenebatur. Respondit ipse moveri faciens ac verba sua dirigendo eis, dixit : Quod male fecerant, et potissimo detinendi et celandi sibi dictas licteras in dictis archivis, et ad premissa et alia plurima tunc facta, dicta et probata fuerunt presentes quam plures canonici et vicarii dicte ecclesie de Castra. Item quod propterea et ad semper denotandum quod est et vocatur vicaria de Vauldoan a tempore suæ

institutionis, nonnulla de dictis bonis sic per dictum fundatorem legatis habuit et possedit, adhucque habet et possidet, et de ipsis utitur et gaudet pacifice idem impetrans, et precipue de casali, de pascuis cum pratis et horto contiguo, de peciis vinearum, cellario et torculari de Castra, sed non de domibus casalibus, terris, pratis, censibus et juribus sitis ad locum de Vauldoan, pariter nec de bladis reddituabilus debitis in parrochiis de Juheto et de Crosonio, de quibus in prima et ultima partibus legatorum dicti testumenti fit mentio ; ex quibus a denominatione predictorum jurium et bonorum ex quibus utitur, que sic relicta fuere pro fundatione et dotatione dicte vicarie simul cum aliis bonis et juribus de quibus non gaudet, merito censetur et revera ita est vicarius de Vauldoan et ita vocari debet. Alias autem esset collatio innominata, cujus error seu ficta et dolosa nominatio in nomine non posset viciare et maxime quia de fundatione et legato predictis nominatim constat. Item quia ignoravit et ignorat proprieque et qualia sint illa bona et jura de quibus non gaudet, que alios etiam indicto testamento declarata non fuerunt, fuit sibi expediens et necessarium ad hoc sciendum ; et qui detinentes erant dictam monicionem quam auctoritate apostolica obtinuit impetrare, a cujus censuris omnes detinentes et scientes cavere debent, et contra quos etiam semper protestatur idem moveri faciens. Item et a quibus censuris, visis premissis, non videntur immunes prima fronte memorati domini opponentes, eorum reverentia salva, nec audientes, velut opponentes, ex quo maxime nihil in specie declarant : videlicet· si quid de dictis bonis mobilibus seu etiam redditibus, censibus, juribus et quæ possideant, de quibus conqueritur idem impetrans. Et quod ita sit, certum est et recte intuenti apparere potest : contra executionem alicujus monicionis, tacitis nominibus, non est quis audiendus opponens, tam de jure quam etiam stilo seu observantia curie vestre legitime prescriptis, nisi primo confessione seu agnicione in terminis claris et declaratis premissa, de re seu rebus de quibus pretenditur dicta oppositio fieri. Alias autem curret semper sententia et censura contra tales potissime de re seu rebus minime declaratis, et possunt nihilominus tales moniciones publicari contra omnes. Item et ad eas, deo auxiliante, ita publicari facere et ad ulteriorem executionem procedere intendit . . . .
. . . .
. . . .
Facta hinc inde proposita, quathenus sunt de jure admissi-

bilia, admittimus ad probandum, quathenus vero juris sunt, in nostra diffinitiva sententia reservamus. Qua interlocutoria nostra sic lata, factis hinc inde per procuratores ipsarum partium affirmatis jurato de calumpnia, nonnullisque testibus ac inquestis hinc inde factis, productis et coram nobis rapportatis, dictorumque testium attestationibus seu depositionibus in formam publicam redactis et deinde publicatis, nonnullisque bullis et licteris apostolicis ac aliis litteris per partem dictorum reorum ad probandum intentionem suam contra ipsum actorem coram nobis exhibitis et productis, demumque in dicta causa concluso et renuntiato, certaque die adaudiendum jus seu nostram diffinitivam sententiam in causa predicta per nos partibus ipsis assignata, tandem die hodierna lune post festum beati Laurentii ipsis partibus assignata, in statu videlicet, ad audiendum jus seu nostram diffinitivam sententiam in causa predicta, prout hec et alia in actis et processibus ipsius cause lacius et seriosius continentur, comparuerunt in judicio coram nobis, videlicet pro dicto actore discretus vir Johannes Pinson tamquam procurator et procuratorio nomine ejusdem, apud acta cause hujusmodi constitutus, una cum venerabili viro magistro Nicholao Sarde, in legibus licentiat, ejusdem actoris advocato; et pro dictis reis opponentibus discretus vir Johannes Babou clericus, tamquam procurator et procuratorio nomine eorumdem, alias in hujusmodi causa fundatus, una cum venerabili viro magistro Johanne Besse, in legibus licentiato, eorumdem reorum advocato. Quibus comparentibus et petentibus hinc inde in dicta causa diffiniri jusque sibi fieri et reddi. Nos, visis prius et diligenter inspectis omnibus et singulis actis, et processibus in dicta causa factis et actitatis et contentis in eisdem consideratisque et attentis omnibus et singulis. . . . .
. . . .
Diligenti consilio et matura deliberatione cupitis, sedentes pro tribunali, et Christi nomine invocato, Sacrosanctis Evangeliis coram nobis positis, ut de vultu Dei nostrum prodeat judicium, et in iis ac aliis oculi nostri videant æquitatem, signantes et munientes nos signaculo sanctæ Crucis, Nostram diffinitivam sententiam in scriptis in dicta causa protulimus et proferimus in hunc, qui sequitur, modum.

CHRISTI NOMINE INVOCATO. AMEN. Viso processu in causa Apostolica coram nobis Johanne Pinoti, utriusque juris doctore, Officiali Bituricensi ac a sancta Sede Apostolica specialiter delegato, cum reverendo in Christo patre domino abbate monasterii S. Ambrosii. ordinis S. Augustini, et priore S. Ursini Bituris, nostris in hac parte collegis, cum illa clausula : Quod si non omnes et qui ab executione litterarum apostolicarum se excusaverunt, mota inter venerabilem magistrum Petrum de Bosco, in artibus magistrum, vicarium vicarie de Vaudoan se dicentem, impetrantem et executionem predictarum litterarum postulantem, ex una ; et venerabiles priorem et capitulum ecclesie secularis et collegiate de Castra, Bituricensis diœcesis, opponentes, ex alia, inspectisque diligenter tam litteris Apostolicis bonarum memoriarum Urbani tertii et Innocentii quarti, Romanorum Pontificum, quam aliis actis instrumentis apud nos per partes productis, necnon depositionibus testium utriusque partis. . . . . , ... per hanc nostram diffinitivam sententiam... litteras Apostolicas monitorias per eumdem de Bosco noviter impetratas, quas ipse tamquam vicarius de Vaudoan executioni per nos mandari postulavit contra omnes detentores jurium dicte capelle de Vaudoan, fore subrepticias et obrepticias et obrepticie et subrepticie impetratas, easque male executioni demandari petisse, predictosque reos bene et debite earum executioni se opposuisse, et per eamdem sententiam nostram declarantes predictam capellam de Vaudoan cum pertinenciis suis universis ad jus et proprietatem predicte ecclesie de Castra eisdem priori et capitulo de Castra opponentibus pertinere et spectare, eidemque de Bosco nullum jus competere in eadem, nec in pertinenciis ejus, et nihilominus predictum actorem expensis erga dictos opponentes, veluti temere litigantem, condempnamus et condempnatum pronunciamus, taxatione nobis in posterum reservata. A qua quidam nostra diffinitiva sententia sic per nos lata dictus Johannes Pinson, ejusdem actoris procurator, nomine procuratorio hujusmodi, viva voce et illico ad sanctam Sedem Apostolicam pronuntiavit et appellavit, et a nobis petiit et requisivit apostolos de et super appellatione sua hujusmodi sibi dari et concedi. Cui quidem procuratoris respondimus, quia a diffinitiva sententia est appellatum, ob reverentiam sanctæ Sedis Apostolicæ, detulimus et deferimus. Tamen casu quo eadem sancta Sedes Apostolica duxerit deferendum, et non aliter nec alias assignantes sibi seu dicto magistro suo terminum quatuor mensium ad appellationem hujusmodi prosequendi, terminum juris abreviantes. Iterum dictus procurator procuratorio nomine ab artacione termini per nos prefixi provocavit et appellavit et apostolos petiit prout supra. Cui procuratori respondimus : Quod dicte sue secunde appellationi non deferebamus nec deferimus, hanc responsionem pro Apostolicis concedentes, in cujus rei testimonium sigillum curie nostre Bituricensis litteris presentibus duximus apponendum.

Datum et actum in curia nostra Bituricensi, nobis inibi ad jura reddenda pro tribunali sedentibus, ipsa die lunæ post festum beati Laurentii, decima quarta mensis Augusti, anno Domini millesimo quadringentesimo sexagesimo nono.

DE REGIA.   RIPPARIA.

PIÈCE 6

Bulle de Paul II (1470)

Paulus, episcopus, servus servorum Dei, dilectis filiis abbati monasterii de Casali-Benedicto et priori sæcularis et collegiatæ ecclesiæ sancti Cyrici de Exolduno, Bituricensis diœcesis, Salutem et Apostolicam benedictionem. Sua nobis dilectus filius Petrus de Bosco, clericus Bituricensis diœcesis, magister in artibus, petitione monstravit quod, cum olim ipse prior et capitulum sæcularis et collegiatæ ecclesiæ de Castra, præfatæ diœcesis, qui ipsum, quominus capellam de Vodoan, dictæ diœcesis, eidem Petro canonice collatam pacifice possideret, ac illius fructus, redditus, et proventus cum integritate perciperet, impediebant, super hoc petendo priori et capitulo prædictis super impedimentis eisdem perpetuum silentium imponi coram officiali Bituricensi, non ex delegatione apostolica traxisset in causam, ac idem officialis in illa ad aliquos actus citra tamen conclusionem inter partes ipsas processisset, nos, ad instantiam dicti Petri nobis significantis, quod nonnulli iniquitatis filii, quos prorsus ignorabat, censas, fructus, redditus, proventus, possessiones, et nonnulla alia bona ad eum ratione dictæ capellæ legitime spectantia temere et malitiose occultabant, non curantes ea præfato Petro exhibere, abbati monasterii S. Ambrosii et priori prioratus sancti Ursini Bituricensis, ac præfato Officiali, eorum propriis nominibus non expressis, cum clausula : Quod si non omnes hiis exequendis interesse possint, duo aut unus eorum illa nihilominus exequeretur, nostris aliis litteris dedimus in mandatis ut omnes hujusmodi censuum, fructuum et aliorum bonorum prædictorum occultos detentores, ex parte nostra, publice in ecclesiis coram populo per se vel alium seu alios monerint quod, infra competentem terminum quem eis præfigerent, ea dicto Petro a se debita restituerint et revelarent ac de ipsis plenam et debitam satisfactionem impenderent; et si in non adimplerent infra alium competentem terminum quem eis ad hoc peremptorie ducerent præfigendum, ex tunc in eos generalem excommunicationis sententiam proferrent, ac illa facerent, ubi et quando expedire viderint, usque ad satisfactionem condignam, solemniter publicari; et cum Johannes Pinoti, officialis Bituricensis, abbati monasterii et priore modernis prioratus prædictarum executioni litterarum earumdem interesse nequeuntibus, seque super hoc legitime excusantibus, ad executionem litterarum earumdem illarum forma servata, ad ipsius Petri instantiam, procederet, ac prior et capitulum præfati eidem executioni se opposuissent, idem officialis, postmodum in causa hujusmodi perperam procedens, diffinitivam, per quam inter alia litteras monitorias prædictas subrepticias fore dictamque capellam cum pertinentiis suis ad mensam capitularem ipsius ecclesiæ spectare declaravit ac eidem Petro super illa perpetuum silentium imposuit, sententiam promulgavit iniquam, ipsum Petrum in expensis coram eo in hujusmodi causa factis nihilominus condemnando, illarum taxatione sibi in posterum reservata. A qua quidem sententia fuit pro parte dicti Petri ad sedem Apostolicam appellatum; quocirca discretioni vestræ per apostolica scripta mandamus, quatenus in causa appellationis hujusmodi procedentes, legitime sententiam ipsam confirmare vel infirmare appellatione remota curetis, prout de jure fuerit faciendum. Quod si non ambo his exequendis potueritis interesse, alter vestrum ea nihilominus exequatur.

Datum Romæ apud sanctum Petrum, anno Incarnationis Dñicæ millesimo quadringentesimo sexagesimo nono, pridie idus Martis. Pontificatus nostri anno sexto.

PIÈCE 7

Sentence (1471)

Universis præsentes litteras inspecturis, Philippus Chantelart, in artibus magister et in decretis baccalarius, prior ecclesiæ sæcularis et collegiatæ. S. Cyrici de Exolduno, Bituricensis diœcesis, judex et commissarius in hac parte, auctoritate apostolica una cum venerabili patre abbate monasterii de Casali-Benedicto, ordinis S. Benedicti, Bituricensis diœcesis, cum illa clausula : Quod si non ambo hiis exequendis, sit specialiter commissus, deputatus, Salutem in Domino. Cum nuper in certa appellationis causa interjecta ab officiali Bituricensi judice apostolico per venerabilem virum magistrum Petrum de Bosco, in artibus magistrum, capellæ de Vaudoan, infra limites parrochialis ecclesiæ de Brianta, ejusdem Bituricensis diœcesis, site vicarium se dicentem et appellantem, ex una, et venerabiles viros priorem et capitulum ecclesiæ sæcularis et collegiatæ S. Germani de Castra, prædictæ Bituricensi diœcesi, appellatore, ex alia partibus exhibitis et præsentatis litteris sanctissimi in Christo Patris et Domini nostri Domini Pauli, divina providentia papæ secundi, ejus vera bulla plumbea cum cordula canopis, more curiæ Romanæ bullatis, sub tenore sequenti.

(*Suit la bulle transcrite ci-dessus.*)

Quibusquidem litteris præsentatis, dicto nostro collega ad contenta in eisdem propter nonnulla sua agenda earumdem litterarum apostolicarum executioni intendere non valente, nobis pro parte ejusdem appellantis cum instantia debita requisitis quatenus ad ipsarum litterarum Apostolicarum executionem procedere dignaremur. Nos itaque judex et executor præfatus, volentes mandatum apostolicum nobis directum reverenter exequi, ut tenemur decretis, prius litteris nostris citatoriis et debite executatis contra hujusmodi appellatos præcise ac officialem prætactum, si vellet et sua crederet interesse, processuros et procedi visuros cum dicto appellante in causa seu negotio appellationis, de quibus in præmissis litteris apostolicis fit et habetur mentio. Deinde partibus prædictis per se vel procuratores suos, ad diem propter hoc sibi coram nobis assignatam, debite comparentibus, et ad fundandum jurisdictionem nostram nonnullis litteris et tam apostolicis supradictis citatoriis et aliis pro parte ipsius appellantis coram nobis productis, tandem per nos interlocuto jurisdictionem nostram per hujusmodi exhibita fore sufficienter fundatam ; nosque esse in eadem appellationis causa judicem competentem, possequue et debere de eadem cognoscere, et in illa diffinire, deindeque pro parte appellantis, pro libello et loco libelli, processu causæ originalis, coram eodem officiali Bituricensi inter easdem partes agitato cum conclusionibus pertinentibus, dato et porrecto per quem ipsa pars appellantis voluit captare jus, liteque legitimo contestata jurato de calumpnia, de per partem appellatam contra hujusmodi processum, et aliis præmissis, nihil dicere vel excipere volentem, quinimo in præmissis consentientem, in causaque hujusmodi concluso et renuntiato, tandem die hodierna lune post dominicam qua cantatum fuit pro Introitu Missæ in sancta Dei Ecclesia *Invocavit me*, ad audiendum jus seu nostram diffinitivam sententiam in causa prædicta, eisdem partibus coram nobis assignata, prout hæc et alia in actis et processibus ipsius causæ latius et seriosius contineri dignoscuntur, Comparuerunt in judicio coram nobis videlicet dictus appellans personaliter pro se citra procuratorum suorum renunciationem, una cum venerabili viro magistro Petro Doulceron in legibus licentiato, ejusdem appellantis advocato, et pro dictis appellatis, venerabiles viri domini Mattheus Du Milieu et magister Petrus de Graciaco in decretis licentiatus, dictæ ecclesiæ de Castra canonici præbendati, et discretus vir Petrus Daudu junior, clericus, ut et tamquam procurator et procuratorio nomine ipsorum appellatorum sufficienter fundatus; quibus comparentibus et petentibus hinc inde in dicta causa diffiniri jusque sibi fieri et reddi, Nos, visis prius et diligenter inspectis omnibus et singulis actis et processibus inter easdem partes factis et actitatis et contentis in eisdem, consideratisque et attentis omnibus et singulis quæ in hac parte considerari poterant et debebant possuntque et debent, habitoque super hoc diligenti consilio et matura deliberatione, cum peritis sedentes pro tribunali, et Christi nomine invocato, et sacrosanctis Evangeliis coram nobis positis, ut de vultu Dei nostrum prodeat judicium et in hiis ac aliis oculi nostri videant æquitatem, signantes et munientes nos signaculo sanctæ Crucis, sic dicentes : In nomine Patris, et Filii, et Spiritus sancti Amen, nostram diffinitivam sententiam in scriptis in dicta causa protulimus et proferimus, in hunc qui sequitur modum.

Christi nomine invocato. Amen. Viso processu causæ appellationis coram nobis Philippo Chantelart, in artibus magistro et in decretis baccalario, priore ecclesiæ sæcularis et collegiatæ S. Cyrici de Exolduno, Bituricensis diœcesis, a sancta Sede Apostolica specialiter commisso et deputato, una cum reverendo in Christo patre Domino abbate monasterii de Casali-Benedicto, ordinis S. Benedicti, Bituricensis diœcesis, nostro in hac parte collega, cum illa clausula : quod si non ambo, etc., qui ab executione apostolicarum litterarum se excusavit, mota inter venerabilem virum magistrum Petrum de Bosco in artibus magistrum, vicarium vicariæ de Vaudoan se dicentem appellantem, a venerabili viro officiali Bituricensi, ex una, et venerabiles viros priorem et capitulum ecclesiæ sæcularis et collegiatæ S. Germani de Castra ejusdem Bituricensis diœcesis, appellatos ex alia partibus, dicimus et declaramus per dictum officialem Bituricensem bene judicatum et per ipsum appellantem male appellatum, eumdem appellantem in expensis per ipsos appellatos factis condempnantes, earum taxatione nobis in posterum reservata, in cujus rei testimonium sigillum nostrum, quo in hoc parte utimur, una cum signo manuali discreti viri Michaelis Touzeti, alias d'Aridan, presbyteri publici, apostolica et imperiali auctoritatibus; ac curiæ Bituricensis notarii ac jurati scribæ nostri in hac parte, ad majorem roboris firmitatem, litteris præsentibus duximus apponendum.

Datum et actum in domo habitationis Guillermi Bernardi apud Exoldunum commorantem, nobis inibi pro tribunali sedentibus, dicta die lunæ post *Invocavit me*, decima septima mensis Februarii, Anno Domini millesimo quadringentesimo septuagesimo primo, more gallicano, præsentibus ad hæc prænominatis advocato, canonicis et Guilloto Bernardi et pluribus aliis testibus specialiter ad hæc vocatis et rogatis.

M. Touzeti.

PIÈCE 8

Ferme de la chapelle (1509)

Le xxiii° jour de mars, l'an mil v° et neuf avant Pasques a esté mise à ferme la chappelle de Vauldoan et les oblacions revenus et emolumens dycelle en la munière q'il a esté déclaré et leu à aulte voix par Pierre Perault, receveur et procureur de messires les vénérables prieur et chapitre de la Chastre ensemble la maison dudit lieu jusques à cinq ans, presens ad ce M° Jehan Maget, Estienne Gambeau et François Gambeau, tesmoins.

Par messire Paul Laurent prebstre à............	XVII xx l
Messire Vt Dubouchat..........................	XVIII xx l
Messire Francoys Dupoirier....................	XVIII xxv l
Par ledit Dubouchat...........................	XVIII xxx l
Messire François au menestrier	XVIII xxxv l
Ledit Dubouchat...............................	XIX xx l
Ledit au menestrier...........................	XIX xxv l
Messire Jehan Rabet...........................	XIX xxvi l
Messire Estienne Bardet.......................	XIX xxx l
Ledit au menestrier...........................	III c IIIJ xxx l
Messire Pasquet...............................	III c IIIJ xxxv l

Oblygez sont et dedans huict jours ont promys amener leurs pleyges.

Signature illisible.

(*Archives de l'Indre.* Fonds de Vauld. Or. pap.)

PIÈCE 9

Inventaire de la chapelle et du logement du chapelain (1536)

Ce jourd'huy vingt quatriesme jour de l'an mil cinq cens trente six, après Pasques, vénérables et discrètes personnes messires Jehan de Menoys, pryeur, Jacques Godart, curé, Jaquin, presbstre, Symon, presbstre, Dupuy, presbstre, chanoines prébendez en l'église séculière collégiale de monseigneur Sainct Germain de la Chastre, se sont transportez au lieu de Nostre Dame de Vaulduan, pour recevoir les pleyges de messires Loys de Villiers et Pierre Pochart de present vicaires-fermiers et adcenseurs dudict lieu de Nostre Dame de Vaulduan.

Après la réception desquels pleyges iceulx vénérables ont baillé à messires de Villiers et Pochart les biens meubles qui se sont trouvez tant ès maisons du dict lieu que es la dicte chappelle.

Et premièrement iceulx vénérables avec leurs viccaires fermiers et adcenseurs, présents les notaires soubsignez, se sont transportez en leur chappelle dudict lieu de Vaulduan en laquelle sur l'autel de Sainct Sébastien s'est trouvé ung callice d'estaim, un petit missel de parchemin, un graduel aussy de parchemin escript à la main, un peupitre de boys, ung petit relicquaire de laicton, plus en la nef de la dicte chappelle trois estendarts pendants à une grande perche estants de taffetaz, en l'ung desquels il y a ung Saint Marc, et en l'aultre ung Saint Saturnin.

Plus en un des autels de la dicte chappelle se sont trouvez une chazuble de veloux rouge avec son estolle et manipulle ; une aultre chazuble de veloux blanc telle quelle ; une aultre chazuble de veloux orange et damassé avec son estolle et manipulle ; une aultre chazuble de satin bleu garnye de son estolle et manipulle ; un tappys estant devent l'autel Nostre-Dame ayant ung escusson au meillieu duquel escusson il y a ung B (1) et au dessoubz une croix, plus cinq aulbes telles quelles et douze amictz et dixhuit nappes ; deux corporalliers avec plusieurs corporaulx, et encore ung aultre corporallier de soye avec des corporaulx balliez par monsieur Mistenier. Plus s'est trouvé ung mantel de drap dor frizé brodé de veloux cramoizy auquel il y a de lermine une petite croix et une barre jeaulne.

Plus ung aultre mantel de drap dor qui est sur l'ymaige de Nostre Dame doublé de toille jeaulne.

Plus ung aultre mantel en drap dor, bordé de veloux noir tout a lentour d'ung doigt environ et plus en dessoubz encore sur la dicte ymaige il y a une cotte de veloux noir, plus il y a sur ladicte ymaige ung ciel faict à carreaux de drap dor frizé et veloux cramoisy pendeu à ung chassiz de boys.

Plus sur le grand autel ung grand ciel a panneaux a franges et campanes en formes d'estoilles ayant tout a lentour des cordellières.

Plus une aulne ou environ de taffetaz incarnat pour mettre sur l'ymaige Nostre Dame quand on la porte à la fontaine.

Plus deux callices dargent avec leurs patenes.

Plus une croix dargent ayant ung pied le tout en argent avec son estuy pour ycelle mettre.

Plus une petite ymaige dargent Nostre Dame que on bailloit à baizer aux pellerins et survenants, plus ung petit relicquaire faict en rondeau en forme dagnus dor, auquel il y a plusieurs relicques.

Plus ung aultre agnus d'or faict aussi en rondeau bourdé

---

(1) Don de la maison de Bridiers.

tout a lentour de veloux noir dedans lequel soubz la vittre il y a fleurettes faictes de fil dor et dargent.

Plus une aultre ymaige Nostre Dame en boys surdorée dor bruny estant dedans ung estuy de boys peinct et fermant a deux guichets.

Plus ung tableau faict en rondeau auquel il y a soubz une vitre une ymaige Nostre Dame faicte de peincture platte.

Plus ung bassein à lave-mains auquel il y a Adam et Eve et ung petit chandellier de cuivre, plus en la dicte chappelle sest trouvé trois harnoys d'hommes d'armes tout complets et garnys sans la sallade et lormet.

Plus un cul de lampe d'airain pendu à trois chaisnettes pour porter la lampe de la dicte chappelle qui est devant l'ymaige Nostre Dame ; plus ung aultre cul de lampe d'estaim pour tenir ung cierge ayant trois petites chaisnettes, plus un missel de papier à l'usaige de Bourges sur l'autel Nostre Dame tel quel avec son peupitre de boys, plus une petite escuelle de cuivre ou d'airain pour mettre largent des oblations de ladicte chappelle.

Plus ung coffre de fer faict en forme de bahut fermant à clef, plus deux arches de boys.

Item en la chambre sur ladicte chappelle s'est trouvé ung grand chazlit de menuizerie et ung aultre chazlit de couchette faict de pommier.

Au parvis a esté trouvé une poullie de cuivre avec sa chaisne et corde pour tirer l'eau deu puyts (1).

Les estables dudict lieu de Vaulduan ont esté trouvées garnyes de rasteliers et de mangeouers.

En la chambre basse de ladicte manse de Vaulduan a esté trouvé ung grand chaslit de menuizerie, deux grandes tables de pommier, quatre grandes selles ayants quatre piedz et ung vieil dressouer tout cassé et rompeu pour mettre les pots sur la bassie

En la boullangerie sest trouvé un chazlit de couchette faict de pommier ; plus deux grandes hastes de fer.

En la grande chambre sur la chambre basse a esté trouvé un chaslit et une couchette de plumes ; deux grandes tables de chacune deux palmes attachées à quatre pieds, et six selles longues à quatre piedz.

En la chambre du meillieu sur l'estable a esté trouvé une couchette cousue as lit et deux andiers de fer tels quels.

---

(1) Ce puits existe encore devant le logis du gardien.

En laultre chambre daprez sest trouvé un chaslit tout plein de menuiserie et une selle à quatre piedz.

En la chambre neufve sur ladicte estable a esté trouvé deux grands chaslitz de menuizerie et une couchette faicte de pleumes, plus deux grandes tables de chascune deux palmes et une moienne aussy de deux palmes attachées a chascune quatre pieds et trois selles pour asseouer gens à table aussy à chascune quatre piedz.

Tous lesquels meubles susdicts ont esté laissez par inventaire par lesdicts vénérables aux susdicts messires Loys de Villiers et Pierre Pochart, qui ont pris et promis rendre aux dicts vénérables a la fin de leur adcense dudict lieu de Vauldouan en présence des notaires et jurez soubsignez.

Faict les jour et an dessus.

Signé : Guaispard.

Morinet (avec paraphes).

(*Archives de l'Indre.* Fonds de Vaudouan.)

PIÈCE 10

Permission donnée aux Carmes d'aller en procession à Notre-Dame de Vaudouan (1548)

Aujourdhuy dixiesme du moys de febvrier lan mil cinq cens quarante huit, en la presence des tesmoings et nottaires soubzscriptz, religieuse personne frere Jehan Duperat, prieur du couvent Nostre Dame du Carmel fondé en ceste ville de la Chastre, et frere Blaise Queneluz, aussy religieux dud. couvent, se sont transportez en léglise Sainct Germain dud. lieu de la Chastre, par devers les venerables prieur et chanoines dicelle eglise, a lissue de vespres; ausquelz venerables ledict Duperat, prieur dud. couvent, eust dit et expose que monseigneur Monsgr. Daulmont et dud. lieu de la Chastre, estant de presant mallade en son chastel de Chasteauroux, auroit escript ausd. religieux, prieur et couvent, aller en voiaige pour luy a Nostre Dame de Vauldouhan, et porter aud. lieu a sa protectrice ung grant cierge le tout de cere processionnellement, priant Dieu pour sa santé et prosperité; au moyen de quoy, led. Duperat, pour satisfaire au mandement de mond. seigneur, eust demandé ausd. venerables congé et permission faire lad. procession pour presanter et offrir a Nostre Dame dud. lieu de Vauldouhan, le don et offrende dud. seigneur. Ce que lesd. venerables luy ont accordé, et que de leur part se mectroient entre leurd. eglise en leur debvoir, prier Dieu pour sa santé et prospérité. Et de faict luy ont permis et a sesd. religieux faire lad. procession, sans touteffoys desroger aux droictz desd. venerables et de leurd. eglise; et que par la presante concession et congié, lesd. religieux et couvent ne pourront prendre aucune puyssance ou possession de faire telles ou semblables autres processions en cesd. ville et paroisse dicelle hors leur couvent. Lequel Duperat eust dit quil ne vouloit et nentendoit aucunement desroger aux droictz de leurd. eglise. Dont desquelles choses lesd. venerables ont requis et demandé lectre aud. juré et notaire, pour servir et valoir a leurd. église en temps et lieu ce que de raison. Faict les jour et an dessusd. et en presance de discrete personne messire Jehan Erjon, prebstre, sacristain en lad. eglise, et Jehan Madinet, tesmoings.

Signé : MUSNYER.

(*Archives de l'Indre.* Fonds de Vaudouan. *Or. pap.*)

PIECE 11

Transaction entre le chapitre de la Châtre et le Sgr du Virollant.
(1560)

A tous ceux qui ces présentes lettres verront François Artuys licentié en loix et procureur du Roy nostre sire et de Madame au siege et resort d'Yssouldun et garde du scel royal estably aux contrats dudit lieu Salut. Comme procez et different sont meu et pendant par devant monsieur le Bally de Berry ou son lieutenant a Yssouldun. Entre les venerables prieur, chanoines et chappitre de l'eglise collegialle de Sainct Germain de la Chastre demandeurs en matiere possessoire a lencontre de damoiselle Juliete de Bailleux vesve de deffunct Jacques de Bridiers en son vivant seigneur du Gué et de Virolant tant en son nom que comme ayant le gouvernement de damoiselle Anthoinette de Bridiers leur fille et Genies de Valzergue escuier et damoiselle Gilberte de Bridiers son epouse. Disant et maintenant lesd. venerables prieur et chappitre estre les Sgrs proprietaires du boys de futaye estant au lieu appellé Vaudoüant duquel la chappelle appellée la chappelle de Nostre Dame de Vaudoüant a eux apartenant et les logys et apartenances dycelle duquel boys ils ont tousjours jouy et disposé et diceluy boys faict et disposé a leur volonté ainsy que bon leur a semblé comme a eux apartenant, et choses propre a cause de lad. chappelle dont ils estoient et sont fondez en tiltres et jouyssance immemorable sauf que lad. damoizelle Jullite de Bailleux et dicts noms et lesd. escuier et sad. femme a cause de lad. seigneurie du Virolant et lesd. habitants des vilages de la Goute, la Preugne, Les Virolant, Champflorentin, et Estranglechevre peuvent faire paistre leurs bestes aud. boys comme aussy feisoient et peuvent faires lesd. venerables leur chapellins et vicaires de lad. chappelle de Vaudoüant; lesd. damoizelle Jullite de Bailleux esdicts noms de Valzergue et sad. femme soustenans le contraire et quils avoient non seulement droit de pascage aud. boys et les habitants des villages susdicts mesmement, avoient aussy lesd. damoizelles et escuier esdicts noms a cause de lad. seigneurie du Virolant droit de pouvoyr preindre et coupper dud. boys quand bon leurs sembleroit et sans en ce les en pouvoyr lesd. venerables les empescher comme estant fondateurs de lad. chappelle en fond de propre de lad. seigneurie du Virolant aleguant lesd. partyes et respectivement plusieurs aultres raisons et moiens servans a leur intention. Mesmement lesd. venerables auroient et ont faict aparoir audits damoizelle Jullite esdicts noms et escuier et sad. femme dun tiltre et instrument veu et passé par Rouillé et Jebés notaires le cinq^{me} jour doctobre 1479 autre lettre signé Madinet du 25e dud. moix et duquel ils prétendre aparoir et estre conu quils sont vrays seigneurs et proprietaires dud. boys et tout mis en deliberacion entre lesd. partyes pour éviter procez fraiz et ennuys diceluy ayans esgard lesd. venerables aux bienfaits faicts a lad. chappelle de Vaudouan par les predesseurs desd. damoizelle Jullite esdicts noms escuier et sa femme et pour le bien de paix ont esté faicts les accors et transactions et apoinctemens cy aprez desclaré : Scavoir faisons qu'en la presence de M⁺ Germain Dorguin no⁺ʳᵉ royal sous led. sçel ont esté personnellement establys lesd. venerables chanoines et chappitre de lad. eglise collegialle de Sainct Germain de la Chastre c'est ascavoir venerables personnes missires Phillipes Jacques, Jacques Vignier, Silvain Pearon, Pierre Leonard et Guillaume Peraut chanoines prebandes en lad. eglise faizant pour le chappitre dycelle avec promesse de faire ratiffier ses presentes demeurant et capitullairement ensemble pour eux et les leurs successeurs dune part, et led. de Valzergue escuier tant en son nom que comme soit fort de lad. damoizelle Gilberte de Bridiers son espouse, auquel il a promis faire ratiffier et avoir pour agreable le contenu en ces presentes quand requis en sera sous lobligacion de tous ses biens daultre part. Lesquelles partyes certains pourveus et bien conseillés comme elles disoient et sur ce que dict est et qui en despent ont transigé pacifié composé et accordé comme sensuit. Cest ascavoir qu Auxd. venerables chanoines et chappitre de Vaudoüant demeure la propriéte et la seigneurie du Boys comme leur propre duquel boys ils pourront prendre le boys de desbris et qui tombera et versera sans artifice et pareillement pouront coupper et prendre du boys sec et non portant fruict pour emploier a lad. chappelle logys et commodités necessaires et quand mestier en sera aussy par inconveniant de feu aultrement convient bastir aud. lieu de Vaudouant pouront lesd. venerables preindre du boys aud. boys de Vauddouant necessaire [a louvrage et besongne quil conviendra faire sans pouvoir par lesd. sieurs venerables et leurs successeurs apliquer le boys qui sera preins par maniere susdictes et aud. boys et aultre usoiges es lieu quand lieu et chappelle et logis de Vaudouan duquel boys et pascage d'ycelui les viccaires ou tenans lad. chappelle pour lesd. venerables pouront faire pascager jusquau nombre de quatre pourceaux et vingt cinq chiefs de brebis sans en ce estre empeschez par lad. damoizelle Jullite de Bailleux esdicts noms led. de Valzargue sad. femme et les leurs qui ne pouront avoir et preindre aulcun boys quelquils soyent aud. boys duquel toutefois lad. damoizelle Jullite de Bailleux escuier et sad. femme et leurs successeurs dud. Virolant auront comme ils ont tousjours eu droit de pascage leur bestes tant homaille brebis pourceaux et aultres sans aulcun empeschement comme aussy ont faict et font les habittants desdits villaiges du Virolant Estranglechevre La Goute Champflorentin La Preugne aud. boys en payans par eux habittans desd. vilages ce quils ont accoustume de de payer a lad. damoizelle Jullite de Bailleux esdicts noms et aud. de Valzargue et sad. femme et leurs successeurs acause de lad. seigneurie du Virolant. Dautant es faisant lequel présent accord moyennant yceluy lesdits venerables chanoines et chappitre, ont ceddé delaissé et transporté a perpetuel a lad. damoizelle esdicts noms, escuier et sad. femme led. escuier present et acceptant pour luy sad. femme et lad. damoizelle esdicts noms, les rentes qui sensuyvent, cest ascavoir sur Mathurin Chavet des Fraignes trois boisseaux seigle et huict boisseaux aveine, sur Berthomie Durant trois boisseaux seigle et trois boisseaux aveine Jehan Durant trois boisseaux seigle et onze boisseaux aveines Aulbin Marchant deux boisseaus seigle quatre boisseaux aveine Jehan Croux ung boisseau seigle et ung boisseau aveine. Sur mestre Jacques Penier et sur une terre de Champflorentin que tient Marcial 18 deniers le tout de rente les quelles rentes lesd. venerables sont tenus garantir audictes damoiselles Jullites de Bailleux esdicts noms et sad. femme envers et contre tous. En oultre ont delaissé et delaisse a perpetuel ausd. damoizelle et escuier esdits noms les rentes deux boisseaux daveine deues par pierre Beugnier, et deux boisseaux seigle et deux boisseaux aveine sur les hoirs Anthoine et François de la Chabaste sans pour ce regard estre tenu a aulcun garentage sans aulcuns despens domaiges et interest dune part et daultre, et seront tenus lesd. venerables dire ou faire dire chacune sepmaine de lannée trois messes antiennement ayans accoustumé estre dictes en lad. chapelle scavoir le lundy, mercredy et vendredy et seront lesd. messes qui diront en tems dhivert a neuf heures, et en esté a sept heures, et ne pouront lesd. venerables et leur vicaires aud. Vaudoüant amasser ny serrer aulcuns glans ny chastaignes dud. boys, ny les transporter dycelluy, ceder led. huzaige et pascaige desd. pourceaux et brebis, ne pareillement lesd. uzaiges, ayans esgard au tiltre desd. venerables auquel tiltre ne sera et n'est aulcunement derogé par ce present accord et apointement en yceluy tems et sans toutesfoys aussy par led. tiltre prejudicier au traicté et accord entre lesd. partye par devant le juré notaire promettant lesd. partye esdicts noms respectivement par leur serment pour ce mettre et bailler corporellement en la main dud.

jurré et commun accord quelle niront ne viendront aller ny venir ne feront par elle ne par aultre en temps aulcun contre aulcune chose conteneue aux presentes lettres de transaction avec le tout a ladvenir entretenir observer et accomplir sans jamais aller ny venir au contraire, mesme lesd. venerables guarentir les choses susd. comme dessus et ont lesd. vénérables et promis mettre es mains desd. damoiselles et escuiers les titres quils ont desd. rentes desquels tiltres ils seront tenus en fournyr auxd. venerables en cas de garentage ou ils seront apellez par lad. damoizelle et escuier esdicts noms sur peine de païer par lesd. partyes tous despens domages et interest que a deffaut daccomplissement des choses susdictes sans sen pouvoir esviter obligeant quant a ce lesd. partyes eux et leurs hoirs et tous chascung leurs biens meubles et immeubles present et advenir quelconque, lesquelles elles ont pour ce sousmisent a la jurisdiction et contracts du scel royal et renoncé a toutes choses a ces presentes contraires au tesmoing et aus raport dicelix. Nous garde susdict avons opposé a cesd. presentes lettre le scel Royal. faict a la Chastre le vingt septiesme jour de mars mil cinq cent soixante en presence de Françoys Boutet chapelier et Jehan du Chezal cordonnier tesmoing a ce appellez ainsy signé en la minute de Valzergues. Phillipes Jacques, Jacques Vignier, Silvain Pearon, Pierre Leonard, et Guillaume Perrot, et dudict Dorguin notaire royal.

Et le dixième jour du moys doctobre, aud. an mil cinq cens soixante et un, lesd. venerables prieur et chanoines et chapitre de l'eglize collegialle de Sainct Germain de la Chastre, deuement assemblés en leur chapitre traitant des negoces dicelluy en la maniere accoustumée se sont trouvés presents en leur personne venerables et discrettes personnes messire Pearon prieur, Phillipes Jacques, Jacques Vignier, Jehan de Nohet, Germain Morinet, Pierre Leonard et Guillaume Perrault tous faisant et représentant la plus grande partie diceux aprez avoir leu entre eux lapointement cydessus escript et contract faict entre lesd. Pearon prieur Vignet Jacques Leonard et Pierre Perrault en main pour les venerables chanoines et chapitre Genier de Valzargue escuïer tant pour luy que pour damoizelle Gilberte de Bridiers sa femme et pour damoizélle Jullite de Bailleux dame de Virolant dont mention est faicte par led. apointement lue par intelligible voix en la presence des susd. ont iceux venerables prieur chanoines et chapitres assemblées comme dit est loüé agreé et ratiffié confirmé aprouvé por ces presentes louent agreent confirment et aprouvent et ratifflent de point en point selon sa forme et teneur receu et passé par le juré soussigné le vingt septieme jour de mars dernier passé promettent et jurent par leur ordre ny controvenir et iceluy entretenir accomplir obligeant et renonceant faire led. chapitre les jours et an susd. present M⁺ᵉ Pierre Badon prestre de Sainct Jean de La Forest le susd. escuïer et Jean Bernard tesmoins ainsy signé Dorguin notaire.

Et le vingtieme jour dud. mois doctobre aud. an lad. damoizelle Jullite de Billeux et damoizelle Gilberte de Bridiers femme dud. de Valzargue establys en leur personne lad. Gilberte de Bridiers authorizée deuement dud. de Valzargue a ce présent aprez avoir ouïdire et entendeu de mot a mot le contenu en lapointement cydevant escrit et contract fait par led. de Valzargue en son nom et prenant en main pour lad. damoizelle avec les venerables prieur chanoines et chapitre de Sainct Germain de La Chastre par la lecture qui leur a esté faite dud. apointement par led. juré ont loüe agréé ratifié confimé aprouvé par ces presentes louent agreent ratifient confirment et aprouvent et ont pour agréable selon leur forme et teneur et pour ce juré iceux entretenir, car ainsy promettant obligeant et renonceant et mesmo lad. Gilberte au benefice de . . . . . . dont par après elle a esté advertie. Fait au lieu du Guet led. jour et an. présents a ce Jean Drinet et Collas Descours tesmoins apellez. Ainsi signé Dorguin notaire.

(*Arch. de l'Indre.* Fonds de Vaudouan. Cop. pap.)

PIÈCE 12

Ascignation du baillage de Berry (1564)

Entre les vénérables prieur, chonoynes et chapitre Sainct-Germain de la Chastre, demandeurs en matière possessoire contre messire Jehan Berthon, deffandeur à contester par ledict deffandeur, ou dire ce que bon lui semblera sur la plainte maintenue, et faire apparoir de ses titres, alias forcloz, aujourdhuy lesd. demandeurs ont dit que ledict deffandeur a heu troys dellaiz pour ce faire, dont ils ont faict apparoir, veuz lesquelz ont requis forclusion, et au moyen dicelle estre maintenuz et leurs conclusions leur estre faites et adjugees. Ledict deffandeur a dict quil est aulmosnier de la compaignye du viconte Daulchy, et y a plus de deux moys quil est party pour aller en sa garnison et a requis a ce delay, et que les demandeurs mectent en court les clefz du tronc et coffres de lad. esglise ou sont partye des tiltres. Lesd. demandeurs ont dict que ledict deffandeur est au pays. Partyes oyes, nous avons forcloz ledict deffandeur de dire contre la maintenue et dexhiber ses tiltres suyvant la sentence par nous donnee. Ordonnons que les demandeurs mectront par devers nous leurs tiltres et productions, pour faire droict a de lundi en huict jours. Faict es presences de Chappuzet pour les demandeurs, et A. Perrez pour le deffandeur, es jours tenuz a Yssouldun par nous Anthoine Dorsanne, conseiller du roy nostre sire et de Madame, lieutenant general on bailliage de Berry, siege et ressort dYssouldun, le dixneufiesme jour de janvyer lan mil cinq cent soixante quatre.

Signé : NERAUD.

(*Archives de l'Indre.* Fonds de Vaudouan. Or pap.)

PIÈCE 13

Sentence du bailliage (1564)

Entre les venerables prieur, chanoynes et chappistre de lesglise collegiale Sainct Germain de la Chastre, demandeurs en matière possessoire, pour raison du lieu et chappelle de Vaudohan, fruictz, proffictz, revenu et esmollumens dicelle, contre messire Jehan Berthon, soy disant cure de Briantes, deffandeur, a comparoir par led. Berthon et faire foy de ses tiltres et capacitez, saulcungs en a alias, le deffault contre luý donne le quinziesme septembre dernier au lieu de la Chastre doibt être confirme aujourdhuy, lesdictz demandeurs ont dict que, sur les conclusions possessoires quilz ont cy davant prinses par davant nous contre ledict Berthon, et requestes par eux faictes ad ce quil eust a rendre et restablir les fruicts et oblations qu'il a de nouvel levees en la chapelle dudict lieu de Vodohan, et aussy les clefz de tronc et de lad. chappelle et maisons dud. lieu, fut contre luy donne deffault ledict quinziesme de septembre dernier passe, sauf sil comparoyssoyt par davant nous le jourdhuy en lauditoire de ceans, nonobstant vaccations de vendanges, et ordonne que led. appointement luy soit notiffye par Martignon, sergent royal ; et aussy qu'il eust a apporter ses tiltres et capacitez, saulcungs en avoyt, pour iceulx venyr ensemble ceulx desdictz demandeurs ; ordonner sur la recreance et maintenue ce que de raison, avec inthimation en tel cas requise. Aussy que ledict Berthon eust a restablir et mectre les clefz de ladicte chappelle et maison de Vaudohan es mains de messires Mathurin Guillon et Estienne Renoist, desnommez par nostredict appointement pour l'exercisse de ladicte chapelle, et la clef de tronc estant en icelle entre les mains de Andre Comeladon, marchant a la Chastre, commissaire ordonne au regyme des fruictz et revenu dicelle chappelle, sauf a ordonner sur le plus ample restablissement, s'y faire se debvoyst. A ceste cause et suivant led. appoinctement duquel les demandeurs ont faict apparoir. Ils ont par ledict Martignon sergent royal, faict signiffier au dict Berthon a sa personne les choses susdites, mesmement ledict deffault contre luy donne sauf led. jourdhuy, et duquel Berthon parlant comme dessus, led. Martignon, sergent susdict, a donne assignation a luy par davant nous, heure de plaictz, nonobstant vaccations, pour venir procedder sur lesdictes dicensions possessoires et dire ce que bon lui semblera sur icelles, et apporter ses tiltres et capacitez. Aussi luy a led. Martignon faict commander quil eut a mectre la clef de tronc de lad. chappelle entre les mains desdictz Benoist et Guillon, commissaires susdictz, ou lung deux. A cette cause ont lesdictz demandeurs requis deffault contre led. Berthon ou il ne comparoistra, faisans foy de l'exploict dud. Martignon contenant ce que dessus, declarans quilz percistent en leurs conclusions possessoires pour raison dud. lieu et chappelle de Vaudohan, fruictz, profficz, revenuz et esmollumens, requerant y estre maintenuz, de par le roy, en leurs possessions et saisines desquelles ils ont jouy et leurs predecesseurs par temps immemorial, et en cas dopposicion ou dellay, et que ladicte matiere prendroit traict, la recreance leur estre adjugee comme ayant le plus clerc et cuidant droict, et ledict Berthon condempne a restablir tout ce quil a prins et leve par force et viollance en ladicte chappelle et aultrement a cause dicelle, au préjudice de leurs dictes possessions induement et de nouvel. Et aussi ad ce quil ayt a rendre les clefz de lad. chappelle et du tronc estant en icelle et de la maison dud. lieu, et quil soyt condempne en tous leurs depens, dommaiges et interestz. Sest comparu Pierre Jupillon, lequel, par la voix de Mes. Claude Robert et Anthoine Perrez, advocat et procureur dud. Berthon, a dict quil est venu expres en cette ville pour chonnyer de maladie led. Berthon. Les demandeurs ont remonstre que le deffandeur a eu deux ou troys assignations cy davant pour comparoir par davant M⁰ Francoys de Ballautremies, lieutenant particullier au sieige de ceans, estant en la ville de la Chastre avec le procureur du roy, pour le deub de leurs charges, pour respondre aux requestes et conclusions desdictz demandeurs ; lesquelles assignations luy furent signiffyees par Martignon, sergent royal, et mesmes la derniere assignation du quinziesme septembre dernier, contenant que deffault seroyt contre luy donne ce jourdhuy, sauf sil comparoissoyt a la personne de celluy quil envoyera pour proposer ses chouses. Lors, a ceste cause, dient que ne debvons recepvoir led. choine et que le deffandeur a peu envoyer procuration pour desduire ses droits, si aulcungs en avoyt, et apporter ses tiltres et capacitez, et ont requis ladjonction dud. procureur du roy. Sur quoy, apres lecture faicte du proces verbal faict par davant Mᵉ Françoys de Ballautremies, lieutenant particullier au siege de ceans, estant en la ville de la Chastre, ensemble de lexploict de Martignon, sergent royal, contenant qu'il a signiffye lassignation audict Berthon a sa personne, et donne nouvelle assignation a luy, avons ordonne que le choine qua voullu faire ledict Jupillon ne sera receu, et que, ou icelluy Berthon ne comparoistra, sera contre luy donne deffault. Et apres ce, ledict Anthoine Perrez a dict quil est procureur dud. Berthon et a procuration de luy, il y a plus de quatre ans, et quil a faict propouser led. choine parce quil estoyt charge de ce faire dud. Berthon par sa myssive quil a exhibee, et pour empescher que deffault soyt donne contre led. Berthon, a icelluy presante et requis dellay pour dire contre la maintenue sur quoy, apres lad. presantation, nous ordonnons que led. Berthon viendra dire contre la maintenue requise par les demandeurs a quinzaine, auquel jour il fera apparoir de ses tiltres et cappacitez, sy aulcungs en a ; Aultrement et a faulte de ce, sera faict droict sur la recreance sur le champ. Et a ledict Berthon esleu domicille en lhostel dud. Perrez et voullu que tous exploictz qui y seront faictz, soyent de tel effect et valleur comme silz estoyent faictz a sa personne. Ce faict, led. Guillon, lung desdictz commissaires, a dict quil est menasse par le seigneur de Bryantes au chastel duquel led. Berthon demoure, a cause de la commission qui luy a este donnee de lad. chappelle de Vaudohan, et requis en estre descharge : Led. Perrez, procureur dud. seigneur de Briantes, a requis acte du dire et allegue dud. Guillon. Sur ce avons octroye commission audict Guillon pour informer desdict menasses, pour, information faicte et rapportee, ordonner ce qu'il appartiendra. Et ont Mᵉˢ Silvain Pearron, prieur de lad. esglise, et Guillaume Perrault, chanoyne en icelle, affirme estre venuz expres a lexpédition de lad. cause. Faict es jours tenuz a Yssouldun par nous Anthoine Dorsanne, conseiller du roy nostre sire et de Madame, lieutenant général de monsieur le bailly et gouverneur de Berry, au sieige et ressort d'Yssouldun, le deuxiesme jour doctobre lan mil cinq cens soixante quatre.

Signé : DEHAULT.

(*Archives de l'Indre.* Fonds de Vaudouan.)

PIÈCE 14

Fondation de la chapelle du Virollant (1630)

Au jourdhuy samedy dixseptiesme daoust mil six cens trante a lyssue de Vespres dittes et cellebrees en lesglize Sainct Germain de ceste ville de la Chastre, les sieurs venerables prieur, et chanoines de ceste dicte ville de la Chastre, estans congregez et assemblez en leur chappitre au son de la cloche a la manniere acoustumee ou estoyent venerables et discrettes personne Mʳᵉ Estienne Thabaud prieur doyen, Estienne Perissauct, Pierre Raffinat, Charles Dorguin, et Raphael Jouhannin, channoines en icelle, est comparu Begot de Maumont, escuyer sieur du Bost et du Virollant y demeurant, parroisse de Briante, lequel a dis et faict assavoir ausdicts sieurs venerables que pour continuer la devotion que ses predecesseurs ont eue de temps immemorable envers la saincte Vierge Nostre Dame nottamment dans le lieu et chappelle fondée en son intantion au lieu de Vauldhouan ainsy quil appert par pluzieurs tiltres et contractz quil a sur ce subjet, nottamment par ung contract fais entre les predecesseurs desdictz sieurs venerables et les predecesseurs et seigneurs dudict Virollan passé par devant deffunct Me Germain Dorguin vivant notaire royal en ceste ville le vingt cinquiesme de mars mil cinq cens soixante et quinze duquel il a justiffyé, icelluy sieur de Maumont est en vollonté et deliberation de faire bastir et joindre en ladicte chappelle de Vaudhouan de costé du corps d'icelle une autre petite chapelle du costé de main droicte en entrant de telle estandue que lautre petite chapelle qui est à main senestre de la grand chapelle ou quelquepas plus grande sellon quil sera advisé dans laquelle il desire tenir ung banc et y faire pozer ses armes avecq une seinture et y faire les sepultures de luy et de ceux de sa maison ses successeurs quand bon leur semblera, sans quil soit permis a autres d'y faire faire autres sepultures requerant lesdictz sieurs venerables de luy permettre ladicte ediffication et construction de ladicte chappelle avecq les privilleges susdictz affin de luy donner dautant plus de subjet daugmenter ses devotions et biens faictz audict lieu de Vaudhouan, lesquelz sieurs venerables ayant sur ce meurement comferé et delliberé ensemblement ont tous dune mesme voix et consantement accordé et accordent audict sieur de Maumont de faire édiffier et construire ladicte petitte chapelle et icelle joindre au corps de lantienne chappelle au lieu et dans lestandue cy dessus, ensamble de tenir banc pour luy et sa famille et successeurs en icelle petite chapelle la faire enfermer et en tenir la clefz par le dheors seullement en laquelle lesdictz sieurs venerables auront liberté d'entrer et cellebrer la messe quant bon leur semblera, de plus y pouront lesdictz sieur de Maumont et les siens mettre leurs sepultures sans que autre y puisse pretandre aucun droict, poura outre ledict sieur de Maumont faire pozer ses armes en la listre de la dicte petite chappelle ou en ung marbre ou autre piece plus propre sans pour ce tirer a aucune consequance ne quil puisse pretandre aucun autre droit que ce soit au prejudice desdictz sieurs venerables seigneurs dudict lieu de Vauldhouan et chappelle lesquelz au surplus approuvent les faictz de ladite requeste dudict sieur de Maumont lequel sera tenu de faire faire ladicte construction dans six moys au moings si commode que faire se poura et entretiendra la dicte chappelle de réparations commune, aussy

réparrera ce qui sera desmolly dans lantien bastiman faisant
ladicte edifflcation et construction, et sera tenu de faire benir
icelle chapelle pour la construction dicelle de laquelle lesdictz sieurs ont outre permis et accorde de prandre du boys
dans le lieu de Vauldhouan et pour lentretien dicelle a
ladvenir ce que ledict sieur de Maumont a accepté et très
humblement remercye lesdicts sieurs venerables lesquelz et
ledict sieur de Maumont nentendent en façon quelconques
deroger ne prejudicier ausdictz droictz quilz ont audict lieu
de Vaudhouan suivant les contractz quilz en ont et peuvent
avoir qui demeureront en leur force et vertu dont et de quoy
a esté dressé et octroyé le presant acte pour servir a valloir
a ainsy que de raison, Faict lesdictz jour et an presans Jehan Gazeau escuyer sieur de Latourgazeau y demeurant et
Bertrand Pajot et Mathurin Perot clercs audict La Chastre,
tesmoings, La minutte et orignalle du presants est signee
dudict sieur de Maumont desdictz sieurs venerables, Gazeau
Pajot et dudict notaire royal soubzsigne,

Signé : PAIOT,

No[re] royal, (avec paraphe).

(*Archives de l'Indre*. Fonds de Vaudouan. Orig. pap.)

PIÈCE 15

Donation du Sgr du Virollant (1630)

Aujourdhuy trentiesme jour doctobre mil six cens trente
avant midy, en la presance du juré nottaire Royal soubzsigne
et tesmoins cy après, Cest comparu Begot de Maulmont,
escuyer, sieur du Virollans, la Maisonneufve et les Combes,
demeurant aud[t] lieu du Virollan, près le lieu de Nostre
Dame de Vaudouhans. Lequel, pour le désir quil a que les
prestres, qui font le service divin en la Chapelle dudict
lieu de Vaudouhans qui auroict esté fondée par ces prédécesseurs comme seigneurs dud. lieu, puissent saider et servir des commoditez et des despandances dudict lieu de Vau-

douhans, à ces causes, a ledict sieur du Virollans permis, conceddé et octroyé, et par ces présentes permet, conceddé et octroye, à Messire François Martin, prestre, deservant a présant la Chapelle dudict lieu de Vaudouhan et y demeurant, présant et acceptant, de faire clore et renfermer ung petit morceau des communes et bois dudict lieu de Vaudouhans, estant proche et joignant ladicte Chapelle, et qui auroict cy devant esté renfermé et cloz par Messire André Jouhanin, prestre, deservant pour lors lad. chapelle, afin dy faire par icelluy Martin ung jardrin pour y receullir des erbages necessaires pour son usage, sans pouvoir renfermer et prandre plus grande quantite quavoict faict ledict Jouhanin, ne que ladicte concession puisse tirer à aulcune consequance pour ce prevalloir par cy après par icelluy Martin dicelle qui sera pour tel temps quil plaira audict sieur, ce qui a esté accepté par ledict Martin aux condictions susdictes, et sans aussy que lesdictz sieur et Martin ayent entendu toucher ne prejudicier aux droictz qui peuvent appartenir a Messieurs les venerables de Chappitre Sainct Germain de cette ville de la Chastre. Car ainsy promettent et obligent tenir. Faict et passé en la ville de la Chastre, ès présances de Michel Baucheron et Guilleaume Jouhanin, demeurant aud. la Chastre, tesmoings.

Signé : MARTIN, B. DE MAULMONT, JOUHANNIN, TAURRI, no^{re} royal, BAUCHERON.

PIÈCE 16

Sentence du bailliage (1669)

A tous ceux qui ces presentes lettres verront, salut. Scavoir faisons quen la cause meue et pendante par devant nous entre Me Guillaume Gaignere, prebstre, recteur de la parroisse de Briante, demandeur en arrest de delivrance de deniers, suivant les exploits d'Appert, sergent royal, du unzième aoust mil six cent soixante huict, contre les venerables prieur, chanoines et chapitre de leglise collegialle de Saint Germain de la Chastre, ses debteurs, et Silvain

Bernard, Pasquet Chauvet et Jean Duboust, debteurs desd. venerables deffendeurs, et demandeurs en sommation et acquittement contre Claude Bernard, recepveur desd. venerables deffendeurs.

Aujourd'huy a l'appel de la cause, ouy les parties comparantes, scavoir led. Gaignere par Jouesne, les deffendeurs originaux par Bompard, et led. Claude Bernard, deffendeur en sommation, par Jacques Roguier laisné, lecture faicte de leurs pièces, mesme des exploicts darrest et assignation et de nostre jugement du cinq° may mil six cent soixante quatre, ensemble de l'indemnité consentie par led. Claude Bernard au profict desd. Silvain Bernard, Pasquet Chauvet et Jean Duboust, et veu le deffault obtenu en nostre greffe le deuxième juillet dernier par led. demandeur contre lesd. venerables.

Disons en premier lieu led. deffault avoir este bien et duement obtenu, adjugeant le profflct diceluy, faisant droict sur les conclusions diceluy demandeur, nous l'avons declaré bien fondé en sesd. conclusions, suivant icelles condamné lesd. Silvain Bernard, Jean Duboust et Pasquet Chauvet vuider leurs mains au profict dud. Gaignere de la somme de trois cents livres d'une part et soixante livres daultre; pourquoy led. arrest a este faict, sauf a deduire ce qui se trouvera avoir este paye, et lesd. venerables a consentir lad. delivrance, quoy faisant lesd. deffendeurs en demeureront valablement quittes et deschargez envers lesd. venerables et iceux venerables envers le demandeur. Condamnons oultre iceux venerables aux despens de linstance darrest et du deffault par eux faict tels que de raison, et lesd. Silvain Bernard, Jean Duboust et Pasquet Chauvet, en ceux de la contestation par eux formée, sans préjudice de leur sommation, contre led. Claude Bernard, sur lesquelles faisant droict avons condamne iceluy Claude Bernard acquitter lesd. Silvain Bernard, Jean Duboust et Pasquet Chauvet envers led. sʳ demandeur, a faculte de ce faire et pour navoir ce faict, en tous leurs depens, dommages et interestz soufferts ou a souffrir, et oultre aux despens par eux faicts tant en deffendant quen demandent, sans prejudice aussy de son recours contre lesd. venerables et deffences au contraire. Mandons par ces présentes au premier sergent royal sur ce requis, qua la reqt° dud. demandeur, les presentes il execute et mette à execution, de point en point, selon leur forme et teneur, en contraignant à ce faire et souffrir lesd. deffendeurs par toutes voyes de justice deues et raisonnables, faisant pardevant nous, en cas dopposition, reffus ou delay, tous exploicts a ce requis et necessaires de ce faire. Aud. sergent donnons pouvoir et mandons en ce faisant estre obey. Faict et donné en jugement aud. Issouldun par nous René Dorsanne, escuyer, seigneur de Tizay, Janvarenne et le Souchet, conseiller du Roy nostre sire, president et lieutenant general civil et criminel, commissaire enquesteur et examinateur au bailliage de Berry, à Issouldun, le lundy dix neufieme jour du mois daoust mil six cent soixante neuf, ainsy signé : Bechet, greffier, et Collin, et plus bas : Isarpt.

Le troisiesme jour de septembre mil six cent soixante neuf, signiffié et baillé coppie a Mr. Gilbert Bompard, procureur de Silvain Bernard, Jean Duboust et Pasquet Chauvet, en son domicile, parlant à sa personne, dont lettre signe : Chertier, huissier.

(*Archives de l'Indre.* Fonds de Vaudouan.)

PIÈCE 17

Procès-verbal de la visite de M. Jacquemet vicaire-général (1705)

..... Sur ce qui nous a esté représenté par nostre promoteur qu'il y a une chapelle dépendante dud. chapitre de la Chastre nommée la chapelle de Nostre Dame de Vaudoüen ou il y a un grand aport et une dévotion extraordinaire a loccasion de laquelle il pouroit sestre glissé divers abus nous avons requérant nostre dit promoteur ordonné que nous nous transporterions samedi prochain quatorze du present mois (de mars 1705) heure de neuf heures du matin pour faire la visite de lad. chapelle et y estre fait tel reglement qu'il appartiendra et que nostre presente ordon. sera signiffiée tant au sr curé de Briantes dans la paroisse duquel est lad. chapelle qu'au sr du Magnou gentilhomme du voisinage de lad. chapelle pour se trouver sy bon leur semble à lad. visite et nous exposer leurs interests particuliers sy aucuns ils ont a la deserte de lad. chapelle.

Et le samedy suivant quatorze dud. mois nous sommes transportés heure susd. en lad. chapelle de Vaudouin accompagnés comme dessus de nostre promoteur et de nostre greffier et encorre dud. Me Raphaël Laurent prieur de lad. églize de Saint Germain, de M⁺ André Baucheron chanoine et de M⁺ Louis Mosnier chargé de la deserte de lad. chapelle par led. chapitre, ou estant apres nous estre fait representer nostre susd. ordon. et la signiffication faite dicelle par nostre greffier aux personnes y dénommées le douze du courant signée Ranvier, avons esté receus a lentrée de lad. chapelle par led. M⁺⁺ Louis Mosnier lequel nous a presenté letolle et somme entrez processionnellement accompagnés comme dessus chantant le *Benedictus* et apres les prières accoustumées avons procedé a la visite du maistre autel, des deux petites chappelles et de la sacristie ensemble des ornemens etant en icelle, vases sacrés et de tout ce qui est sujet a visite, et avons trouvé le maistre-autel et les ornemens estant dans la sacristie en assez bon estat sauf les etoles sont malpropres a lendroit qui passe autour du col et que les chazubles nont point dattache pour les arrester et les tenir fixés sur le corps du celebrant, avons aussy trouvé dans lad. sacristie une grande figure de Nostre Dame couchée contre terre mutilée et fort indecente. Sur quoy ouy ce requérant nostre promoteur nous avons ordonné que lesd. etolles seront bordées par le hault de la largeur dune demye aulne de toille propre laquelle sera changée de temps en temps pour tenir lesd. etolles dans une plus grande propreté, qu'il sera aussy mis des ataches aux chasubles pour estre arrestées et empescher quelles n'allent de costé et dautre sur le celebrant, que la figure de Nostre Dame estans dans la sacristie sera incessament enterrée. Et nous estant ensuit transporté dans le bas de lad. chapelle avons trouvé le pavé dicelle en mauvais estat, la petite chapelle estant a main droite en haut pretendue par led. s⁺ du Magnou denuée de tout et dans un tres grand desordre, l'autre petite chapelle a main gauche en asses bon estat sauf que le lambris a besoing destre reparé. Sur quoy ouy encore et ce requérant nostre promoteur nous ordonnons que led. pavé tant du sanctuaire que du reste de lad. chapelle sera incessament reparé et remis du carreau aux endroits ou il en manque, que le lambris de la petite chapelle du costé gauche sera aussy reparé incessament, et a lesgard de la petite chapelle estant au costé droit pretendue par led. s⁺ du Magnou nous avons luy present et a ce consentant ordonné quelle sera mise en estat de toutes reparations, que lautel sera munie d'un marbe ou pierre deuement consacrée, d'un gradin avec deux chandelliers et un crucifix dans le milieu, un tableau audessus du crusifix représentant quelquuns de nos s⁺⁺ mistères ou de quelque saint ou sainte, de nappes au moins au nombre de trois, de paremens d'autel convenables, que les murs tout alentour seront deuement reprisés et le plastrage du ceintre de lad. chapelle sera entierement refait, la couverture reparée aux endroits qui en ont besoing et que lad. chapelle sera fermée par une balustrade de bois propre et de hauteur de cinq à six pieds. Apres quoy nous estant placez devant l'autel pour entendre les plaintes qui nous seroient faites, se seroient presentés devant nous m{re} Pierre Collin curé de Briandes et led. sr du Magnou, lequel sieur curé de Briandes nous a remontré et sest plaint de ce quon faisoit dans lad. chapelle plusieurs fonctions curiales qui ne doivent estre faites que dans son eglize comme de recevoir les femmes après leurs couches et autres semblables fonctions, nous a pareillement led. sr Dumagnou fait sa plainte de ce que le deservant lad. chapelle nacquittoit pas les messes fondées dans lad. chapelle par ses autheurs au nombre de trois par chascune semaine, et sur linterpellation qui luy auroit esté faite par lesd. srs prieur et Boucheron de representer ses titres, nous auroit dit les avoir cydevant envoyé au sr Felibien vicaire general de monseig{r} larchevesque pour estre par luy la chose reglée ou par mondit seig{r} conjointement avec lesd. srs du chapitre de la Chastre. Sur quoy ouy et ce requérant nostre promoteur nous avons fait deffences au prestre deservant lad. chapelle et a tous autres de faire aucunes fonctions curialles en icelle sur les peines de droit, et sur ce qui nous a esté representé que led. sr Collin retenait indeuement une clef de la sacristie de lad. chapelle pour y entrer quand bon luy sembleroit ce qui pouroit causer du desordre, lui sur ce ouy, avons ordonné qu'il remettra lad. clef entre les mains du chappelain avec defenses a luy den faire faire d'autres, et a legard des trois messes par semaine pretendues par led. sr Dumagnou de non estre dites dans lad. chapelle, veu la denegastion faite par lesd. sieurs prieur et Baucheron de devoir lesd. messes ny quelles soient deues par le chapelain deservant, atendu ce qui nous a esté dit par led. sr du Magnou nous avons renvoyé la contestation et les partyes pardevant monseigneur larchevesque pour estre regléo ainsy quil apartiendra. Ensuit nostre promoteur nous a remontré que comme il y a un aport extraordinaire en cette chapelle surtout aux festes de Nostre Dame il se glisse plusieurs abus a cette occasion, que les prestres y disant la sainte messe sont obligés dy consacrer un grand nombre dhosties pour les communians et comme souvent il reste beaucoup des hosties ils sont obligés de laisser sur le corporal faute dune custode ou dun ciboire pour les metre, que plusieurs dentre eux y viennent dire la ste messe avec une simple soutanelle ce qui est contre la décence et les ordon^ces du diocese, que les pelerins arrivant quelquefois dès le soir et ne trouvant pas de place pour coucher dans lhostellerie viennent coucher dans la chambre du deservant les hommes pesle mesle avec les femmes et une autre partye sous le porche et en dedans de lad. chapelle, ce qui peut causer et cause effectivement de grands désordres, que les s^rs du chapitre pour y aller en procession le jour de lassomption de la Ste Vierge disent chez eux les matines le soir et la messe dès les six heures du matin, ensuit processionnellement jusque hors des faux bourgs de la ville, apres quoy ayant mis bas la croix chacun monte a cheval pour sen venir aud. Vaudouen jusque proche lad. chapelle ou ils se remettent de rechef en procession suivis de quelque personne du menu peuple dire une grande messe en lad. chapelle laquelle procession nest ny fondée ny approuvée par autorité superieure dou il naist un desordre, scavoir que le peuple qui reste a la. ville et qui en fait la partye la plus considérable demeure sans office et sans aucun secours qui puisse entretenir la devotion. Nous a encorre remontré nostre dit promoteur que le S^r archidiacre de Chasteauroux faisant sa visite au mois de septembre ou octobre dernier avoit fait deffences de confesser et de communier en lad. chapelle jusque a ce quautrement par mond. seigneur ou par nous en eut esté ordonné, que le deservant lad. chapelle na pas soin de tenir un registre fidel des messes dont il recoit la retribution et de lacquittement quil en a fait ce qui peut estre d'une tres grande concequence. Sur quoy ce requerant led. promoteur nous avons ordonné que lad. chapelle sera munie d'une custode d'argent dorée en dedans d'une grandeur convenable pour y serrer les hosties qui resteroient apres la communion du peuple, lesquelles hosties neanmoins supposé quil en reste quelque apres la communion de la derniere messe seront consommées par le celebrant, comme aussy que le calice avec sa patenne et une autre patenne que nous avons trouvée dans la sacristie nest point dorée en dedans seront dorées en dedans dans le tems et espace de six mois, sinon et a faute de ce faire led. temps passé nous avons interdit led. calice et lesd. deux pataines, et a legard de la custode avons ordonné quelle sera fournie aussy dans led. temps de six mois sous telles peines qui seront arbitrées par le S^r ar-

archidiacre au cours de sa visite, avons fait deffences au chapellin deservant lad. chapelle de permettre quaucun prestre dise la s^te messe sans estre revetu de soutanne, avons aussy fait deffences sous peine d'excommunication laquelle sera encouruë par ce seul fait à toutes femmes et filles de coucher dans la chambre dud. chapellain ou deservant ny dans lenclos de leglize en quelque temps que ce soit pas mesme aux jours daport et de grandes festes, et a cet effet sera nostre ordon^ce affichée en gros caractere a la porte principale de lad. chapelle et publiée es messes paroissialles de la Chastre et autres paroisses voisines afin que nul nen pretende cause dignorance. Faisons aussy deffences auxd. s^rs prieur et chanoines daller en procession dans lad. chapelle le jour de lAssomption de la Ste Vierge et autres jours de grandes festes sauf a y envoyer quelquun dentre eux pour ayder ces jours la au chapelain sils le jugent a propos. Avons levé linterdit prononcé par led. s^r archidiacre pour le fait des confessions et communions en lad. chapelle et permis aud. chapellain dy confesser pourveu quil soit approuvé de mond. seig^r larchevesque pour les confessions et mesme aux autres prestres aussy deuement approuvés qui viendront en lad. chapelle en devotion comme aussy des communions a condition toutes fois quil sera fait et posé dans lad. chapelle un confessional bien conditionné avec ses grilles et ce dedans lespace de six mois, et a faute de ce faire y sera pourvu par led. s^r archidiacre dans le cours de sa visite. Ordonnons quil se·a tenu par le chapelain ou deservant un registre exact et fidel lequel sera relié cotté et paraphé par le s^r prieur du chapitre dans lequel seront écrites les messes qui seront demandés par ceux qui iront en devotion en lad. chapelle avec le nom de ceux qui les demandent en la qualité qui en sera demandée et quand elles auront esté acquités, a leffet de quoy sera led. registre partagé en deux colonnes lune plus grande et lautre moins, en le premier desquels seront écrits les messes demandées et le nom de ceux qui les auront demandés, comme aussy le mois et le jour quelles auront esté demandés, et en lautre le temps auquel elles auront été acquités pour estre led. registre representé toutes fois et quantes a quil apartiendra. Nous a encore esté representé par nostre promoteur quil sest glissé un abus qui tient fort de la superstition a loccasion dune fontaine qui se trouve a deux ou trois cents pas de lad. chapelle ou les voyageurs qui viennent en devotion a la chapelle vont aussy par une espece de superstition faire leurs devotions a lad. fontaine, que cet abus se trouve encorre accompagné dun autre plus grand qui est que certaines personnes sans autorité ont pris la liberté depuis quelques années de faire dresser comme une forme dautel pres lad. fontaine avec une image dessus et de recevoir mesme les oblations qui y sont faites par le peuple credule a quoy nostre dit promoteur nous a requis de donner nos ordres comme aussy dempescher que le chapelain ne donne entrée dans sa chambre aux cabarettiers qui viennent vendre vin les jours daport pour y faire cuire leurs viandes et y metre leurs ustenciles, atendu que lad. chambre est sous lenclos et fait en quelque maniere partye de lad. chapelle. Sur quoy faisant droit nous avons defendu a toutes personnes de quelque qualité et condition quelles soient de dresser aucune forme dautel et d'exposer aucunes images proche lad. fontaine sans en avoir une permission expresse ou par écrit de monseig^r larchevesque ny de preposer qui que ce soit pour y recevoir les oblations, le tout sur peine d'excommunication laquelle sera encouruë par ce seul fait par les contrevenans. Et a cet effet sera aussy nostre presente ordon^e affichée leue et publiée comme dessus. Deffendons au chapelain de prester sa chambre auxd. cabaretiers pour y faire cuire leurs viandes et metre leurs ustenciles de cuisine, luy defendons encore plus expressement et sur les peines portées par les ordon^{es} du diocèze de souffrir que lesd. cabarettiers donnent a boire et a manger dans sad. chambre.

Avons encore ce requerant nostre dit promoteur ordonné que le tron qui est dans lad. chappelle de Vaudouën destiné pour recevoir les dons qui sont faits pour les reparations de lad. chapelle sera rendu seur et bien ferment a trois clefs dont lune sera gardée par le s^r prieur du chap^{re}, l'autre par le sindic et la trois^e par celuy qui sera a ce commis par led. chap^{re}, et sera le tront ouvert tous les six mois pour en estre tiré les deniers qui sy trouveront en presence desd. trois personnes et du chapelain pour estre employées ausd. reparations lesquels seront receus par ordre dud. chap^{re}. Ordonnons que tous les reglemens et ordonnances par nous cy dessus faits tant pour lad. eglize de St-Germain de la Chastre que pour lad. chapelle de Nostre Dame de Vaudouin seront exécutés selon leur forme et teneur par provision nonobstant oposition ou appellation quelconques et sans préjudice attendu quil sagit du service divin et de discipline ecclesiastique. Ainsy signé Jacquemet v. g. et off. Deligny, Laurent, Blanchard des Ajoncs, Blanchard, Selleron, Baucheron, Dorguin, Carcat, Mônier, Dupuy. Ainsy signé Ranvier, De La Porte.

(*Archives de l'Indre.* Cop. pap. Fonds de Vaudouan.)

PIÈCE 18

Priviléges octroyés à la chapelle de Vaudouan (1706)

Léon, par la miséricorde de Dieu et la grâce du Saint-Siége apostolique, patriarche, archevêque de Bourges, primat des Aquitaines, conseiller du Roi en ses conseils, à tous ceux qui ces présentes lettres verront, salut. Sçavoir faisons que vue la requeste à nous présentée par M⁰ Baucheron, prestre, docteur en théologie, chanoine de l'église collégiulle et séculière de Sainct-Germain de cette ville de la Chastre deservant la chappelle de Nostre-Dame-de-Vaudoüan en nostre diocèze, aux fins que pour les causes y contenües, il nous plut luy permettre de conserver dans le tabernacle de lad. chappelle, depuis les veilles des festes et dimanches jusqu'au lendemain des mesmes festes, un nombre suffisant d'hosties consacrées pour donner la communion aux fidels qui viennent en dévotion en lad. chapelle lesd. jours, et d'établir en la mesme chappelle une confrérie en l'honneur de Nostre-Dame trois jours de l'année pour la commodité des fidels, scavoir les lundys de Pasques, le dernier jour du mois de may, dernière feste de Nostre-Dame des miracles, et le dimanche d'après la Nativité de la Saincte-Vierge, pour satisfaire à la dévotion des habitants de La Chastre et autres lieux circonvoisins :

Sur laquelle reqt⁰ faisant droit, desirant, autant qu'il est en nous, favoriser et augmenter la piété des Fidels, nous permettons aud. sieur Baucheron, suppliant, de placer sur l'autel de la chappelle de Vaudoüan un tabernacle propre et décent pour y garder les hosties consacrées dans un ciboire d'argent doré au moins pour le dedans, pour donner la communion aux personnes qui par dévotion viennent prier Dieu dans lad. chappelle; à condition néantmoins qu'on ne consacrera des hosties que la veille des dimanches et festes, et que ce qui en restera lesd. jours de dimanches et festes passés sera consommé le lendemain par le prestre qui dira la messe dans lad. chappelle, sans qu'on puisse y en garder les autres jours; ce que nous deffendons très expressément.

Permettons en outre l'établissement d'une Confrérie sous l'invocation de la Saincte Vierge dans lad. chappelle de Vaudoüan, dans laquelle les personnes de l'un et l'autre sexe pourront se faire inscrire et dont la cérémonie se fera deux fois pendant l'année, scavoir le lundy première feste de Pasques et le dimanche d'après la Nativité de la Saincte Vierge; pour l'exercice et le bon droit de laquelle Confrérie les confrères nous présenteront des statuts pour estre par nous approuvés s'il y échet.

Donné à La Chastre, dans le cours de nostre visite, le neuf° juillet mil sept cens six.

Ainsi signé : † Léon, P. P., arch. de Bourges.

Par Monseigneur,
De La Porte

(*Archives de l'Indre*. Fonds de Vaudouan.)

PIÈCE 19

Consultation pour le chapitre de la Châtre contre le curé de Briante (1712)

Le conseil soussigné qui a vu copie d'un vidimus du testament de Regnault Rembeuf faisant mention d'une vicairie perpétuelle par luy fondée dans la chapelle de Vaudoan, et des biens dont lad. chappelle a esté dotée par led. Rembeuf chanoine de l'Eglise collégiale de St-Germain de la Chastre au diocese de Bourges, led. vidimus en datte du 4 may 1291; copie d'une sentence de l'official de Bourges comme commissaire apostolique du 14 aoust 1469 sur l'opposition formée par le chap" de la Chastre à l'exécution d'une commission du Saint-Siége obtenue par le curé de Briante contre ceux qu'il prétendait usurpateurs des revenus, oblations et autres émolumens de lad. chapelle de Vaudoüan, par laq. sentence contradictoire et rendue en grande connaissance de cause, après l'exécution d'un interlocutcire qui avait ordonné la preuve des faits respectivement articulez par les parties. Il est dit en définitive que lad. commission du Saint-Siége a esté subrepticement obtenue, les opposans bien fondez en leur opposition, et lad. chapelle avec ses dépendances, déclarée appartenir en tout droit et propriété au chapitre de la Chastre, de laquelle sentence y aiant eu appel en cour de Rome par le curé de Briante et juges déléguez pour en connoistre elle a esté confirmée par autre sentence contradictoire du 4 févr. 1471 ; extrait d'enq. faite en 1525 par un commissaire de l'official de Bourges par lequel il paroit que plusieurs tesmoins ont déposé de la possession immémoriale en laq^{lle} estoit le chapitre de la Chastre de jouir des oblations de lad. chapelle et y faire l'office; sentence du lieutenant général d'Issoudun du 7 novembre 1564 sur la demande et complainte formée par le chap^{re} de la Chastre contre le curé de Briante qui avait enlevé les oblations de lad. chapelle, par laq^{lle} sentence faute par le curé d'avoir produit ses tiltres, la jouissance desd. oblations et autres revenus de la chapelle est adjugée au chap^{re} de la Chastre par provision et ordonné que le curé de Briante produira ses tiltres sur la plainte maintenue ; veu aussy le mémoire joint auxd. pièces.

Est d'avis que s'il n'y a rien de changé par la possession qui a suivi lesd. actes, c'est-à-dire que si pendant près de 150 ans qui se sont écoulez depuis lad. sentence d'Issoudun de 1564 le chapitre de la Chastre ou le chapelain par luy établi pour acquitter le service de cette chapelle ont continué d'en percevoir les oblations, lesdits s^{rs} du chapitre et leur chapelain sont bien fondés à s'y maintenir, non pas en soutenant comme on le propose dans le mémoire que la chapelle de Vaudoan n'est pas dans l'enceinte de la paroisse de Briante sous prétexte que dans quelques dépositions de l'enquête de 1525 il est dit qu'il y a deux tours et quelques fossez qui font connoistre que lad. chapelle est distincte et séparée de l'église paroissiale de Briante ; car outre que cette expression peut n'avoir esté employée que pour dire que cette chapelle n'est pas desservie dans l'église paroissiale de Briante et qu'elle en est distincte et séparée ; ce qui ne dit pas qu'elle soit située hors l'enceinte de lad. paroisse, il ne paraist pas que le chapitre de la Chastre puisse faire en justice aucun usage de cette enqte parce qu'on ne voit ni le jugement qui l'a ordonné pour en connoistre l'objet, ni l'enquête contraire qui doit avoir esté faite, ni le jugement qui doit estre après insouché sur l'une et l'autre ; il y a quelque chose de plus c'est que quand le chapitre s'est pourveu en complainte au bailliage d'Issoudun contre le curé de Briante en 1564, il paroist par le veu de la sentence des revenus rendus au profit du chapitre qu'il y a produit tous les tiltres anciens et nouveaux qu'il avait pu ramasser pour établir son droit et sa possession sur les oblations de cette chapelle, les sentences de 1466 et 1471 y sont rapportez, l'on énonce mesme des beaux et quittances de l'année 1525, mais il n'y est point parlé de l'enquête de la mesme année qui pouvoit néanmoins estre une pièce de conséquence si elle eust esté lors suivie d'un jugement, on suppose mesme qu'il n'y en eust point eu de contraire. C'est pourquoy cette circonstance rend lad. enquête extrêmement suspecte et il ne faut pas songer à s'en servir ; on peut adjouster que dans les qualitez de la sentence de 1469 la chapelle de Vaudoan est dite située dans l'estendue de la paroisse de Briante et on ne voit point que ce fait ait esté lors dénié par le chapitre de la Chastre ; ainsy il ne convient pas d'hazarder aujourd'huy la cause du chapitre en posant le fait contraire, et il ne faut pas penser à contester au curé de Briantes le droit d'administrer les sacremens dans l'hostellerie et autres maisons si aucunes y a dans le hameau de Vaudoan ; mais le moien par. leq^l le chapit^{re} est bien fondé à se maintenir par luy ou son chapelain dans la perception des oblations de cette chapelle c'est que le tiltre et propriété de lad. chapelle avec les appartenances et dépendances sont déclarez lui appartenir à l'exclusion du curé de Briantes par sentence contradictoire du 14 août 1469, mesme lad. sentence adjouste à l'égard dud. curé *nullum jus ei competere in eadem nec in pertinentias ejus;* cette sentence est confirmée sur l'appel par autre jugement contradictoire avec led. curé du 4 feuv. 1471, et ces jugements sont suivis d'une exécution de près de 250 années durant lesq^{lles} le chapitre de la Chastre ou le chapelain par luy établi dans la chapelle de Vaudoan ont continué de jouir desd. oblations sans que le curé y ait eu aucune part, il n'en faut pas davantage pour s'y maintenir indépendemment de sçavoir si lad. chapelle est ou n'est pas située dans l'estendue de la paroisse de Briantes.

Quant à la déclaration de 1690 ; premièrement pour en pouvoir tirer quelqu'avantage il faudroit que le curé de Briantes fust a portion congruë, c'est sur quoy le mémoire ne s'explique point ; il est certain que les curés qui ne sont point à portion congruë ne peuvent argumenter de cette déclaration; en 2ᵉ lieu, quand mesme il seroit à portion congruë, lad. chapelle estant séparée de l'église paroissiale et les oblations que l'on y fait estant à tiltre de donations particulières qui n'ont rien de commun avec les fonctions curiales, le curé ne pourroit encores argumenter de cette déclaration pour s'arroger lesd. oblations; mais autre chose seroit si lad. chapelle estoit présentement une succursale de l'Eglise de Briante ou l'on fist les fonctions curiales et où l'on administrast les sacrements aux habitants du lieu comme paroissiens de Briantes ce qui ne paroist point par les anciennes pièces car alors ces oblations pourroient estre considérées comme faisant partie du casuel que lad. déclaration donne aux curés qui sont à portion congruë.

Délibéré à Paris le 22 janvier 1712.

Signé : NOÜET.

(*Archives de l'Indre.* Fonds de Vaudouan.)

PIÈCE 20

Exploit envoyé par le curé de Briante à M. André Baucheron, desservant de Notre-Dame de Vaudouan (1712)

Lan mil sept cens douze le septᵉ septembre avant midy a la requeste de Mᵉ Pierre Collin prestre curé de Briante demeurant au bourg et parroisse dudit Briante, lequel constitue pour procureur au siége de l'officialité de Bourges Mᵉ Francois Dumont je me suis sergent royal soussigné immatricullé au bailliage d'Issoudun résidant et demeurant à Ste-Sévère en près de l'arsenal transporté au domicile de Mᵉ André Baucheron prestre chanoine du chapitre de Saint-Germain de la Chastre se disant desservant la chapelle de Nostre Dame de Vaudouan parroisse dudit Briante distant de ma demeure de deux lieues où estant et parlant a sa personne a quy jay donné par copye le présent exploit Je luy ay donné assignation a comparoir de vendredy prochain en huit jours seize du courant nonobstant vacations de la matière considérée par-devant monsieur lofficial dudit Bourges ou M⁰ son vicegérant en la salle de ladite officialité heure de causes pour ledit sieur Baucheron tant pour luy que pour Mᵉ François Dupuy aussi prestre audit chapitre et autres ses adiutans mentionnés au proces verbal contenant les contestations d'entre eux voir encourir contre eux les peines portées par le procès verbal de visite fait par mondit sieur lofficial en ladite chapelle de Vaudouant le quatorze mars 1705 pour avoir contrevenu a ycelui et avoir fait dans ladite chapelle des fonctions curialles au préjudice des deffences a luy et a tous autres prestres faites par le susdit procès verbal et notamment pour avoir du jour de vendredy dernier deux du courant inducment enterré et inhumé dans icelle chapelle ou quoy que ce soit dans une petite chapelle dans l'enclos de la grande et à costé droit dicelle le corps de feu messire Silvin Cribleau vivant escuyer sieur de Virolan habitant de ladite parroisse de Briante malgré les deffenses et protestations de prise à partye que luy auroit fait ledit sieur Collin et les remonstrances quyl lui auroit faite quyl n'estoit en pouvoir de ce faire par la lecture quyl luy auroit fait et a ses adcistans du susd. proces verbal du 14 mars 1705. Et au contraire auroient repoussé ledit sieur Collin et les sieurs curés d'Urcier et Feuzines ses assistans et empesché de faire ledit enterrement en ladite chapelle conformément aux intentions dudit deffunt comme son habitant et ladite chapelle comme dit est estant dans sadite parroisse et l'auroient obligé de se retirer et dendresser son proces verbal quil présentera a mondit sieur l'official au jour cy dessus marqué et pour avoir ce fait estre condamné en tous leurs dépens dommages et interests dud. sieur Collin et en telle peine et amande que de droit requerant sur cela jonction de Mʳ le promoteur aux causes doffices de larcheveschó dudit Bourges pour conclure et requérir sur ce quil avisera bon estre et se voir faire deffenses a luy et a tous autres de troubler a lavenir ledit sieur Collin curé de Briante dans ses fonctions quil se trouvera estre obligé de faire dans ladite chapelle de Vaudouam comme estant dans sa parroisse sous es peines de droit a quoy led. sieur Colin conclue et aux depens de linstance et sans préjudicier a iceluy sieur Collin a autres droits actions et prétentions et de prendre nouvelles conclusions ainsy quil verra bon estre affin quil n'en ignore, fuit lesd. jour et an. Signé : DEFFOUSSES, huissier.

(*Archives de l'Indre.* Fonds de Vaudouan)

PIÈCE 21

Citation de l'official (1712)

Nous, François Jacquemet, prestre licentié en l'un et l'autre droit, chantre et chanoine en l'église cathédrale de Bourges, vicaire général et oflicial ordinaire de Mgr l'Illustrissime et Révérendissime Patriarche Archevesque de Bourges Primat des Aquitaines, à tous ceux qui ces présentes lettres verront salut.

Scavoir faisons qu'en la cause de Mre Pierre Colin prestre curé de Brientes demandeur aux fins de l'exploit de de Fousses du sept du présent mois controllé à

Comparant par Dumont son procureur

Contre Mre André Baucheron prestre curé de St-Germain de La Chastre deffendeur par Asse l'aîné et les Vénérables prieur, chanoines et chapitre dudit Saint-Germain de La Chastre intervenans et prenans le fait et cause dudit sieur Baucheron suivant la requête par eux présentée cejourd'hui et demandeurs en réception de ladite intervention comparant par ledit Asse pour Salle leur procureur contre ledit sieur Collin deffendeur à ladite intervention. Aujourd'huy parties ouyes et le promoteur Nous avons donné aud. Asse l'aîné de sa constitution pour le deffendeur et auxdits intervenans de leur intervention et prise de fait et cause dud. sieur Baucheron ordonnons que les deffendeurs et intervenans viendront repondre dans les delays de l'ordre aux conclusions incidentes aud. s^r Colin signifiées cejourd'huy et que notre règlement du onze mars 1705 sera exécuté selon sa forme et teneur cependant par provision et sans prejudice du droit des parties au principal eu égard à ce qui a esté playdé par les sieurs intervenants que depuis même notre susd. reglement les susd. s^{rs} intervenants ou quoyque ce soit leur chapellain ont fait sans opposition de la part du demandeur la cérémonie de la sépulture des corps décédés en lad. p^{ue} de Brientes quand ils en ont été requis à quoy led. demandeur n'a rien repondu Nous ordonnons que lesd. sieurs intervenans ou leur chapelain feront en pareil cas la sépulture des corps qui decederont en lad. p^{ue} lorsqu'ils leur seront présentés par le demandeur dépens reservés en diflinitif. Sy mandons au premier huissier ou autre sur ce requis de mettre les presentes a deue pleine et entiere exécution de point en point selon leur forme et teneur De ce faire donnons pouvoir fait et donné à Bourges en la salle de l'officialité ordinaire par nous official et juge susd. le vendredy 10e jour de septembre 1712 signé Ranvier et Sallé.

Pour copie : SALLÉ (avec paraphe).

(*Archives de l'Indre*. Fonds de Vaulouan.)

PIÈCE 22

Inhumation du Sgr du Virollant (1712)

Aujourd'huy douzeiesme septembre mil sept cent douze, en la ville de la Chastre, au lieu ou se tient ordinairement le Chapitre de Messieurs les venerables Prieur, Chanoines et Chapitre de l'Eglise collégialle et secullière de Saint-Germain du dit la Chastre, iceux sieurs venerables, assemblez a lissue de leur Messe du Chœur ditte et cellebree ce dit jour, en leur ditte eglise, aux personnes de Mes Antoine Deligny, prieur, Pierre Blanchard des Ajons, Andre Baucheron, François Selleron, Germain Laisnel, Charles Dorguin, Francois Carcat, tous chanoines, et Francoys Dupuy, semy prebandé, faisant et representant la plus grande et saine partie des dits sieurs venerables dudit Chapitre, sur ce que les dits sieurs Baucheron et Dupuy ont representez a la Compagnie que, le vendredy deux du courant, le sieur Collin, curé de Briantes, accompagné des sieurs Curez d'Ursier, et Feuzine, a croix levée, se seroient transportez vers la chapelle de Vodhoüan, deppendante du dit Chapitre, pour y inhumer le corps de feu Messire Silvain de Cribleau, chevalier, seigneur du Virollant et autres lieux, ou etans arrivez sous le vestibulle de la dite chapelle accompagnez de gens de mains disposez a une viollance dont luy sieur Baucheron, chanoine et chapelin de la ditte chapelle, en auroit eté adverty, pourquoy il auroit eu soing de fermer les portes qui entrent dudit vestibulle en la ditte Chapelle, sans intention de disputer le droit de sepulture que ledit Chapitre a accordé aux Seigneurs du Virollant en luy accordant le droit de Chapelle en la susditte, ny au dit sieur Collin le droit dentrer ledit corps jusquau milieu de ladite chapelle, pour le deposer entre ses mains comme chapelin selon lusage des autres eglises du dioceze, en sorte que, s'il tint les portes de la ditte chapelle fermée, ce fut seullement pour empescher le scandalle qui en seroit infailliblement arrivé, se trouvant deux Croix levees differentes, des chants differents, et des seremonies opposcez. Et lequel sieur Collin avec un air menassant accompagné d'autres Curez de sa Clique qui sans interestz faisoient plus de bruit que luy, auroient dit plusieurs choses desobligeantes, avec protestation par ledit sieur Collin de voulloir absolument faire l'enterrement dudit Corps en laditte Chapelle, disant autement quil en etoit le maître, quoy quil ny ayt aucun droit. A quoy luy sieur Baucheron auroit seullement repondu quil ne pretendoit en aucune maniere troubler le dit sieur Collin en ses fonctions curialles, mais seullement conserver les droits de la Chapelle quil deservoit ; Et que ledit sieur Collin, ayant de ce dressé proces-verbal, lauroit fait assigner, tant pour luy que pour le dit sieur Dupuy, par exploit du... du present mois, a comparoir vendredy prochain par devant Monsieur lofficial, et que, pour y repondre, il prie avec ledit sieur Dupuy la Compagnie de voir et prendre les mesures a ce necessaires. Sur quoy lesdits sieurs Venerables ayant delliberez, et ledit sieur Prieur colligé les voyes, ont loüez et approuvez la conduitte desdits sieurs Baucheron et Dupuy, et ont pris par ces presentes, comme en effet ilz prennent, le fait et cause pour lesd. sieurs Baucheron et Dupuy, et les tiennent pour dechargez, comme dun fait particulier, et non comme chanoines, de levenement de laditte assignation. Et comme, a cet instant ledit sieur prieur a representé quil étoit important de ce trouver a Bourges avant lecheance dudit exploit, et de deputer l'un dentreux pour faire ce qui est convevable en pareil cas, après delliberation, toutte la Compagnie a prié le dit sieur Prieur de voulloir accepter cette commission, et de se transporter demain mardy à Bourges, pour y faire tout ce quil jugera, tant sur lad. assignation quauxtres affaires que ledit Chapitre a et poura avoir en consequence contre ledit sieur Colin, ce que lesdits sieurs promettent avoir pour agreable, fait lesdits jour et an que dessus.

La minutte des presentes est signée : Deligny, prieur, Blanchard des Ajons, Baucheron, Selleron, Laisnel, Dorguin, Carcat sindicq, Dupuy, et Villain, scribe dudit Chapitre.

Pour servir de coppie dellivre ausd. sieurs du Chapitre led. jour 12 septembre 1712.

Villain, Scribe.

(*Archives de l'Indre.* Fonds de Vaudouan.)

PIÈCE 23

Consultation pour le curé de Briante contre le desservant de Vaudouan (1712)

En la cause d'entre Mre Pierre Collin prestre curé de Briante demandeur suivant lexploit du sept du present mois comparant par Dumont son procureur,

Contre Me André Baucheron chanoine du chapitre de la Chastre sedisant desservant la chapelle de Vaudouant deffendeur comparant par Asse lainé.

Ledit sieur Collin dit que ses conclusions sont sy justes et sy bien fondées que le sieur Baucheron n'a point fourny de deffences et en effet elles seroient inutiles quoyquelles ne pourroient servir qu'à sa contravantion au reglemant de M^{re} lofficial en qualité de viccaire géneral du onze mars 1705, dont ledit sieur Baucheron a la connoissance entiere soit parcequil est signé de luy soit parcequil en prit lecture le jour de l'inhumation du sieur de Virolant, mardi comme cette inhumation quy fait la matiere de lassignation n'est pas la seule contravention audit reglement de la part dudit sieur Baucheron, ledit sieur Collin curé de Briante a interests que toutes ces contraventions soient reprimées et que le reglement soit exécuté en son entier. Il observera que quoyque ledit reglement fasse deffences au desservant la chapelle de Vaudouant de faire aucunes fonctions curialles en icelle sur les peines de droit, néanmoins ledit sieur Baucheron doit convenir que depuis le reglement pendant le caresme de l'année mil sept cens onze il a receu dans la chapelle la femme du nommé Baucheron cabaretier de Vaudouan apres ses couches et luy a dit la messe, que ledit sieur Baucheron a inhumée dans ledite chapelle la femme de Jean Dubasset tuillier de la parroisse de St Martin de Poulligny a linceü dudit sieur Collin curé, quil a dit la messe dans lad. chapelle a lheure de minuit à Noel et fait la benediction du pain beny a la mesme messe, que le jour de la purification il a fait dans ladite chapelle la benediction des cierges ainsy que les années precedantes depuis led. réglement avec la procession, quil a fait des benedictions de bleds de fruits de chapelets de linge comme chemises et autres vetements dans lad. chapelle, quil a fait metre un tabernacle a l'autel de lad. chapelle dans lequel il renferme des hosties quoyquils doivent les faire consommer par le prestre quy celebre la derniere messe suivant le reglement.

Independament de toutes les contraventions qui interessent particulieremet led. sr Collin il y en a encore qui regardent Mr le promoteur quy sont que la statue de la Ste Vierge quy est dans ladite chapelle n'a point esté enterrée suivant ledit reglemt. qu'il ny a point de confessionnal dans lad. chapelle et que contre les deffences portées aud. reglemt. ledit sieur Baucheron fait coucher des personnes du sexe dans une chambre de lad. chapelle.

Partant ledit sr Collin en persistant dans ses conclusions, conclud incidament contre le sr Baucheron a ce que le reglement dud. jour 11 mars 1705 sera executé selon sa forme et teneur et pour y avoir contrevenu par les faits cydessus cottés et par exploit du 7 du présent mois il sera condamné aux dommages interests du sr Collin suivant lestimation qui en sera faite avec deffences dy contrevenir a lavenir, laissant à Mr le promoteur a requir sur ce tout quil avisera et condamné le sieur Baucheron aux depens et en cas dappel. Fait ce 10 septembre 1712.

Lesd. jour et an une heure de relevée signiffié à Me Jean-Sebastien Asse luiné, Dumont procureur dud.

(*Archives de l'Indre. Fonds de Vaudouan.*)

PIÈCE 24

1re lettre d'André Baucheron (1712)

†

Monsieur,

Comme nôtre chapitre a pris fait et cause pour moi dans l'affaire qui nous est commune contre le sr curé de Briantes que Mr nôtre prieur vous avoit mis entre mains, je vous prie d'avoir la bonté de me mettre hors de cause ainsi que vous l'avviez promis en partant et de me mander ce qui vous convient, vous obligerez infiniment celui qui se dit avec toute l'affection possible

Monsieur
Vôtre très humble et obéissant serviteur

BAUCHERON,
Chanoine à la Châtre.

Ce 15 octobre 1712,

Monsieur ASSE, procureur à l'officialité de Bourges,
A Bourges, rue de Bourbounou.

(*Archives de l'Indre.* Fonds de Vaudouan.)

PIÈCE 25.

2e lettre d'André Baucheron (1712)

†

Monsieur,

Voicy la seconde lettre que je me donne l'honneur de vous écrire pour vous prier de me mettre hors de cause dans

l'affaire du sʳ curé de Briantes qui regarde nôtre châpitre comme vous l'avez promis à Monsieur nôtre prieur, ayez la bonté de me mander ce qui vous convient En attendant je suis
  Monsieur,
   Votre très humble et obéissant serviteur

      BAUCHERON,
       Chanoine a la Châtres.

Sans date.

Monsieur Asse, procureur à l'officialité de Bourges,
 A Bourges, rue de Bourbounou.

(*Archives de l'Indre.* Fonds de Vaudouan.)

PIÈCE 26

Lettre de M. Mosnier à M. André Baucheron (1712)

       1ᵉʳ novembre 1712.

Je suis tres sensible, Monsieur, a l'honneur de vôtre souvenir, et a la part que vous me marquez prendre a ma santé qui est toujours tres foible par les frequentes rechutes qui m'arrivent. Vous m'accuserez sans doute de négligence de n'avoir pas répondu a vôtre obligeante lettre, si tôt que vous l'esperiez, mais je peux vous assurer qu'il n'y a que trois jours que je l'ay receüe, et elle est dattée du 25ᵉ septembre, jugez par là si il y a de ma faute a vous faire réponce.

Pour commencer donc a vous rendre raison de ce que vous me demandez par la vôtre touchant l'inhumation du corps de la femme de Mʳ du Virolant qui fut faite dans la chapelle de Vaudoüan lorsque j'en etois desservant. Je vous diray que Mʳ le curé de Briantes assisté du sʳ curé de St Martin de Pouligny, et de moy, allâmes ensemble sous la croix du curé de Briantes lever le corps de laditte dame dans la chambre ou la maison ou elle etoit decedée ; et là le sʳ curé de Briantes ayant l'étole au col fit la fonction de curé, et conduisit avec ses assistans ledit corps a la chapelle de

Vaudoüan, sans auparavant l'avoir conduit a l'Eglise paroissiale, et lorsque ledit corps fut a vingt pas, ou environ, de la chapelle, Moy je quittai l'Enterrement et pris le devant et me rendis seul dans ma chapelle, ou ayant aussy pris mon etole noire, j'attendis a la porte le corps de laditte Dame lequel etant arrivé et entroduit a l'entrée de la grande nef, je demande au s' curé de Briantes ce qu'il me presentoit et ce que s'étoit : sur quoy m'ayant repondu qu'il m'amenoit le corps de Madame du Virolant qui avoit demandé d'ètre inhumée dans la chapelle de Vaudoüan, et que pour cet effect, il l'avoit conduitte dans laditte chapelle, et que comme elle ne pouvait pas demander elle-même la sepulture, luy son Curé me la demandoit en son nom, ensuitte m'étant informé dud. s' curé si laditte dame n'avoit pas reçu les derniers sacremens de l'Eglise avec les dispositions nécessaires, et m'ayant été répondu que ouy, je pris de là occasion de faire un petit discours a la loüange de la deffunte (le corps etant pour lors toujours d'arrest) et tous les assistans présans ; ensuitte de quoy je fis tout le reste de la ceremonie ainsy qu'il se pratique dans toutes les Eglises en pareil cas, et le s' curé de Briantes m'assista aussy a son tour, mais sans étole, et toute l'action et la ceremonie se passa ainsy sans bruit entre M' le Curé de Briantes et moy qui en étions convenus de la sorte ensemble. A l'egard des droits honoraires, luminaire, service et le reste qui a coutume ou d'accompagner le corps, ou de suivre ainsy qu'il se pratique ; comme il ne s'agissoit en cela que de mon interest particulier, je me relaschay la dessus volontiers, et j'en fis remise entière, tant au s' curé qu'au s' du Virolant, afin d'entretenir la paix que je voyais n'être pas trop assurée entre toutes les parties, et le chapitre de la Chastre.

Voila, Monsieur, autant que je me peux souvenir, de quelle maniere les choses se passerent ; je soihaitte que le témoignage que je rends à la vérité puisse être utile a vôtre communauté a laquelle je suis comme a vous tres parfaitement,

Votre tres humble et tres obéissant serviteur.

MONIER,
Curé de Segry.

Monsieur, je vous demande s'il vous plaist le secret.

A Segry, le 1er novembre 1712.

(*Archives de l'Indre.* Fonds de Vaudouan.)

PIÈCE 27

Acte de présence délivré au prieur de la Châtre (1712)

Aujourdhuy quatre novembre 1712 est venu au greffe de lofficialité ordinaire de l'archevêché de Bourges M⁰ Antoine Deligny prestre prieur du chapitre de la Chastre député des V^bles dudit chapitre lequel assisté de Sallé son procureur et desdits V^bles chanoines a juré et affirmé estre venu exprès à cheval dudit lieu en cette ville distant de quinze lieues pour poursuivre le procez où ils sont deffendeurs contre M. Pierre Collin curé de Briante dont, acte et a signé.

Ainsi signé : RANVIER.

(*Archives de l'Indre*. Fonds de Vaudouan.)

PIÈCE 28

Sentence de l'official (1713)

François Jacquemet prestre licencié en l'un et l'autre droit, chantre et chanoine en l'églize cathédrale de Bourges, Vicaire-général et official ordinaire de Monseigneur l'Illustrissime et Révérendissime Messire Léon de Gesvres, Patriarche Archevêque de Bourges primat des Aquitaines, Conseiller du roy en ses conseils A tous ceux qui ces présentes lettres verront salut Sçavoir faisons que veu le procez d'entre Maistre Pierre Collin, prestre, curé de la paroisse de Briante demandeur suivant l'exploit de des Fousses sergent royal du septième septembre dernier deuement controllé d'une part, Maistre André Baucheron prestre chanoine en l'églize séculière et collégiale de Sainct-Germain de la ville de La Chastre commis par les sieurs de ladite église pour la desserte de la chappelle de nostre Dame de Vaudoüan scituée en ladite paroisse deffendeur d'autre part et encore les sieurs prieur chanoines et chapitre de ladite eglize intervenants et prenants le fait et cause pour ledit sieur Baucheron et demandeurs en reception de ladite detervention d'une part, ledit sieur Collin deffendeur a ladite intervention d'autre part et encore ledit sieur Collin demandeur suivant les dires et ecritures des seizieme dudit mois de septembre et de ce jourd'huy d'une part. Ledit sieur Baucheron deffendeur d'autre part veu ledit exploit d'assignation donné audit sieur Baucheron tant pour luy que pour ses assistans mentionnez au procez verbal de la contestation d'entre eux cy aprez referée à ce que les peines portées par le procez verbal de visite faite par nous en qualité de grand vicaire en ladite chappelle de Vaudoüan les onzieme de mars mil sept cent cinq fussent par eux declarées avoir esté encourües pour avoir contrevenu aux reglements portés par nostre dit procez verbal et avoir fait dans ladite chappelle des fonctions curiales au prejudice des deffenses à eux faites et à tous autres prestres par le susdit procez verbal et notamment pour avoir le vendredy deuxieme dudit mois de septembre indeüement enterré et inhumé dans ladite chappelle ou quoyque ce soit dans une petite chappelle etant a costé droit dans l'enclos de lad. grande chappelle le corps du deffunct messire Silvain de Cribleau vivant Escuyer sieur du Virolan habitant de lad. paroisse de Briante nonobstant les deffences et protestations de prise a partie que luy en auroit faites ledit sieur Collin et les remonstrances que luy sieur Baucheron n'étoit en pouvoir de ce faire, au contraire luy et ses assistans auroient repoussé ledit sieur Collin et les sieurs curez d'Ursier et des Fusines aussi ses assistans et empesché de faire ledit enterrement dans lad. chappelle conformement aux intentions dudit deffunct habitant de ladite paroisse de Briante et ladite chappelle comme dit est estant scituée dans ladite paroisse, ce qui l'auroit obligé de se retirer et d'en dresser sondit procez verbal que deffences luy seroient faites et à tous autres de troubler à l'avenir ledit sieur curé de Briantes dans ses fonctions qu'il se trouveroit obligé de faire dans ladite chappelle de Vaudoüan qui est située dans sa paroisse sous les peines de droit sans prejudice audit sieur Collin d'autres droits actions et pretentions et de prendre contre ledit sieur Boucheron et autres telles nouvelles conclusions qu'il avisera bon estre, dire desdits sieurs prieur chanoines et chapitre de La Chastre par lequel ils prennent le fait et cause dudit sieur Baucheron et proposent leurs moyens de deffences qui sont que si ledit jour de vendredy deuxieme de septembre dernier ledit sieur Baucheron ne voullut point souffrir que ledit demandeur et les assistans entrassent dans ladite chappelle pour y faire les fonctions curiales au sujet de l'inhumation du corps dudit feu sieur de Virolan il n'avoit fait en cela que ce qu'il étoit en droit de faire, lesdits sieurs du chapitre de La Chastre dont il étoit commis pour la desserte de ladite chappelle etant maistres d'icelle et seuls en droit et en profession d'y inhumer les corps de ceux qui y avoient éleu leur sepulture ou qui y avoient droit d'inhumation, leur droit etant fondé sur une sentence rendüe par un de nos predecesseurs, le sieur abbé de Sainct Ambroise et le sieur prieur de Sainct Ursin juges delegués du sainct siege et par une autre des sieurs prieurs de Sainct Cir d'Issoudun et abbé de Chezalbenoist aussi commissaires du sainct siege qui confirme la premiere dont un des predecesseurs dudit demandeur avoit interjetté appel et encore sur une sentence rendüe par le sieur lieutenant-général d'Issoudun, desniant avoir fait dans ladite chappelle aucunes fonctions curiales notamment depuis nostre procez verbal de visite, les sentences cy dessus mentionnées, la premiere rendüe le quatorzieme d'aoust mil quatre cens soixante et six par un de nos predecesseurs et les sieurs abbé de Sainct Ambroise et prieur de Sainct Ursin de cette ville de Bourges juges commis du sainct siege par laquelle lad. chappelle de Vaudoüan avec ses appartenances et dependances est declarée appartenir en toute proprieté et avec tous droits auxdits sieurs du chapitre de La Chastre, la seconde rendue par les sieurs prieur de Sainct Cir d'Issoudun et abbé de Chezalbenoist aussi juges commis du Sainct Siege le dix sept de fevrier mil quatre cens soixante et onze sur l'appel interietté de la premiere de la part du sieur de Boste se disant vicaire de ladite chappelle par laquelle ladite premiere sentence a esté confirmée, la troisieme rendüe par le sieur lieutenant general d'Issoudun le septieme de novembre mil cinq cent soixante et quatre qui adiuge aux dits sieurs du chapitre de La Chastre la recreance de la dite chappelle avec les fruits proffits et emoluments d'icelle pendant le procez et les differents des partyés par maniere de provision, acte de signiffication desdites sentences par extrait et dudit dire faite a Dumont procureur dudit sieur Collin curé de Briante par Aunoir nostre appariteur le quinzieme dudit mois de septembre requeste desdits sieurs du chapitre de La Chastre au bas de laquelle est nostre ordonnance du seizieme dud. mois de septembre portant acte de leur intervention et qu'elle seroit signiffiée au procureur dudit sieur Collin pour en venir en nostre audience, l'acte de signiffication desdites requeste et ordonnance avec sommation faite audit Dumont par ledit Aunoir ledit jour seize septembre dire dudit sieur Collin contenant ses conclusions incidentes a ce que ledit reglement du onze mars mil sept cent cinq fut executé selon sa forme et teneur et pour y avoir par ledit sieur Baucheron contrevenu ayant depuis iceluy pendant le caresme de l'année mil sept cent onze receu dans ladite chappelle la femme du nommé Baucheron cabarettier à Vaudoüan après ses couches et dit la messe, inhumé dans ladite chappelle deux enfans dudit deffunct sieur de Virolant, inhumé aussi dans ladite chappelle la femme de Jean du Basset tuillier de la paroisse de Sainct Martin de Pouligny a l'insceu dudit sieur Collin dit la messe dans ladite chappelle a l'heure de minuit à Noël et fait la bénédiction du pain benit à la même messe, fait dans ladite chappelle la benediction des cierges ainsi que les années precedentes depuis ledit reglement avec la procession fait des benedictions de bleds, de fruits, de chappellets, de linge, comme chemises et autres vestements dans ladite chappelle, fait mettre un tabernacle a l'autel de ladite chappelle dans lequel il renferme des sainctes hosties quoy qu'il doive les faire consumer par le prestre qui celebre la derniere messe suivant ledit reglement, qu'independamment de toutes ces contraventions qui interessoient particulierement ledit sieur Collin il y en avoit encore qui regardoient le promoteur scavoir que la statue de la saincte Vierge qui est dans ladite chappelle n'avoit point esté enterrée suivant ledit reglement, qu'il n'y avoit point de confessionnal dans ladite chappelle et que contre les deffences portées audit reglement ledit sieur Baucheron faisoit coucher des personnes du sexe dans une chambre de ladite chappelle pour lesquelles contraventions cy dessus en ce qu'elles regardent ledit sieur Collin, ledit sieur Baucheron seroit condamné aux dommages interests d'iceluy sieur Collin suivant l'estimation qui en seroit faite avec deffences audit sieur Baucheron de contrevenir à l'avenir aud. reglement que ledit sieur Baucheron seroit condamné en ses despens, laissant audit promoteur a requerir ce qu'il aviseroit et que nostre sentence qui interviendroit seroit executée en cas d'appel ou opposition nonobstant et sans prejudice attendu ce dont il s'agissait, nostre sentence dudit jour seize septembre portant acte a Asse l'ainé de sa constitution pour ledit sieur Baucheron et auxdits intervenans de leur intervention et prise de fait et cause dud. sieur Baucheron, que le deffendeur et intervenants viendroient repondre dans les delais de l'ordonnance aux conclusions incidentes dudit sieur Collin, que nostre reglement du onze mars mil sept cens cinq seroit executé selon sa forme et teneur et cependant par provision et sans prejudice du droit des partyes au principal que lesdits sieurs intervenants ou leur chappellain feroient en pareil cas la sepulture des corps qui decederaient dans ladite paroisse lorsqu'ils leur seroient presentés par le demandeur despens resceus en definitive, acte de signiffication de ladite sentence faite audit Asse procureur dudit sieur Baucheron et audit Dumont procureur dudit sieur Collin par ledit Aunoir le vingt dudit mois de septembre, de nonciation de l'exploit de demande dudit sieur Collin faite de la part dudit sieur Baucheron auxdits intervenants avec sommation de repondre en son lieu et place par acte dud. Aunoir du vingt deuxieme octobre dernier dire dudit Dumont declarant par iceluy que pour justiffier aux fins de ses conclusions incidentes il employe nostre reglement du onze mars mil sept cent cinq, le procez verbal fait par ledit sieur curé de Briante et ses assistants le deux septembre dernier et douze extraits mortuaires ou d'inhumations faites en ladite chappelle de Vaudoüan, desquelles pieces il avait fait signiffier coppie audit Asse pour ledit sieur Baucheron, nostre dit procezverbal de visite par nous faite en ladite chappelle de Vaudoüan contenant plusieurs reglements par nous faits pour le bon ordre en icelle, le procez verbal dressé par ledit sieur Collin de l'empeschement à luy fait par ledit sieur Baucheron pour l'inhumation du corps dudit feu sieur de Virollant en date du deuxieme septembre dernier signé dudit sieur Collin, des sieurs Audoux curé d'Ursier, Dupin curé de Fusines, Poinard et de la Tour, douze extraits d'inhumations de corps de deffuncts faits en ladite chappelle de Vaudoüan par ledit sieur Collin depuis le vingt sept de septembre mil six cent quatre vingt neuf jusqu'au vingt sept de may mil sept cent signez dudit sieur Collin, l'acte de signiffication desdites pieces ensemble dudit dire faite audit Asse par ledit Aunoir le premier de novembre dernier, deffences desdits sieurs intervenants aux conclusions incidentes dudit demandeur signiffiées avec un extrait des registres mortuaires de la paroisse de Sainct Martin de Pouligny portant que Leonnarde Gaby femme de Jean Dubasset tuillier a esté inhumée au mois de mars mil sept cent sept en ladite chappelle de Vaudoüan suivant son intention audit Asse par led. Aunoir le cinquieme dudit mois de novembre, exploit d'assignation donnee a la requeste dudit sieur Collin aud. sʳ Baucheron en constitution de nouveau procureur au lieu et place dudit Asse decedé, par Sainct Loup sergent royal le septieme du mois de janvier dernier deuement controllé, acte de constitution de Sallé procureur dudit sieur Baucheron au lieu et place dudit deffunct Asse signiffié audit Dumont par led. Aunoir le troisieme de fevrier dernier, acte de signiffication faite de la part dudit Sallé pour ledit sieur Baucheron audit Dumont le quinzieme dudit mois de fevrier par ledit Aunoir que pour les deffences d'iceluy sieur Baucheron aux conclusions nouvelles dudit sieur Collin en ce qui le pouvoit concerner en son particulier il employait les écritures et pieces fournies par lesdits sieurs du chapitre le cinq de novembre dernier, appointement par nous rendu le troisieme de mars aussi dernier que pour faire droit aux partyes elles mettroient leurs pieces pardevant nous, icelles preaulablement communiquées aud. promoteur, l'acte de signiffication de nostredit appointement faite audit Dumont par ledit Aunoir le quinzieme d'avril aussi dernier, dire dudit sieur Collin signiffié audit Sallé avec coppie dudit procez verbal de visite et reglement du onze mars mil sept cent cinq, dud. procez verbal du sieur curé de Briantes du deux septembre mil sept cent douze et desdits douze extraits mortuaires par ledit Aunoir le troisieme de ce mois dire lesdits intervenants par lequel ils emploient une permission de mondit seigneur l'archevêque cy apres mentionnée et deux consultations des sieurs Noüet et Vaillant avocats en la cour de parlement des huit et dix sept octobre dernier, acte de signiffication dudit dire et desdites deux consultations faite audit Dumont par ledit Aunoir le quinzieme dud. présent mois, la permission accordee par mondit seigneur l'archeveque audit sieur Baucheron de placer sur l'autel de la chappelle de Vaudoüan un tabernacle pour y garder des hosties consacrées pour donner la communion aux personnes qui par devotion venoient en ladite chappelle, a condition de ne consacrer des hosties que la veille des dimanches et festes et que ce qui en resteroit lesdits jours de dimanches et festes passez seroit consommé le lendemain par le prestre qui diroit la messe sans qu'on pût y en garder les autres jours, comme aussi d'eriger une confrerie dont la ceremonie s'en feroit le lundy d'aprez Pasques et le dimanche d'aprez la feste de la Nativité de la saincte Vierge, autre dire dudit sieur Collin pour reponse a celuy desdits intervenants et par lequel il conclut encore

incidamment a ce que deffences soient faites audit sieur
Baucheron de donner la saincte communion pendant la
quinzaine de Pasques a moins que ceux qui se presenteront
a lui ne justiffient d'une permission d'iceluy sieur Collin,
que ce n'etait que par devotion et non pour satisfaire a leur
devoir paschal et qu'il seroit tenu de justiffier en vertu de
quoy il avait erigé une confrerie dans ladite chappelle de
Vaudoüan le lundy de la pentecoste et le dimanche suivant
la feste de Nostre Dame de septembre et fait des processions
lesdits jours au prejudice dudit sieur curé auquel seul il
etoit permis de recevoir les dites confreries et de faire lesdites processions dans l'etendüe de sa paroisse le tout aux
despens, sommant led. sieur Baucheron de deffendre aux-
dites conclusions, acte de signiflication dudit dire fait aud.
Sallé par ledit Aunoir cejourd'huy signiflication faite de la
part dudit Sallé aud. Dumont par ledit Aunoir cedit jour
que pour toute reponse a ce qui avoit esté signiflié de la
part dudit sieur Collin lesdits du chapitre employoient ce
qu'ils avoient dit ecrit et produit, sans qu'il soit besoin par
eux de repondre aux demandes incidentes nouvellement
faites par ledit sieur Collin les inventaires des productions
desd. partyes respectivement signifiez et tout ce qu'elles ont
mis et produit pardevant nous, conclusions du promoteur
des causes d'office de cet archevêché auquel le tout a esté
communiqué, *Tout considéré* pris conseil ayant egard a la
prise de fait et cause des sieurs du chapitre de l'eglize de
la Chastre *Disons* que nous les avons renvoyé ensemble ledit sieur Baucheron les conclusions contre luy prises par
ledit sieur Collin pour les chefs concernant l'inhumation
des corps de ceux qui auront choisy leur sepulture et qui
leur seront apportez ou a leur desservant pour estre inhu-
mez en ladite chappelle de Vaudoüan, comme aussi de
celles de benir les bleds, fruits, linges et ustensiles apportez en ladite chappelle lorsqu'ils en seront requis, et a l'e-
gard de dire la messe de minuit le jour de la feste de Noël,
d'y distribuer le pain benit, mesme les jours de dimanches
et de faire la benediction des cierges le jour de la feste de
purification avec procession avons seulement permis audit
chappellain de celebrer la saincte messe a minuit le jour de
Noel sans aucune distribution de pain benit non plus que
les dimanches et fait deffences de faire aucune ceremonie
de benedictions de cierges le jour de la purification, au surplus des autres conclusions prises par ledit Collin par son
dire du seize septembre dernier veu ce qui resulte de la
permission de Monseigneur l'archevesque accordée audit

sieur Baucheron en date du neuf juillet mil sept cent six signée de La Porte et de la declaration faite par iceluy Baucheron qu'il n'a fait ni entendu faire la ceremonie de relever les femmes apres leurs couches en avons renvoyé ledit sieur desservant, reservé a faire droit sur les dernieres conclusions dudit sieur Collin aprez qu'elles auront esté appointées et ayant egard au requisitoire fait par ledit promoteur ordonnons que la statue de Nostre Dame mutilée et indecente sera mise en terre dans quinze jours a la diligence dudit sieur desservant a compter du jour de la signification de nostre present jugement a peine d'interdiction de ladite chappelle de Vaudoüan laquelle sera encourue par le seul fait despens compensez entre toutes les partyes sauf les conclusions dud. promoteur, visitation et levée de nostre present jugement qui seront payée par le sieur Collin et en cas d'appel ou opposition sera nostre presente sentence executée nonobstant et sans prejudice attendu qu'il s'agit de reglement et de discipline ecclésiastique. Ainsi signé en la minute du dictum des presentes Jacquemet v. g. et off. Reffatin et Thomas. Sy mandons au premier appariteur sergent royal ou autre sur ce requis de mettre ces presentes a deue pleine et entiere execution de point en point selon leur forme et teneur et faire pour ce tous actes de justice requis et necesssaires de ce faire luy donnons pouvoir. Fait en la chambre du conseil de l'officialité ordinaire de l'archevesché de Bourges le vingt° jour de may mil sept cent treize.

RANVIER.

Scellé le dit jour. (Sceau archiépiscopal.)

Le vingt six may mil sept cent treize signifié à M° François Dumont procur. parlant à son clerc.

Signé : AUNOIR.

(*Archives de l'Indre*, orig. parch. Fonds de Vaudouan.)

PIÈCE 29

Donation du Sr Chevalier du Coudray (1719)

Jay soussigne reconnois devoir et promettre payer à M'' du Chapitre de La Châtre la somme de cent vingt livres à cause des raisons à moi connues pour être employé en réparations et ornements de la chapelle de la Ste-Vierge de Vaudoüant lad. somme payable en deux payements égaux sçavoir la première moitié à la feste de Noël prochain et l'autre moitié à la feste de Pasques suivant. En foy de quoy jay signé ce huit juin mil sept cent dix neuf.

Signé : CHEVALIER.

Bon pour 120 l.

(*Archives de l'Indre. Fonds de Vaudouan.*)

PIÈCE 30

Déclaration que donnent à MMg" de l'Assemblée générale du clergé de France, qui sera tenue en l'année 1730, et à Messieurs du bureau du diocèse de Bourges, les prieur, chanoines et chapitre de l'Eglise collegiale et seculiere de St-Germain de la ville de La Chastre, des biens et des revenus dudit chapitre pour satisfaire à la délibération de l'Assemblée générale du clergé de France du 12 décembre 1726.

(1730)

(*Extrait.*)

..... Ledit chapitre..... a été fondé par Ebbe de Deol seigneur de La Chastre et Chasteauroux et autres lieux prince du bas Berri en l'an mil. On croit que c'étoit l'abbaye de Saint-Vincent.

Plus, la chapelle de Vaudoüan située en la paroisse de Briante, fille du chapitre, affermie par communes années, dont le revenu ne consiste qu'en oblations et en un logement pour le chapellain, 200 livres, 250 livres, 300 livres, et maintenant 400 livres au susdit sʳ Baucheron.

Plus l'hôtellerie de Vaudoüan qui consiste en un grand corps de logis couvert à tuilles, en deux granges et une estable couvertes à paille, un jardin, et une chenevière, le tout affermé à Silvain Vinon qui en a payé les premières années 40 livres, 45 livres, 50 livres, 60 livres et mainte-75 livres, passé Villain.

Il est deû trois livres de rente sur un patural à la Môte Seulie le 25 mars, passé Elève.... Le sʳ Porcher de Lyssonet, douze livres pour un service de trois grandes messes à la feste de St-Pierre..... Le sʳ Lissonay, 25 sols, et une poule sur une maison à Roche à la St-Michel, passé Lydal.

Le Chapitre a dépensé..... 400 livres depuis deux ans pour Vaudoüan, tant de la chapelle que de l'hoberge et de nos sacristie, et 200 livres pour les boucheries et le pressoir depuis cinq ans.

Signé : DE LAGNY, prieur,
SELLERON.
LAISNEL.

(*Archives de l'Indre. Fonds de Vaudouan. Cop. pap. en double exempl.*)

PIÈCE 31

Procès-verbal de la visite de S. G. Mgr de La Rochefoucauld à la chapelle de Notre-Dame de Vaudouan (1731)

.... Le même jour, vendredi vingt-quatre septembre, mil sept cent trente-quatre, nous patriarche-archevêque de Bourges, continuant le cours de nos visites accompagné de nos officiers ordinaires, nous sommes transportés à la chapelle rurale de Notre Dame de Vaudouan, située paroisse de Briantes où nous avons été reçues par M. Antoine Deligny, prieur du chapitre de l'Eglise collégiale de St-Germain de la Chastre et par M⁰ Germain Laisnel prêtre chanoine du dit Chapitre et commis à la desserte de la dite chapelle, et après avoir fait notre prière devant l'autel nous avons procédé à notre visite par laquelle nous avons connu que ladite chapelle est en fort bon état de réparation, proprement décorée et suffisamment fournie de vaisseaux sacrés, linges et ornements nécessaires à la célébration du service divin. — Ensuite ayant demandé aux dits sieurs Deligny et Laisnel en quel temps à peu près la dite chapelle avait été bâtie, à qui elle appartenait, s'il y avait quelque titre de bénéfice ou fondation, quel service on y faisait, et généralement tout ce qui pouvait la concerner, ils ont répondu qu'ils ne savaient pas précisément le temps auquel la dite chapelle avait été bâtie ; mais qu'elle avait été donnée au chapitre de St-Germain de la Chastre l'an mil quatre cent par Renaud de Raimbœuf chanoine dudit chapitre qui était seigneur de Vaudouan du Virolan et du Guet, que depuis ce temps la propriété du fond ne leur a jamais été contestée, qu'il n'y a aucun titre de bénéfice mais seulement qu'il avait deux légères fondations l'une d'une messe basse pour le sieur Raveau qui s'acquitte le jour de St-Michel et une autre aussi d'une messe basse et un libera à la fin qui s'acquitte le second dimanche d'après la Nativité de la Vierge pour le sieur de Raimbœuf, que de temps immémorial le chapitre est en possession de percevoir par l'un d'entre eux, qu'ils commettent à cet effet les oblations qui sont offertes en ladite chapelle, que le chanoine qui est commis par le chapitre pour le desservir réside sur le lieu et est tenu présent à tout l'office canonial quoiqu'il n'y assiste pas, qu'il est chargé par le chapitre d'y dire ou faire dire une messe basse tous les jours de l'année à la réserve des jours de Pâques et de la Pentecôte que ces messes ne sont point d'obligation, mais seulement pour satisfaire à la dévotion des fidèles qui viennent en pèlerinage à la dite chapelle, qu'on y fait l'office entier les lundi de Pâques, lundi et mardi de la Pentecôte, toutes les fêtes de Notre Dame et le second dimanche d'après la Nativité de la Vierge, que lesdits jours on y célèbre plusieurs messes basses et une haute à diacre et sous diacre, que par une permission accordée par son Eminence Monseigneur le Cardinal de Gesvres, notre prédécesseur le 9 juillet 1706 dont ils nous ont justifié, il leur a été permis d'y conserver des hosties consacrées depuis le samedi de chaque semaine jusqu'au lundi, que les jours de fête ci-dessus, il y a un concours de peuple étonnant, qui viennent de toutes parts pour s'y confesser et communier; qu'en conséquence de la permission ci-dessus datée de notre prédécesseur il y a été établie une confrérie de plus de deux mille personnes qui paient chacune deux sols six deniers au chapelain qui leur fournit un cierge d'une once avec lequel ils assistent à une procession qui se fait le second dimanche d'après la Nativité de la Vierge dans le bois de Vaudouan où l'on porte l'image de la Vierge, qu'à la vérité il n'y a ni statuts ni règlements dans ladite confrérie, mais qu'il ne s'y commet aucun abus ni rien de contraire à la piété et à la dévotion qui doit régner dans ces sortes d'associations, que la fête de la confrérie se fait deux fois l'année, savoir : le lundi de la Pentecôte et le second dimanche d'après la Nativité de la Vierge, qu'anciennement les sieurs du chapitre y venaient en procession le jour de l'Assomption faire l'office, mais que depuis plusieurs années ils ont interrompu cet usage, et n'y reviennent plus que le second dimanche d'après la Nativité de la Vierge, si ce n'est dans des temps de calamité publique et lorsqu'ils en sont requis par les maire et échevins, auquel cas ils y vont en procession avec le sieur curé, les religieux carmes et capucins, que tous les curés des environs à sept et huit lieues des environs y viennent aussi en procession en différents temps de l'année avec les fidèles de leurs paroisses. Au surplus qu'il ne s'y fait aucune fonction curiale si ce n'est dans le cas que quelqu'un demande à être inhumé en ladite chapelle, qu'alors les sieurs curés leur conduisent les corps à la porte de ladite chapelle où ils les reçoivent et ensuite font l'office à la cérémonie de l'inhumation. Que ce droit leur ayant été contesté par le sieur Collin ci-devant curé de Briante ils y avaient été maintenus par sentence de notre officialité ordinaire du 20 mai 1713 de laquelle ils nous ont justifié. — Ce fait, notre promoteur nous a remontré que le grand concours de peuple qui se rencontre différents jours de fête à la dite chapelle occasionne des jeux, des danses, des cabarets où on se livre à la débauche et à des ivrogneries, qui souvent causent des querelles, des disputes, des batteries ; même des homicides, ainsi qu'il est arrivé l'année dernière et cette présente, requérant qu'il nous plaise y pourvoir par les voies que nous croirons de plus convenables, sur quoi faisant droit nous ordonnons que les règlements faits par Son Eminence Monseigneur le Cardinal de Gesvres, lors de sa visite le 7 mai 1706 et celui fait par le sieur Jacquemet vicaire général et official le 14 mars 1705 seront exécutés suivant leur forme et teneur, au surplus avons défendu au sieur chapelain de célébrer en ladite chapelle et souffrir qu'il y soit célébré la nuit et le jour de Noël, lui enjoignons de tenir la main à ce que dans la suite il n'y ait aucune danse ni jeu aux environs de la dite chapelle, à ce que les cabaretiers ne donnent point à boire ni à manger les jours de concours passé deux heures après midi sous peine d'interdit de ladite chapelle, ce qui sera exécuté en cas d'appel nonobstant opposition ou appellation quelconque attendu qu'il s'agit de police ecclésiastique. Fait et arrêté en ladite chapelle les jour et an ci-dessus.

Signé : ✝ Fréd. Jér. P. P. ar. de Bourges.
De Ligny, prieur.
Laisnel.

(Archives de l'arch. de Bourges.)

PIÈCE 32

Vente nationale de l'hotellerie de Vaudouan (1791)

... De suite nous avons procédé à la seconde criée des batiments qui composent l'auberge de Vaudohen, avec la cour et jardin en dependants ensemble la petite maison size près la chapelle, et la partie de brande qui peut dependre desdits objets sous la reserve du droit de passage autour de la ditte chapelle.

Cette seconde criée faite à la folle enchere de Philippe René Pascoud faute par lui d'avoir satisfait quoique dument sommé aux conditions portées dans l'adjudication qui lui en a été faite le dix sept août dernier conformément à l'article huit du décret du quatorze mai mil sept cent quatre vingt dix, lesquelles encheres ont été portées par M. le procureur g¹ sindic du departement poursuite et diligence de M. le procureur sindic de ce district de la Chatre à la somme de deux mille cinq cent soixante quatorze livres prix de l'estimation desdits objets.

Et comme il ne s'est présenté personne pour enchérir nous avons sur les conclusions de M. le procureur sindic, remis la vente pour l'adjudication définitive à samedi dix decembre prochain, pendant'lequel temps il sera fait affiches et publications dans les lieux accoutumés.

Fait clos et arreté les dits jour et an que dessus.

Signé : Lesrurre.
S. Cuinat.
C. A. Tollaire.
Esteve.
Cluis, secrétaire.

(*Archives de l'Indre.* Registre de premières enchères de biens nationaux, du 23 février 1791 au 23 frimaire an III. — District de la Châtre. Lettre Q, p. 166 verso.)

PIÈCE 33

Vente nationale de la chapelle (1791)

Aujourd'hui premier pluviôs, l'an second de la république française une et indivisible, a neuf heures du matin, en la salle des séances ordinaires du district de Lachatre, conformément aux dispositions des art. 3 et 4 du tit. 5 du décret de l'Assemblée Nationale du 14 mai 1790, et de l'art. 15 du décret de l'Assemblée Nationale du 3 novembre suivant concernant la vente des domaines nationaux ; et d'après les affiches judicatives et les publications qui ont eu lieu précédemment, il a été pardevant nous administrateurs composant le directoire du district de Lachatre, à la requête poursuite et diligence de l'agent National près ce district, en l'absence des officiers municipaux des communes de Lachatre, Briantes, Aigurande et Ste Sévère, quoi qu'invitées de s'y trouver, a la première criée des objets ci après détaillés.

Une chapelle située en la commune de Briantes apellée la chapelle de Vaudouant consistante en un seul bâtiment couvert de tuile avec le terrier qui peut en dependre autour d'icelui, le tout appartenant au ci-devant chapitre de Lachâtre, sous la reserve des ornements et autres effets mobiliers qui sont en ladite chapelle qui joute de toutes parts les brandes de Vaudouant.

L'adjudicataire.... entrera en jouissance desdits biens dès le jour de l'adjudication attendu qu'ils ne sont point affermés.

Nous avons en conséquence fait crier la chapelle de Vaudouant à quatre cent livres.. et comme il ne s'est présenté personne pour enchérir, nous avons sur les conclusions de l'agent national de ce district remis la vente et adjudication définitive au septidi dix sept pluviôs présent mois pendant lequel temps il sera fait de nouvelles affiches et publications aux lieux nécessaires.

Fait les jour et an ci-dessus par nous administrateurs soussignés avec ledit agent national et le secrétaire.

Ainsi signé : ESTEVE.
YVERNANT.
DESAINTHORENT.
CLUIS.

(*Archives de l'Indre*. Reg. des prem. enchères de biens nationaux. Du 23 fév. 1791 au 23 frimaire an III. Dist. de la Châtre. — Lettre Q. p. 193 et 194, r. et v.

PIÈCE 34

Vente nationale de la chapelle (1791)

Aujourd'huy septidi dix-sept pluviose, l'an second de la République française une et indivisible, à neuf heures du matin, pardevant nous, administrateurs composant le directoire du district de La Châtre, soussignés, en conséquence de l'indication portée en notre procès-verbal d'enchères du 1er de ce mois dont nous avons fait faire lecture par notre secrétaire. et d'après les afiches et publications faites en tems et lieux convenables, Il a été en notre séance ordinaire, à la requête poursuite et diligence de l'agent national de ce district procédé à la vente et adjudication au dernier enchérisseur et à l'extinction des feux des biens Nationaux dont le détail suit :

. . . .

Ensuite nous avons fait allumer successivement sept feux pendant lesquels nous avons reçu les enchères sur une chapelle située en la commune de Briantes, appellée la chapelle de Vaudouant, dépendante du ci devant chapitre de Lachâtre, telle qu'elle est désignée et joutée par notre procès verbal de première criée du premier du présent mois.

Lesquelles enchères ont été portées par Jean Lafond dit Mirat propre demeurant à la Tuilerie de Vaudouant, commune de Briantes, a six cent livres, par Pierre Chaumette, propre, à huit cent livres, par Silvain Demay meunier à neuf cent livres; par le cit. Deffousses Fraigne à mille livres, par ledit Lafond à onze cent livres, par ledit Chaumette à douze cent livres, par ledit Lafond à treize cent livres, par ledit Demay à treize cent cinquante livres, par ledit Jean Lafond tant pour lui que pour Jean Mauduit garde demeurant au bourg de Briantes, a quatorze cent livres.

Ayant fait allumer un 8ᵉ feu, il s'est éteint sans qu'il ait été fait d'enchères, en conséquence, nous avons déclaré que l'objet dont il s'agit demeure adjugé aux charges et conditions portées par notre procès verbal de première criée ausdit citoyens Lafond et Mauduit comme dernier enchérisseur, pour le prix et somme de quatorze cent livres, et ont lesdits adjudicataires déclaré ne savoir signer à l'exception dud. Mauduit qui s'est soussigné avec nous.

Ainsi signé : MAUDUI.
Et plus bas : DESAINTHORENT.
ESTEVE.
YVERNAULT.
CLUIS, sr.

(*Archives de l'Indre*. Reg. d'adjudications de biens nationaux. Du 15 juin 1791 au 8 nivôse, an III. District de la Châtre. — Lettre Q, p. 144, 145 et 148.)

PIÈCE 35

Estimation pour la vente nationale du château du Virollant (1793)

DÉPARTEMENT DE L'INDRE. —
DISTRICT DE LA CHATRE. — CANTON DE LA CHATRE. — MUNICIPALITÉ DE BRIANTE.

Biens nationaux provenant de l'émigré Etienne-Philippe Devillaines.

L'an mil sept cent quatre vingt treize, le dix huit du premier mois de l'an second de la République française une et indivisible en exécution de la commission à nous donnée par le directoire du district de la Châtre, département de l'Indre, le vingt six août dernier, nous François Leseure et Charles Yvernault, experts soussignés, demeurant à La Châtre et Crevant, nous sommes transportés accompagnés des officiers municipaux de la municipalité de Briantes sur un bien national appellé domaine du château du Virollan, provenant de l'Émigré Etienne-Philippe Devillaines, et après l'avoir parcouru avec lesdits officiers municipaux et après avoir pris d'eux les renseignements nécessaires sur la population du canton et les facultés des habitants, nous avons jugé que ledit domaine n'était pas dans le cas d'être divisé pour être vendu et qu'il devait former un seul lot d'ajudication.

En conséquence, nous nous sommes fait représenter par le citoyen Renty, fermier, les baux actuellement existant pour ledit bien desquels il résulte qu'icelui confine au Levant......

(*Est resté en blanc.*)

Lequel domaine du château du Virollan consiste en quatre cent vingt boisselées de terre labourable, ou environ cinquante boisselées en paccage, quinze charoirs de foin et une vigne de douze journaux appellée la Plante ou la Demoiselle, en un bois tailly de cent boisselées ou environ, appellé le bois du Virollan, et le château, grange, maison de métayer et autres petits bâtiments servant à l'exploitation dudit domaine et pour dix-sept cent livres de bestiaux.

Lequel domaine du château du Virollan est affermé conjointement avec plusieurs autres domaines, vignes, héritages, prés, droits de dix^{me}, tenage, moulin, étang, pour la somme de dix mille quatre cent livres que le fermier est en outre chargé par le bail du 17 avril 1791 d'acquitter toutes les impositions, de quelques dénominations qu'elles puissent être, est dailleurs ledit fermier obligé de plusieurs autres clauses et conditions qui ne méritent aucune évaluation de notre part et pour lesdittes impositions d'après le vu des rôles nous estimons être de la valeur de cent trois livres.

Il n'est pas fait mention dans les baux d'aucun pot de vin lesdits baux passés le 5 mars 1789 et 17 avril 1791 pour neuf et huit ans qui expireront tous les deux le 11 novembre 1798.

Ce qui porte le produit de tous les biens compris aux baux à une somme annuelle de 10,503 livres. Et detaillant article par article tous les objets compris auxdits baux, nous estimons que ledit domaine du château du Virollan avec les années cy dessus détaillés y est entré pour la somme de cinq cent cinquante livres de revenu et les impositions déterminées à raison de cinq sols deux deniers pour livre d'après la représentation des rôles.

Par conséquent le revenu net dudit bien est de la ditte somme de cinq cent cinquante livres, et que d'après le prix commun de cette nature de bien dans la même municipalité, ledit bien est estimé valoir en principal la somme de douze mille livres.

Cy . . . . 12,000 l.

De tout quoi nous avons dressé le présent procès verbal que lesdits officiers municipaux ont signés avec nous ; le fermier présent a déclaré ne le savoir lesdits jour, mois et an.

Ainsi signé : TAYON DESSSAUZAIS, P. DE LA C.
YVERNAULT.
MALASSENG, greffier.
LESEURRE.

(*Archives de l'Indre.*)

PIÈCE 36

Vente nationale du château du Virollant (1793)

..... Ensuite nous avons fait allumer successivement dix feux, pendant lesquels nous avons reçu les enchères sur le domaine appellé du château de Viroland, avec l'ancien château, appartenances et dependances desd. biens situés en la commune de Briantes, appartenans ci devant à Etienne Philippe Villaines, émigré, tel que le tout est désigné par le procès verbal de première criée du deux du présent mois.

Lesquelles enchères ont été portées par le cit. Dominique Robert, arpenteur, domicilié à La Châtre, à seize mille livres, par le cit. Beaufort à vingt mille livres, par le cit. Gazonneau Froment à vingt sept mille livres, par Germain Auclair à vingt neuf mille livres, par Silvain Appere à trente mille livres, par Jacques Chaynon prop^{re}, à trente un mille livres, par ledit cit. Robert à trente deux mille livres, par ledit Auclair à trente trois mille livres, par ledit Appere à trente quatre mille livres, par ledit cit. Robert à trente quatre mille quatre cent livres.

Ayant fait allumer un 11e. feu, il s'est éteint sans qu'il ait été fait aucune enchère; en conséquence le directoire a adjugé au cit. Robert, comme dernier enchérisseur, le domaine dont il s'agit pour le prix et somme de 34,400 livres, aux clauses, charges et conditions portées par le procès verbal de première criée et prescrites par les loix que ledit cit. Robert a déclaré bien connaître et a signé.

ROBERT (avec paraphe).

Et plus bas : TAYON-DESSAUZAIS,
MALASSENG, secrétaire-greffier.
YVERNAUT.
DESAINTHORENT.
PASQUIER,
PLASSAT, agt ul.
CLUIS, ste.

(*Archives de l'Indre.* District de la Châtre. — Biens d'émigrés n° 1043.)

PIÈCE 37

Chronologie des seigneurs du Virollant.

I. — Reginald Raimbues. — 1291.
II. — Pierre du Bost. — 1294.
III. — Le Virollant passa dans la maison de La Châtre, ou plutôt y rentra; ce qu'on induit de ce fait qu'en 1359, 1360 et 1362, les anniversaires de Hugues de La Châtre, de Raolin, son fils, et de Pierre de La Châtre étaient dus par les Bouchard, « seigneurs de Virollenc. »
IV. — Pierre Bouchard était lui-même décédé dès 1359, et sa veuve qui appartenait peut-être à la maison de La Châtre, se qualifiait alors de « Dame de Virollenc. » Ils paraissent avoir eu deux fils :

V. — 1° Jean-Bouchard, sgr de Virollene, vivant en 1360, 1362 et 1369.

2° André Bouchard, vivant en 1360.

(Lacune.)

VI. — Le 6 avril 1434, des gentilshommes du nom de La Faye (1) rendent hommage et fournissent aveu et dénombrement au baron de La Châtre, pour leur fief et seigneurie de Virollant, paroisse de Briante. — Jean de La Faye, écuyer, seigneur des Forges, près Montluçon, et du Virollant, fils de feu Gilbert de La Faye, écuyer, seigneur des Forges, était mort en 1479, ayant eu d'une femme dont le nom est inconnu :

VII. — 1° Jeanne de La Faye, dame des Forges, mariée à Henri de Monestay, écuyer, maître d'hôtel du roi Charles VIII, gouverneur de Brest, capitaine des francs-archers de Bourbonnais, Forez, Lyonnais, Beaujolais et Auvergne. — De ce mariage est issue toute la maison de Monestay des Forges.

2° Antoinette de La Faye, dame du Virollant, qui, en 1464, épousa François de Bridiers, écuyer, seigneur du Guay, paroisse de Crevant, fils de Jacques, — écuyer, seigneur du Guay et de Crevant en partie, conseiller et maître d'hôtel de Jean de Bourgogne, comte de Nevers, — et de Catherine Augustin du Courbat (2).

Jacques de Bridiers, prenant en main pour François, son fils, et damoiselle Antoinette de La Faye, épouse de ce dernier, transigea, le 5 octobre 1479, avec les chanoines de La Châtre. Cette transaction fut ratifiée, le 24 octobre suivant, par François de Bridiers, et sa femme.

Antoinette de La Faye donna procuration, le 18 juillet 1483, à l'effet de rendre hommage au baron de La Châtre pour raison du lieu, château et seigneurie de Virollant, et ses dépendances. — Elle était veuve de François de Bridiers, le 18 mai 1518. De leur mariage était issu :

VIII. — François de Bridiers (3), II° du nom, écuyer, seigneur du Guay et du Virollan, épousa, en 1493, Anne de Lairon, fille de Jacques, seigneur du Solier, et de Galienne de Saint-Julien-Luzeret, alors remariée avec Jacques de la Trémouille, seigneur de Lignac. — De ce mariage est issu :

---

(1) Famille originaire du Bourbonnais
(2) D'une ancienne maison de Bretagne.
(3) Marie de Bridiers, sa sœur, épousa : 1° Olivier de Lairon, écuyer, sgr du Solier; 2° Antoine de Barbançois, sgr de Châron

IX. — Etienne-Jacques de Bridiers (1), écuyer, seigneur du Guay et du Virollan, épousa Juliette de Baillou, fille de Lionnet de Baillou, écuyer, seigneur de la Forêt et de l'Allemandière, en Touraine et en Berry, et de Catherine de Fougères.

Juliette de Baillou, étant veuve et tutrice d'Antoinette de Bridiers, sa fille, transigea, ainsi que Jean de Valzergues, son gendre, et demoiselle Gilberte de Bridiers, femme de ce dernier, le 27 mars 1560, avec le Chapitre de La Châtre.

Du mariage d'Etienne Jacques de Bridiers avec Juliette de Baillou, était issue :

X. — Gilberte de Bridiers (2), dame du Guay et du Virollant, qui, vers 1540, épousa Jean dit Jeannicot ou Genicot de Valzergues, écuyer, gentilhomme de la maison du maréchal de Brissac et homme d'armes de sa compagnie. Il se qualifiait seigneur du Virollant, et faisait hommage du Guay et de partie de Peud'hun au seigneur de Sainte-Sévère, le 17 juin 1572.

Jeannicot de Valzergues était le second fils de Bégot de Valzergues, sgr de Cerez, du Coudray et du Chastellier, l'un des cent gentilshommes de l'hôtel du Roi, lieutenant général de robe courte du Sénéchal de Rouergue, et de Jeanne de Cerez. Son frère aîné, Louis de Valzergues, sgr de Cerez, du Coudray, du Chastellier, etc., lieutenant général de l'artillerie de France, avait épousé Renée de Chabannais, dame de Comporté-sur-Charente, dont il eut entre autres enfants :

Anne ou Jeanne de Valzergues, mariée 1° à Jean de la Rochefaton, seigneur de Saveilles ; 2° à Gabriel de Polignac, seigneur de Saint-Germain. Elle eut du premier : Jeanne de la Rochefaton, mariée à Armand de Caumont, duc de La Force, pair et maréchal de France, dont une fille unique, Charlotte, mariée au maréchal de Turenne ; — et du second : Anne de Polignac, mariée en 1615 à Gaspard de Poligny, duc de Châtillon, maréchal de France.

Du mariage de Jeannicot de Valzergues, seigneur du Guay et du Virollant, avec Gilberte de Bridiers, est issu :

XI. — Claude de Valzergues (3) dame du Virollant, qui, le 12 août 1578, épousa René de Maulmont, écuyer, fils de

---

(1) Antoine, son frère, est l'auteur de la branche de Bridiers-du-Solier.

(2) Antoinette, sa sœur, était mineure en 1560.

(3) Son frère Gilbert de Valzergues, sgr du Guay et de Peud'hun épousa Catherine de Vignolles, dont postérité.

feu Annet de Maulmont, écuyer, seigneur de La Ligne, et de Françoise Jabault (1).

Claude de Valzergues, veuve de René de Maulmont, et Annet de Maulmont, seigneur du Bost, acquirent de Michel Laurent et de sa femme une métairie située au Grand-Virollant, paroisse de Briante, le 9 janvier 1623.

Du mariage de Claude de Valzergues et de René de Maulmont, sont issus :

XII. — 1° Bégot de Maulmont, qui suit :

2° Guy de Maulmont, seigneur du Virollant en 1631.

Bégot de Malmont est qualifié, dans un acte du 30 octobre 1630, écuyer, seigneur du Virollan, de la Maisonneuve et des Combes, demeurant au Virollan. — L'année suivante, Bégot de Maulmont, seigneur du Bost et de la Maison-neuve, et Guy de Maulmont, seigneur du Virollan, assistent au mariage de Marie de Bertrand du Chassaing avec Hugues de Buchepot, seigneur de Fromenteau.

Bégot avait épousé, le 19 août 1612, Claude de Monthieux, fille de Bertrand, écuyer, seigneur de Thary, et d'Anne de Thianges. De ce mariage sont issus :

XIII. — 1° Jean de Maulmont, écuyer, seigneur du Bost-Virollan, marié, le 21 octobre 1641, à Marie de Cougny, veuve de Jacques Pillemy, seigneur de Dormillon, et qui, en 1670, était mort sans enfants.

2° Georges, écuyer, seigneur du Virollan, paroisse de Briante, des Combes, paroisse de Nouzerines, et de la Maison-neuve, paroisse de La Cellette, en 1658 et 1674.

3° Sylvaine, qui suit.

4° Gabrielle, mariée, le 26 juin 1642, à Jean de Bridiers, écuyer, seigneur du Theil, des Ternes, et de Nouzerines en partie ; dont Marie et Gabrielle de Bridiers, mariées à Jean et à Henri de Bertrand, écuyers, frères, seigneurs de Beaumont et de Masdon.

Sylvaine de Maulmont épousa, le 23 août 1644, Charles de Cribleau, écuyer, seigneur du Magnoux, auquel elle apporta le fief du Virollant. De ce mariage est issu, entre autres enfants :

XIV. Sylvain de Cribleau, écuyer, seigneur du Magnou, en 1676 et 1681, sur lequel le fief et principal manoir du Virollant furent saisis, le 14 avril 1695, à la requête du pro-

---

(1) La Chenaye des Bois dit (t. X, p. 616) : «... Annet, seigneur de la Ligne et de la Jobert, qui servait, en 1569, dans la compagnie d'ordonnance de M de Longueville. Il avait épousé N... de Jabaud; on ignore s'il en a eu des enfants. »

cureur de S. A. S. Mgr le prince de Condé, faute par ledit de Cribleau d'avoir rendu foi et hommage pour ledit fief. Le 6 juillet suivant, Sylvain rendit hommage au prince pour son fief de Virollant, tenu en foi et hommage de la baronnie de La Châtre.

Sylvain de Cribleau, seigneur du Magnou et du Virollant, était marié en 1698 avec Anne de Valzergues, présumée fille de Marc, seigneur de la Chassaigne et d'Éléonore de Chambon. Il se remaria avec Elisabeth de Béthoulat, fille de François, écuyer, seigneur de Ranchoux, brigadier des gendarmes du roi, et de Marie Pelletier.

Elisabeth de Béthoulat, veuve de Sylvain de Cribleau, avait pour donataire, en 1714, Jean de Bertrand de Masdon, chevalier de Malte, petit-fils de Gabrielle de Maulmont.

XV. — Jean de Bertrand habitait au Virollant en 1715, et doit être le même qu'un Pierre de Bertrand, chevalier, sur lequel le château, fief et seigneurie du Virollant fut saisi féodalement le 29 novembre 1717, faute de foi et hommage à la baronnie de La Châtre.

XVI. — Le 11 mars 1720, Jean Sain, écuyer, seigneur de Prévert, tant en son nom que comme ayant la garde noble de ses enfants, hitiers de daemér Elisabeth de Béthoulat, leur tante, rendit hommage à S. A. S. le prince de Condé pour le fief de Virollant (1).

XVII. — Vers le milieu du xviiie siècle, le Virollant fut acquis par la famille de Villaines et y demeura jusqu'en 1791, qu'il fut vendu nationalement (2).

(Archives de l'Indre. Fonds du chapitre de la Châtre. Inventaire des titres du duché de Châteauroux. — Extrait des généalogies manuscrites des familles Bouchard, de la Faye, de Valzergues, de Maumont, de la Châtre, etc.)

PIÈCE 38

Chronologie des seigneurs de Briante

1. — Hubert (ou Hervé) de Garet (de Guéret), damoiseau, fournit le dénombrement de la seigneurie de Briante au seigneur de La Châtre, en 1203.

(1) Jean Sain, sgr de Prévert, avait épousé, en 1695, Marie de Béthoulat, sœur d'Elisabeth.
(2) Voyez les Pièces justificatives, p. 35 et 36.

II. — La terre de Briante semble avoir été possédée simultanément, vers 1310, par Aubert de Maleval, chevalier, et Louis de Garet, damoiseau.

Aubert, seigneur de Maleval, épousa Jeanne de Seuly, dont il eut :

III. — Dauphin de Maleval, seigneur dudit lieu, marié à Alix d'Aubusson. Leur fille aînée, Jeanne de Maleval, épousa Plotard de Cluis.

IV. — Plotard de Cluis est qualifié seigneur de Briante, probablement du chef de sa femme. Il vivait en 1368, 1381, et fut père de :

V. — Mouton de Cluis, seigneur de Briante et d'Issoudun-sur-Creuse, premier écuyer tranchant du duc de Berry. Mouton épousa Marguerite de Maleval, sa parente, dont il eut, entre autres enfants :

VI. — Plotard de Cluis (1), IIe du nom, chevalier, seigneur de Briante, Issoudun-sur-Creuse, La Forêt, etc., écuyer d'honneur du duc de Guyenne. Il vivait de 1416 à 1451, et épousa Louise du Puy, fille de Geoffroy, seigneur du Coudray, chambellan du roi, dont il eut, entre autres enfants :

VII. — François de Cluis (2), seigneur de Briante, Issoudun, Pouillé, La Forêt, etc. Il vivait en 1462, et eut, de Marie de Lussac, sa femme, entre autres enfants :

VIII. — Mouton de Cluis (3), IIe du nom, chevalier, seigneur de Briante, etc., vivant en 1492 et 1506. Il épousa Bertrande de Roquemorel, dont il eut pour fils aîné :

IX. — Philippe de Cluis, chevalier, seigneur de Briante, etc. Il épousa, en 1520, Charlotte de Poitiers (4), dont il eut, entre autres enfants :

X. — 1° François, dit *Mouton*, qui fit aveu de Briante en 1540, et mourut probablement sans postérité.

XI. — 2° Pierre-Philippe, frère aîné et héritier du précédent, à qui l'on donne pour femme Marie Pierre, et qui fit aveu de Briante le 17 juin 1558. Le 2 janvier 1569, il testa en faveur de :

XII. — Jean de Bourbon-Busset, seigneur de La Motte-

---

(1) Jean de Cluis, son frère, fut évêque de Tulle et ambassadeur en Castille.

(2) Bertrand de Cluis, son frère, fut chevalier de Saint-Jean-de-Jérusalem et grand prieur de France.

(3) Pierre et Godefroy de Cluis, ses frères, furent le premier grand prieur de France, et le second abbé de Charroux.

(4) Tante de Diane de Poitiers, duchesse de Valentinois.

Feuilly, qui, en qualité d'héritier du sieur de Cluis, rendit hommage pour Briante en 1570. Soit qu'il ait abandonné ou vendu ses droits, on voit, le 14 janvier 1572,

XIII. — Philippe de Cluis, frère de François et de Pierre-Philippe, fournir le dénombrement de Briante à Jean d'Aumont, seigneur et baron de La Châtre. Il fut marié : 1° à une fille de Gilbert de Bertrand, écuyer, seigneur du Chassin, du Cluzeau et de Briante en partie (1) ; 2° à Antoinette de Morainvilliers, dont il eut une fille, Anne de Cluis, mariée, en 1588, à François, seigneur de Marconnay.

2° Madeleine de Cluis, qui épousa, en 1517, Jean de La Châtre, seigneur de Breuillebaut. De ce mariage est issu :

XIV. — Baptiste de la Châtre, chevalier, seigneur de Breuillebaut et de Briante, panetier du duc d'Alençon, écuyer du roi de Navarre. Il épousa 1° Françoise de Vieubourg, fille de Ravaud de Vieubourg, seigneur de Mienne et de Malvoisine, et de Marthe Girard ; 2° Gabrielle Lamy, fille de Bonaventure, seigneur de Loury, et de Louise de La Marche. — Son fils aîné,

XV. — René de La Châtre, chevalier, seigneur de Breuillebaut et de Briante, épousa, par contrat du 23 février 1615, Sylvie ou Sylvaine de Longbost, fille de Balthazar, seigneur des Couts et de Saint-Martin-le-Mau, et d'Hélène Tiercelin. Il en eut, entre autres enfants :

XVI. — Jean de La Châtre, chevalier, seigneur de Briante, mort sans avoir été marié, dont la nièce,

XVII. — Marie-Agnès de La Châtre, dame de Briante, unique héritière de sa branche, épousa, par contrat du 20 octobre 1689, Jacques Le Groing, chevalier, seigneur de Villebouche, Treignac et Herculat, appelé le marquis de Treignac, veuf de Marie-Madeleine Landault. Il vivait en 1693 et était mort en 1709. Marie-Agnès de La Châtre était alors remariée avec Gaspard de May, seigneur des Salles et de la Vedellerie, près Chambon, en Marche. De son premier mariage elle avait eu cinq enfants.

XVIII. — La terre de Briante fut saisie, en 1740, sur la demoiselle Mérot (2), par décret rendu aux requêtes du Palais, à Paris, et acquise par :

XIX. — Nicolas-Pardoux, chevalier, seigneur de Villaines, Moulinporcher, Chancellert, du Bouy, Saint-Sylvain,

---

(1) Un acte du 17 juin 1515 qualifie Gilbert Bertrand seigneur en partie dudit lieu de Briante « pour un mas de terre assis ou carrouer de Vauldouan. » — Fonds de Vaudouan. Or. parch.

(2) Peut-être petite-fille de Marie-Agnès de la Châtre.

Panay, Sarragousse, etc., qui, par contrat du 4 juillet 1730, avait épousé Marie Tixier, fille de Léon, chevalier, seigneur du Cluseau, de la Volpillière, de Breuillebaut, Fontancier, Crevant, Chassignoles, Saint-Aubin, etc., et de Perpétue Godard. De ce mariage est issu, entre autres enfants :

XX. — Nicolas-Louis-Pardoux, comte de Villaines, chevalier, seigneur de Briante, etc., qui eut pour héritier son frère :

XXI. — Etienne-Philippe, marquis de Villaines, chevalier, seigneur de Briante, Crevant, Chassignoles, etc., mestre de camp de cavalerie, chevalier de Saint-Louis, qui, par contrat signé du roi Louis XV et de la famille royale, au château de Versailles, le 21 janvier 1770, avait épousé Marie-Geneviève Talon, fille de Jean-Baptiste Talon, conseiller au Parlement de Paris, et de Marie Radix.

(*Archives de l'Indre.* Inventaire des titres du duché de Châteauroux. — Extrait des généalogies manuscrites des familles de Cluis, de Bertrand, de la Châtre, etc.)

PIÈCE 39

Chronologie des Chapelains de Notre-Dame de Vaudouan

XIIIᵉ SIÈCLE. — Réginald Raimbues, seigneur du Virollant et de Vaudouan. — Acte de 1201 (*Pièces justificatives*, p. 1.)

De 1201 à 1454. — Jean Bruère, Etienne Meillot, Jean Bordessoul, Jean Torthoulx (ou Thorthault), Guillaume Gadiot. — Acte de 1460 (*P. J.*, 5 *bis*).

De 1454 à 1464. — Pierre du Bost, en compétition avec Jean de Puymond.

1464-65. — Pierre du Bost, en compétition avec Louis Chastein (*idem*).

De 1466 à 1469. — Pierre du Bost.

De 1469 à 1471. — Jean Chabales et Sime Riffaudon (*Registre des actes notariés du Chapitre*, folio 12).

De 1476 à 1478. — Jean Blaudoix (*idem*, folio 18).

De 1479 à 1525. — Barthélemy Champi, Pierre Chicaut, Mathurin Sauvery, Laurent Gorgeron, Michel de Villebasse, Pierre Ragon, Martin (ou Jean) Courtaud, Mathurin Bazin, N... Saney, Jean Transault, Thomas Lévy (Lauric?) Pasquet Perrault (Perrin ?) Mathurin Canard, Mathurin Meignan, Pierre des Bordes, Pierre Regnault *(Archives de l'Indre. F. de V. Procès de 1525. Dépositions des témoins)*.

De 1505 à 1509. — Thomas Lauric, Jean Bazin, Durand Grosjeaton (Laurent Gorgeron?) *Reg. des actes not. du Chapitre)*.

De 1509 à 1514. — François Auménétrier et Pasquet Perrin *(P. J. 8)*.

De 1534 à 1536. — Pierre Vernusse *(Reg. des actes not.)*

De 1536 à 1546. — Louis de Villiers, Pierre Pochart et Denis Tilliers (ou Tillet) *(P. J. 9)*.

De 1546 à 1548. — Pierre Vernusse et Jean Auroy *(Arch. de l'Indre. F. de V. Lettres du roi Henri II)*.

De 1548 à 1551. — Vincent Jacquin, Jacques Beugnot et Durand Chiraut *(F. de V.)*.

De 1564 à 1566. — Etienne Benoît et Mathurin Guillon *(F. de V. — P. J. 13)*.

Vers 1620. — André Jouhanin *(P. J. 15)*.

1630. — François Martin *(idem)*.

Vers 1660. — Germain Dorguin *(F. de V.)*.

De 1665 à 1672. — Jean Baucheron *(idem)*.

De 1701 à 1706. — N... Jacquier, N... Le Tellier, N... Mosnier *(Ibidem. — Procès-verbal du 15 août 1701. — P. J. 26)*.

De 1706 à 1728. — André Baucheron et François Dupuy *(F. V. 20)*.

1734. — Germain Laisnel *(P. J. 31)*.

FIN.

PARIS. — IMPRIMERIE PARISIENNE. — DUPRAY DE LA MAHÉRIE
Boulevard Bonne-Nouvelle. 26 (Impasse des Filles-Dieu, 8). — 128

www.ingramcontent.com/pod-product-compliance
Lightning Source LLC
Chambersburg PA
CBHW071504160426
43196CB00010B/1409